スイート・コックコート

吉田菊次郎
Yoshida Kikujiro

松柏社

トリュフケーキ
（トリュフ・オ・ショコラを丸ごと埋め込んだ創作菓子）

シャルロット・リュス・オ・ポワール（フランスの巨匠アントナン・カレーム作の冷製アントルメ）

タルト・オ・シブースト（筆者がパリ在住時に約150年振りに再現したアントルメ）

クロカンブッシュ（フランスの伝統的な飾り菓子）

氷細工（アントルメ・グラッセを添えた氷彫刻の作品）

ヌガー細工（アーモンドと砂糖を煮詰めて作るヌガーの工芸菓子）

ビスケット細工（ビスケット生地を組み合わせた工芸菓子）

あめ細工（引き飴、吹き飴、流し飴を組み合わせた工芸菓子）

チョコレート細工（型取りチョコレートによる工芸菓子）

ボンボン・オ・ショコラ（セピアの宝石・一粒チョコレート菓子）

まえがき

人それぞれに拠って立つところの氏素性及び生い立ちというものがあろうが、不肖筆者にもそれなりに……。近いところを遡るに、三代前のご先祖が明治と開けてほどなく起業したという、パンに始まりお菓子を生業とする商人の家に、かくいう私は生を受けた。以来起伏に富んだ世相の中にそれを家業として繋ぎ、時を経て今に至るまでを拙文をもって綴ったものが本書である。

章立てとしては全体を三つに分け、以下のごとくに編んでみた。

プロローグとした序章「甘きルーツ」は、その家業のそもそもを作られたご先祖についていささかの筆先を求めたもの。このあたりは、その人のルーツをたどるNHKの人気番組「ファミリー・ヒストリー」になぞらえたわけでもないが、自ずとそのような筆致となった。多くの人がそうであったように、江戸改め東京に青雲の志をもって移り住み、ある種のひらめきをもってしてか、パン屋を開業した曽祖父。若くしてアメリカ行きの機会を得て菓子パンもどきを習い、帰国後〝夜寝ない国からやって来た〟と言われるほどに身を粉にして働いた祖父。病弱な身体に鞭打ちつつ戦中戦後とその生業を守り、しばし後に妻方に関わりを持つ老舗菓子店の復興を託され、その道に身を投じた父という、たどり得る私の前三代の生涯を振り返ったダイジェスト版である。

続く本編の第一章「甘き葛藤」は、それを受け、引き継いできた筆者の歩みについて述べてみた。言ってみれば日本経済新聞の朝刊の裏面で、毎月登場人物を替えて連載されている「私の履歴書」風に、おのが人生を顧みて言の葉を紡いだものである。

戦時中に生まれ、三月一〇日の東京大空襲を母に背負われて逃げまどい、あるいは戦火を逃れて疎開したりの時勢に合わせた幼年期であったが、ただその後の人生については、神様は少しばかり手の込んだストーリーをご用意くださったようだ。初めのうちはまま人並みの少年時代。そして急転直下、家業倒産という奈落の底に突き落とされた青年時代。続いてお家再興を期しての渡欧修業及び帰国開業。次いでその後の曲折と今日に至るまでの歩んできた道を飾らず記してみた。

第二章「甘き彩り」は、かようなる甘い物屋の人生に付随し、来し方を彩ってきた諸々に筆を及ばせてみた。日本においては、古来より一業一徹とか、この道一筋何十年を良しとする風潮があるが、どうも私はそのような物差しには当てはまらなかったようだ。幼児期の誰もがそうであるように、本来、人というのは何にでも興味を持ち、何でもやりたがるものだ。どうやら私はそうした子供心をそのままに持ち続け、一つのことに縛られることなく心の赴くままに生きてきたきらいがある。結果、本業である甘い物屋に身を置きながらも、物書き業に勤しみつつ俳句を嗜み、一方ではタレント業を楽しみ、また教育分野でも微力ながら自らの業界の啓蒙や文化の向上に努め、他方災害支援や諸々の社会活動にも、内から起こる使命感に突き動かされるごとくに関わりを持ってきた。それらのいくつかを紡いだものが本章である。以下順を追ってお目通し賜れば幸甚……。

目次

イベント活動………279

クロカンブッシュを紹介・オリンピック・ブランデージ会長歓迎レセプション（一九七四年）＆中村吉右衛門君結婚式（一九七五年五月三〇日等）／日韓親善・韓国縦断洋菓子講習会（一九八九年一〇月一日～、一九九一年四月六日～）／ハッピーバースデー三八歳ゴジラ（一九九二年一一月三日）／全国菓子大博覧会のお手伝い・第二二回金沢菓子博他（一九九四年四月二三～五月一五日、以後毎回）／サロン・ド・ショコラの仕掛人・第一回の立ち上げ（二〇〇〇年二月一一～一三日）／パティシエブームの火つけ役・第一回スイーツ・パティシエ展（二〇〇〇年一〇月二七日～一一月二日、以降各地で）／東京ドーム・究極のスウィーツアート（二〇〇三年二月八日～、以後毎回）／愛・地球博ガーナデー・クイズショー（二〇〇五年五月三日、二〇〇五年六月三〇日）／サッカー・ワールドカップ出場記念（二〇〇六年六月六日）／夏の子供博（二〇〇六年七月二五日～八月六日）／祝・悠仁様お誕生（二〇〇六年一〇月二〇日）／元総理や川崎市長の熱き思いを受けて・アメリカン・フットボール・ワールドカップ第三回開幕記念（二〇〇七年七月五日）／アジア・フー

序章

甘きルーツ

「吉田さん、どうしてお菓子屋なんかになったの？　で、また何で俳句とか物書きなんかやってるの？」人様からよく問われるのがこれ。〝なんか〟とはご無体なとも思うが、傍から見るに、けっこうしんどそうなお菓子屋稼業と、浮世離れに見える物書きや俳句とが、何ともミスマッチに映るらしい。よって、度毎にそれらしいことをお答えしているが、改めてここでもそれについて拙筆を執らせていただく。俳句や文筆の件は文中でおいおい記すとして、先ずはお菓子屋稼業についてより述べてみる。話すと長くなるが、昔はだいたいが子は家業を継いだもので、わが家は両親ともがお菓子屋の家系であった。したがって人並みの曲折はあったにせよ、ほとんど何の疑いもなく気が付いたら甘い物屋になっていた、というのがホントのところ。今と違って職業の選択肢がなかっただけで、正直初めからさしたる志があったわけでもない。ちなみに別のことを生業とする家系であったなら、多くの人がそうであるように、私もおそらくは敷かれていたその道のままに歩んでいたのではないかと思う。

ではその家系とは？　で、何ゆえご先祖はお菓子屋に？　先ずはそのあたりから紐解いていくことにしよう。

明治以前にあってはつまびらかではないが、たどり得る残された記録、現存者による記憶及び口伝等による今日までの分かる範囲の事柄を簡略にまとめ合わせるに、以下の如くである。

このあたりについては、系譜をたどる「ファミリー・ヒストリー」なるＮＨＫの人気番組ほどではないが、自分なりに調べて記したもの。本題に入る前のイントロとして、しばしお付き合い願えたら幸いである。

ご先祖奮闘、天秤棒を担いで売り歩く

明治一〇（一八七七）年、桑名の在であった筆者の曽祖父・吉田平三郎は、当時の誰もがそうであったように、江戸改め東京に青雲の志をもって上ってきた。本郷は竜岡門に腰を落ち着けた彼は、何らかの商いをと考えた末、如何なる動機あってか。炭屋の開業を思い立つ。ところが炭屋ゆえ冬の間は何とかやりくりしていたようだが、気温が緩んでくるやたちまち立ち行かず、思案の末、〝流れは変わった。そうだ、これからは洋食の時代だ〟とのひらめきにより、急遽全くの畑違いであるパン屋への転向を決意する。ただしそうとは言え、あくる日からすぐに商えるほど簡単なものではない。そこでいずれかより商品を仕入れて販売を始めた。客待ちにして売れずとみるや、やおら天秤棒を担いでは、〝パン、パン、アメリカのパン！〟と声張り上げて売り歩いた由伝えられている。〝アメリカのパン〟というのがどうにも滑稽に思えるが、ともあれ必死だったのであろう。始めてしまったのだからやるしか

ない、との悲壮な思いも伝わってくる。そしてほどなく自店にて製造すべく準備を整え、本郷でがんばった後、居を神田に移して本腰を入れるようになっていった。近江の国の出身ではないながらも付けた屋号は「近江屋」。どうやら古来より商人の鑑とされる近江商人にあやかっての命名のようだ。このあたりからも必死さの一端が伝わってくる。

なおその店頭には、パンのみならず何と原料の小麦粉や砂糖まで並べていたという。売れそうなものとみれば一応何でも置いてみた。ともかくも彼にとっては自立することが先決だったのだ。

二代目・菊太郎　青春の流離《さすらい》

星霜重ねた明治二四年、一四歳に成長した長男・菊太郎は親戚筋にあたる大阪の山縣保兵衛氏の営む山縣屋なる株屋に入店した。当時はそこそこ羽振りを利かせていた店であったという。さりながら自分には株を扱うなどの博才持ち合わせぬことを悟り、ほどなく同店を辞して、一転八百屋、和菓子舗などを渡り歩く。そうしたある日、先に勤めていた株屋の主人より、子息・山縣宇之吉の渡米随伴の依頼を受ける。人生に思うところのあった菊太郎は、この誘いを渡りに舟と即座に同行を決意する。時に日清戦争も一段落した明治三〇年、菊太郎二〇歳の春のことであった。

付記するに、同じ頃海外に雄飛を試みた強者に、後に森永製菓を興すことになる森永太一郎がいる。またその少し前には、当時飛ぶ鳥落とす勢いであった米津凮月堂の子息・米津恒次郎も洋行している。菊太郎の雄飛も彼らのそれとさほどの開きはない。否、森永太一郎とは二年の間、時を同じくして同じ異国の星を仰いでいる。紛れもなく彼もまた広き視野をもって、おのが人生に熱き血潮をたぎらせた男の一人であったわけである。

ところでその頃、日本郵船が明治二六年に初の海外航路たるボンベイ航路を開設。そして明治二九年三月に待望の欧州航路を、八月に北米航路の運航を開始した。

株屋の子息・山縣宇之吉と我が祖父・菊太郎の若きふたりは、折りよく就航して間もないこの北米航路に身をあずけた。期待と不安に胸震わせながらも、何とか事なきを得て、サンフランシスコに到着することはできた。

日本人とて軽んじられてはならじと、口髭をたくわえ、山高帽をかぶり、ステッキを手に勇躍彼の地に降り立った。まさしく銀幕に喝采を浴びるチャップリンのいでたちである。また当時の日本では、革靴は甚だ高価にして貴重品であったがゆえに、すぐに磨り減ってはならじと、底に金属の鋲をたっぷりと打ってきたのが災いし、坂の多いサンフランシスコの街では、そこかしこでツルツルとすべって歩行能わず、相当の難儀をしたらしい。そして前述の如き山高帽にステッキを手にした小柄な彼を見て、アメリカ人たちは不躾に指をさしては、〝モンキー、モンキー〟と言いつつあざ笑ったとか。その時はさすがに恥ずかしく、悔しい思いをした旨、後年家族に語っている。

なお、同行した山縣宇之吉とは、到着後ほどなく別れている。というより見限られたと言った方が適切か。彼にしてみれば、目的を異にする連れにいささか手を焼いたものとみられる。ちなみに彼は、後に信州大学の学長にまで上り詰めている。やはりできる人はハナから志が違っていたようだ。

さて食い扶持は自ら求めていかねばならぬ。一人になった菊太郎は、言葉の通じぬ外国人でも即戦力として雇用機会が与えられる線路工夫や、レストランの皿洗いなどに職を求めていった。しかし何といっても明治の中頃のこと、素性の知れぬ日本人との偏見も強く、度毎にイエロー、カラードと見下され、すぐにクビにされ、なかなか落ち着くところがない。しばらく各所を転々とした後、サンフランシスコよりほぼ真北にあたるオレゴン州はシアトルのタコマという街にたどり着いた。後年イチロー選手の大活躍で、知らぬ人のないほどに有名になった地である。口伝のままに述べるとすれば、そこで彼は、〝とあるミルクホール〟に職を得た。ミルクホールとは古い言い様だが、まぁ喫茶店、コーヒーショップ、カフェの類だろう。身を粉にして働いた彼は、そこのご主人にはなかなかかわいがられたらしく、

〝メリケン粉にバターを混ぜてこしらえるカステラパンのようなケーキ〟、今でいう菓子パン類等の作り方を教わり、都合三年の在米生活を終えて帰国の途についた。

いわゆる洋行帰りとして家業に入った彼は、かけられる期待に十二分に応え、勤勉な両親とともに、〝夜寝ない国からやって来た〟といわれるほど懸命に働いた。

三代目・風雲児　平次郎不屈の闘志

その菊太郎の子・平次郎（筆者の父）は若くして結核を患い、結核療養所として名高い茅ヶ崎の南湖院に入院。療養生活を余儀なくされた。当時の結核は不治の病といわれ、只々仰臥安静のほかに尽くす手立てがなかったようだ。彼はそこで北海道稚内出身の俳人・向瀬もしほ氏に俳句の手ほどきを受けた。いわば後年いわれるところの療養俳句のはしりだったわけである。

俳句の話は置くとして、その後彼は復職し、洋菓子界で一目置かれる門林弥太郎の娘・澄子と縁を持つ。

門林弥太郎とは、当時歌や芝居にもてはやされるなどして一世を風靡していた南鍋町、今の銀座の米津凮月堂の二代目職長（製造総責任者・グランシェフ）である。都合七年の洋行を終えた当主・米津恒次郎のもとで、そのすべてを習得した弥太郎は、自他ともに日本の最高峰の技術者として認められるまでになっていた。こと技術に関しては秘密主義が支配する慣わしの中にあって、彼は自ら得たものを惜し気もなくどんどん教え込んでいくタイプのリーダーであった。結果彼の元より銀座コロンバン、大阪のヒロタ、麻布ランペルマイエ、六本木クローバーといった、後の世、すなわち今日の洋菓子業界の基礎を築いた多くの子弟が輩出されていく。このことによりわが国の洋菓子技術は飛躍的に、且つ遍く各地に行き渡るようになっていった由、一致して衆目の認めるところである。後年、全国の息のかかった、彼の薫陶を受けた面々によって、同氏を囲むべく、扇子の形で知られる凮月堂の商標をもじった扇友会なるものが作られた。今日の業界団体のひとつである日本洋菓子協会も、その扇友会のメンバーが主力となってまとまっていったものである。この過程を見ても、弥太郎の人徳、指導力のすばらしさ、菓子の世界に与えた影響力の大きさ、推して知るべしである。その弥太郎の娘・澄子が平次郎と結ばれたわけである。

話を吉田家に戻そう。

太平洋戦争勃発。店は一に胸の病にて懲役免除となった平次郎の双肩に託されるところとなった。妻の澄子も長女の手を引き、生まれて間もない筆者を背に戦火を逃げまどいつつ、病弱の夫を支える。しかしながら、戦局は不利にして時局はますます暗転。そして一億の民、総じて涙する日がやって来た。

日本中が荒廃の中、平次郎以下一丸となり、傍若無人に振る舞う進駐軍、ＭＰを相手に対応。その怪しげな英語を駆使した当主・平次郎の、ＧＨＱ（連合国軍最高司令官総司令部）の食糧監査官フェダマン氏を向うに回しての渡り合いは、一歩も引かぬどころか、みごとにこれを懐柔せしめ、以て製菓製パン業界の足かせとなっていた水飴、砂糖、小麦粉等の統制物資の解除を働きかけ、その実現を早めせしめた。なお、フェダマン氏の懐柔に当たっては、自らが営むキャバレー・銀座ハレム（後述）が多分に功を奏したことを、秘話ながらここに付記しておく。いずれはそうなったにせよ、その実現により、多くの菓子屋の復職が早められたことは、歴史の表舞台に表れないことながら、その辣腕ぶりは特筆に価する。

フェダマン氏に関しては、ことのほか女性好きではあったが、反面大の子供好きでもあり、我が家を訪れる際にも、必ずといってよいほど度毎に子供用のカウボーイの衣装やおもちゃのピストル、いかにもアメリカらしいカラフルなキャンディー等々のお土産を持参し、私たちを喜ばせてくれた。しかしながら、後に不幸にも、気に染めた女性の元に急ぐべく、京浜国道を愛車で飛ばしている折、交通事故を起こし、この世を去っている。

なお平次郎は、義父の弥太郎の関係から、凮月堂各店を始め、同業他社にも人材や材料の融通をつけたりと、製菓業界の復興に多大な貢献を果たしていった。その頃より業界内にも製菓材料が出回り始め、並行して自店の方もパンより洋菓子にウエイトが置かれるようになっていった。

消えんとした火を守り抜き、より強固な礎を築いたある日、北支より弟が事なきを得て帰還。

その後、平次郎は帰国した弟に店を託し、自身は妻の関係でもある、戦災にあって休業のやむなきにあった銀座の米津凮月堂の再興プロジェクトに身を投じた。創業家たる三代目当主米津修二氏よりすべてを託されてのものであった。

一方、復興期であったこの時期、訪れた平和と自由を享受すべく、キャバレー業なども花開こうとしていた。機を見るに敏な平次郎は、時流を察知するや、他方で銀座八丁目角(今日の銀座博品館)に、当時としては最大級のキャバレー・銀座ハレムを昭和二三年に開業。大盛況を呈する。後にマスコミを通じて名を上げる「チャーリー石黒と東京パンチョス」や「東京キューバンボーイズ」、あるいは越路吹雪等が大きく羽ばたいていったのも、ここを基点としてであった。ところが好事魔多しか、絶頂期の昭和三二年一〇月、新たに一階に開店したクラブ・ニューハレムから出火し、二階の銀座ハレム共々全焼の憂き目に遭う。酔客の落とした煙草の不始末が原因であった。筆者中学二年生の時のことであった。翌日の新聞に〝未明の銀座でキャバレー全焼〟と大きく記されて経営者の父の名も載ってしまった。担任の先生から「何だ、お前のうちはそんなこともしてたのか」と妙な目で見られ、気恥しい思いをした憶えがある。が、父はめげることなく翌年銀座ハレムを再興。さらに昭和三七年、銀座二丁目の目抜き通り、松屋の並びの元クイン跡にザ・クインビー、田村町の元銀馬車跡に万華城と相次いで開業。巷間キャバレー王の異名を取る。さりながら社会もすっかり落ち着きを取り戻し、かつ風向きも変り、加えて長女（筆者の姉）も年頃と、これを潮時とみて昭和三九年、自ら銀座ハレムの幕を引き、その他を含めたキャバレー事業のすべてを福富太郎氏に譲って撤退。一方、引き受けた福富太郎氏はそれらを含め、ハリウッドの名をもってチェーン化し、キャバレー王としてその名を馳せていく。

少し時を戻そう。その平次郎だが、キャバレー事業もさておき、再興なった名門・米津凮月堂の経営に専念せんと、決意を新たにしたその矢先、無念にも病再発。喀血に倒れた。固まり切らぬ事業の、これより飛躍という大切な時期に療養のやむなきに至った。そして一年有余の時を経た後、右側の肺と肋骨のほとんどを切除する胸部整形の大手術を敢行。都合三年のブランクを経て、まさに不死鳥の如く復帰を果たす。倒れては立ち上がり、立ち向かっては倒れ、また立ち上がる。まさに壮絶な闘いである。それでも神は試練の手を緩めない。

平次郎の療養中に凮月堂は本建築に着手、完成をみた。しかしながら銀座六丁目、みゆき通りに新装なった地下一階地上七階建ての新生・米津凮月堂は、折からの不況に耐え切れず、昭和四一年ついに倒産の事態を迎えることになった。今日なら上層階を賃貸にして、負担の軽減を図るなどの手を打つところであろうが、当時そうした手段には想いが及ばなかったものとみえる。

ちなみに地下一階はクラブ花鳥と称するオシャレなバー、一階が和洋菓子販売の店舗。二階が喫茶室。三階はレストラン、四、五階が宴会催し物場、六階は最高級フランス料理レストラン、七階はサロンで、二階三階へはエスカレーターを備えた当時の菓子屋としては飛び抜けた偉容を誇った建物であった。またそのオープンに際しては、国鉄（現・ＪＲ）の車内に中吊り広告を打ち、テレビコマーシャルを流し、キャラクターには当時の人気漫画の主人公の「アッちゃん」を用いる等、はた目にも実に華々しいスタートであった。時代の先を行かんとするその果敢な攻めの姿勢や良しとしたいところだが、ただ、身の丈に合わぬそうした無謀がほどなく裏目に出て、後の倒産劇につながっていくわけである。

第一章

甘き葛藤

産土《うぶすな》

さて、前置きが長くなったが、ここより筆者の半生記に入る。まず、この世に生を受けてより青年期までを、ざっと振り返ってみよう。

後年私が手を染める俳句の世界に、金子兜太先生がいる。北舟子《ほくしゅうし》の俳号を持つ父の盟友であり、私の俳号・南舟子の名付け親である。その兜太先生は、よく産土《うぶすな》という言葉を使われる。自分の生まれ育った、あるいは自分を育んでくれた土地を表す言葉である。そして氏は自らの産土はあくまでも熊谷にあると言う。その地元に対するご愛着は、言葉の端々にいつも強く滲み出ている。まさしく郷土愛である。

さて私はどうだろう。生まれは神田、チャキチャキの江戸っ子である。俗に〝親子三代神田川の産湯に浸からなくっちゃあ、本物の江戸っ子たぁ言えねぇ〟などというが、述べたごとくに私で三代目ゆえ、かろうじて江戸っ子の端っくれには入ろうか。それにしても、お世辞にもきれいとは言い難いあの神田川に敢えて浸かりたいとは思わないが、昔はそういわれるほどに清らかだったのだろう。それにしても、生まれたのが昭和一九年という敗戦濃厚な時期ゆえ、幼児期は全国民同様筆舌に尽くしがたいほどに大変だったようだ。明くる年の三月一〇日の東京大空襲の折には、母は防空頭巾をかぶせた私の頭から水をぶっ掛け、その私をおぶり、二歳の姉の手を引き、戦火の中を逃げ惑ったという。こんな話を聞かされては、当たり前だが子は親には終生頭が上がらない。

その後ますます激しさの増す戦火を避け、祖父が療養用に求めた葉山に疎開して終戦を迎える。幼稚園はそのまま葉山だが、小学校はまた神田と行ったり来たり。次いで中学は葉山からだが、諸々の事情で高校は高田馬場の伯父伯母宅、中野の祖父母宅と転々。大学に入ってようやく父母のいる葉山に戻ったが、間もなく父の事業が傾き、埼玉の川口にある製菓工場に住み込みで入ってそのまま倒産。卒業後は知り合いの菓子屋の東中野にある工場に住み込みで修業。後に父の会社に戻ったが、もはや外様で肩身も狭く、自由が丘の叔父の営む菓子屋に住み込んだ後、お家再興の任を背負って渡欧。フランス、スイスと渡り歩いて、帰国後独立し、ほどなく結婚。多摩川を望む川崎に所帯を持ち、しばし後横浜に転居。

よって正直なところ我が産土が奈辺にあるか、兜太先生にお叱りを受けそうだが、これだけ転々とすると自分でもよく分からない。これぞまさしくコスモポリタンだ、などと開き直るつもりも毛頭ないが、拠って立つところがないというのもまた心もとない。ま、こういう定めなのだから仕方がないと、自らに言って聞かせて納得するしかないが、でも産土ねぇ。気持ち的には、多感なひと時を過ごした葉山かなぁ。いまだに海は好きだし、度毎に歳を忘れて世界各地で潜っているし……。戦時中か戦後か、親は私が生まれて程ない頃、何かの出会いか引き合わせだかがあって、役《えん》の行者《ぎょうじゃ》に私を見せたところ、〝この子は家に居つかない子だ。そして一人で生きていく〟と言われたそうな。一人で生きてきたなどという大それた自負の欠片もないし、第一そんな逞しさは持ち合わせていないが、顧みるにこの歳まで、ついぞ生家に居つかなかったことだけは確かなようだ。たまたまかもしれないが、ある程度言い当てられたことに言いようのない不思議さを感じる。それにしても、〝役の行者〟とは何者なのだ。して、その時の行者氏とはどんな人だったのか。聞くところによると、それはそれは厳しい修練を積むそうだが、そうすれば人様のこれから先の行く末さえも見通すことができるようになるものなのか。宿命は変えられないが、運命は変えることができるとか。つまりある家に生を受ける。これはその人の宿命で変えようがないが、その後の生き方、つまり運命は当人の意志次第で、如何様にも変えることができると言うのだ。それにしても、変えんとして必死で生きていくその先まで見通されてしまうとは……。正直、ホントかいな、の気持ちが打ち消せない。いくつになっても、この世には分からないことが多すぎる。だから人生は面白いのかもしれないが。

少年時代

よく人様から「お菓子の世界へのデビューはいつ頃？」などと問われる。私の場合果たしていつをデビューとしたらいいものか。幼稚園に入る前よりお菓子作りの工場でうろちょろし、若い衆、今でいうパティシエのお兄ちゃんにクッキー生地をもらっては、粘土細工の要領で飛行機等を作っていた。そしてそれを焼いてもらって、「やったー、世界でたった一つの食べられる飛行機だぁ」などとやっていた。さりながらこれは流石にデビューとはいえまい。ただ、その頃より、外から帰ってくるなり、お店番をさせられたり、岡持ちを持ってお届けに行かされたりしていた。またクリスマス等の繁忙期は、子供といえども重要な戦力で、朝から晩までケーキの飾りつけや箱詰め、あるいはできたものを紐でくくっては二階に運んだり……。ところが子供ゆえ手元が狂って、せっかく作ったものをひっくり返して壊すこともないではない。そんな時には容赦なくゲンコツが飛んできた。昔の親は、何だって気が早く手が先に出た。今なら

歌手・アイ・ジョージ（中央）の誕生パーティーでのバースデーケーキ作りを手伝う筆者と父。高校二年の折（於・銀座のクラブ）

紛れもなく児童虐待とも捉えられよう。しかしながら八百屋の子も魚屋の子もみな同じようなことをやっていたのだから、世の中全体がそういう時代だったのだ。まあ言ってみれば、これが甘い物屋としての商いのデビューといえばいえよう。ただ、本格的に甘い物に手が染まっていくのは、もう少し後。

その子供時代を顧みるに、前項といささか重複するが以下の如くである。先ずは葉山幼稚園を経ての小学校時代。葉山において、紫苑学園という出来立ての学校に入学するも、理想高すぎたが故にか、経営が成り立たず学校自体が傾き、二年生の時に縁あって東京の暁星小学校に編入できた。おそらく親があちこち奔走してくれたお陰であろう。この学校はカトリック系のミッションスクールで、小学校の一年生からフランス語の授業があった。後年フランスを本家と捉えるお菓子の世界に進む身にとっては、まさにうってつけの選択であったといえよう。さりながらその時から両親がその後のわが子の人生を慮ってそこに入れたとは到底思えない。ただ、そのことが私の歩む道の終生の機軸となったことに、運命の不思議さを感じないわけにはいかない。その頃からすでにして、ある種の天の差配が働いていたのか。件の役の行者氏とやらに改めて尋ねてみたいものだ。

さて、そうはいってもそのフランス語の授業は、生来凡庸な私にはなかなかに手強いもので、ましてや途中編入の身にとっては、すんなり溶け込めるほど簡単ではなかった。いつも皆より数歩遅れて付いていくような日々であったと記憶している。

ところで、あの学校の面白いところは、他には見られない生徒のバラエティーさにある。商店主の子息も多かったが、医者やアーティストの家系も少なくなかった。またフランス語教育という特殊性から、外交官の子弟も目に付いた。そんな中でも、なぜか歌舞伎役者が多く学んでいたことも、他校にはない大きな特長といえよう。

「君は誰と一緒だった？」「僕は当時万之助といっていた吉右衛門君と……。で、あなたは？」

「僕は染五郎君と一緒だった。今は松本白鸚さんになってるけど」「じゃぁ、二年先輩ですか。北大路欣也さんたちとご一緒ですよね」「あなたは？」「私は早く亡くなっちゃった辰之助君と同期です」「ということは、二年後輩ってことかぁ」「私は同じく亡くなっちゃったけど、勘九郎君と。後の勘三郎ですが」「そうかぁ、確か僕等が高校三年の時だったかなぁ、彼が、小学校に入学してきたのは。じゃぁ、僕等の一一年あとになるのかな」なんてことで、役者さんの名前をいうと、それぞれの在籍や卒業の年度がわかる。そのくらい暁星という学校は歌舞伎役者や舞台・映画等で活躍される方が多かった。私たちの次の世代の人たちも同じような会話をされている由。ただ白鸚さんのご子息が幸四郎さんになり、そのお子さんが染五郎さんを襲名なさったりと代替わりをするため、各年代が入り混じると話が少々ややこしくなるが。

ま、そんな学校に入って、少・青年期を過ごさせてもらったのだが、今にして思えば学校全体がひとつの家族のような温かさに包まれた、屈託のない環境に置かれた子供時代であった。そしてその時代の級友が、その後の生涯の宝物になる。

なお、外の世界を初めて意識するようになったのは、いやおうなく大学受験という現実が迫ってきた、高校も半ばをやっと過ぎる頃になってからだったか。

大学時代

オリンピックがやって来た

昭和三八年春、身の程知らずに難関校をいくつか受けてみたが、世の中そう甘くはなく軒並み不合格。それでも何とか明治大学の商学部産業経営学科に拾ってもらえた。その大学時代の最大の思い出と言えば、学業の〝が〟の字も出てこないのがお恥ずかしい限りだが、まっ先に浮かぶのが、東京オリンピックだろうか。とにかくこの辺まではごくありふれた、言ってみれば凡庸にしてノーテンキな人生を過ごしていた。

ところでそのオリンピックだが、あの言いようのない興奮は、今の人たちには到底お分りいただけないと思うし、どんなに筆舌を尽くしても、受けた感動をありのままに伝えられる自信がない。それほどに日本国中が燃え上がり、押さえきれぬほどに高揚したできごとだった。五輪開幕を目標に夢の超特急たる新幹線プロジェクトが進められ、突貫工事で高速道路が作られ、テレビは総じてカラーになり、街は見る見る様変わりしていった。開会が間近に迫ってきたある時、あっと声を上げそうになるほどに驚いたことがあった。突然写真か映画でしか見たことのないような、カラフルな民族衣装を身にまとったアフリカの人が街を歩いているのに出くわしたのだ。まさしく世界の祭典を体感した瞬間だった。好奇な目で見てしまったことを、今さらながら申し訳なく、また恥ずかしく思うが、そうした人たちを実際に目の当たりにするのは、私を含めて大方の日本人にとっては初めてのことだったのではないか。国際化が進んだ今では考えられないことだが。そしていよいよ開幕当日。大学生だった私は、いつものように大学近くの雀荘に仲間たちと集まっていた。受験で覚えた語学とは異なる、生きた外国語を駆使しての通訳のアルバイトができる秀才もいなければ、法外なプレミアが付くほどのプラチナチケットをゲットできる才覚の持ち主もいなかった。つまり凡庸な学生は、そうした壮大なイベントにあってもただ群れるしかなかったのだ。で、中でテレビに見入っていたら、煙を吐いて円を描く自衛隊のジェット機が映し出された。息を呑んで画面に見入っていたその時、仲間のひとりが表で大声を上げた。「オーイ、見てみろ、すごいぞー！」みんな慌てて外に飛び出し、彼の指さす空を見上げた。「ウォー！」「ワー！」「オー！」「スゲェー！」。一斉に口々に言葉にならない声を発した。前日までの天気がウソのように、奇跡と思えるほどに、真っ青に晴れ渡った空に、五機のジェット機が五色の煙で五輪のマークを描いていたのだ。とうとうホントにオリンピックが始まったのだ。それからの二週間がまた興奮の坩堝《るつぼ》だった。重量挙げの三宅義信選手の「これを挙げれば男の子！」のアナウンサーの声に一億人が総じて力んで息を止め、みんなで一緒にバーベルを持ち上げた。その他柔道、体操、レスリングに水泳、さらにはボクシングにサッカーにと、毎日が熱狂に包まれた。ちなみに柔道では、日本のお家芸が世界のＪＵＤＯになった現実を知り、体操では遠藤幸雄選手をはじめとする日本チームの一技ごとに手に汗握り、レスリングのアニマル渡辺の強さに舌を巻き、水泳では、山中毅、田中聡子といった、ピークを過ぎてもなお期待に応えんと頑張ってくれている、偉大なる我らがヒーローたちに懸命に声援を送った。全力を出し切った後静かにプールを去らんとする山中選手の後ろ姿を私たちは終生忘れない。田中聡子選手またしかり。はち切れんばかりの十代のアメリカ娘たちを向うに回し、二十代半ばにしてなお自己ベストを更新するという大活躍をした。陸上女子八〇メートルハードルの依田郁子選手も忘れてはならないひとりだろう。スタート前にこめかみをはじめ全身にサロメチールを塗りたくって行う後転倒立に、見る人すべてがその悲壮感を共有した。極め付きは、といってもすべてが極め付きだが、〝すこぶる付き〟が女子バレー。鬼の大松といわれた監督率いる東洋の魔女・日紡貝塚チームの回転レシーブを駆使した快進撃に熱狂し、宿敵ソヴィエト（現・ロシア）との決勝戦は全国民をテレビの前に釘付けにした。なかなか決着がつかず、何回もくり返される「さぁ、金メダルポイント！」のアナウンスに日本中が息を詰め、決まった瞬間全国民が飛び上がり、「やった、やった！」と手をたたき、その手を握り合い、肩を抱き合いたたきあい、「よくやった、よくやった」とテレビに向かって選手たちをねぎらった。それまでの血の滲む努力を知っている日本人全員が、まるでわがことのように喜び安堵し、そして背負ってきた責任を果たし終えたように、重くのしかかっていた肩の荷を降ろした。それほどに皆が心をひとつにしてまとまっていたのだ。最終日のマラソンでは、円谷幸吉選手や君原健二選手の激走に見入り、ヒタヒタとそしてグングンと迫ってきたヒートリー選手の追い上げに「あっあっ、あぁ」と声にならない声を出し、ただひたすら神に祈った。こうして夢のような、国中が熱に浮かされた二週間が終わった。

あれから半世紀、あのオリンピックがまた東京にやって来た。コロナ騒ぎで一年順延となったが、生涯に二度も見られる幸運に感謝せねばなるまい。

人生急転

さて、今来し方を顧みて、己が人生でまま明るかったのは、このあたりまでだったようだ。そしてある時を境に、突然私を取り囲む周りの状況が一変する。そう、人生という舞台が急展開をし始めたのだ。

あれは大学二年の半ば過ぎのことだったか。父の営むお菓子屋稼業が、前年あたりから傾き出し、いよいよ危なくなってきた。そうした状況になると、社内の空気は日を追ってすさみ荒れてくる。危険を察知した目端の利く人たちは、いろいろな理由をつけて次々と去っていく。当然残ったものに負担がかかってくる。そんな穴を埋めるべく、私は学業はさておき、埼玉県の川口にあった工場に住み込みで入っていた。

どんなものにも流行があるが、当時はバウムクーヘンというお菓子が一世を風靡していた。グルグル回る心棒にタネを掛け、ガス火で焼いては少しずつ太くしていく。決して難しいものではないが、作業的にはなかなかきつい。今のように空調完備なら何の問題もないのだが、当時はそんなものもなく直火にさらされての仕事である。コックコートも下着も汗でグショグショになるが、かといって裸ではなお熱い。大量の汗をかくから塩分が不足する。そこで塩を舐めながらの仕事となるが、塩ばかりでも飽きてくるので、梅干に変えてみたりと、現場ではそれなりの工夫をする。当然そんなセクションから、まっ先に人手不足が生じてくる。さりながらオーダーはこなさなければならない。一人残って真夜中まで焼き続け、ぶっ倒れるように横になっていると、ほどなく早出のパートのおばさんたちが出社してくる。慌てて起き出して、冷えた順からカットして箱に詰め、車に積み込む。売店や得意先への配達の道すがら、学生運動で封鎖された母校の前を通ると、学生たちが中国文字を気取って書いた立て看板の前に集まり、アジ演説を行っている。彼らよりひと足先に生きるための闘いに入っていた私は、青春を謳歌している彼らを横目に見ながら、一種のまぶしさを感じていた。ちなみに私のクラスは全員がノンポリで、彼らとは距離を取っていたため、その中にはひとりのクラスメートもいなかったはずだ。

せわしくもあったが、見ようによっては妙に充実していた日々を送っていた。ただ、正直申すと、あまり人には言えないこともなかったわけではない。たとえば、やっとこさひと仕事終えて綿のようにクタクタになった身体をせんべい布団に包んでいると、寝入りばなにいきなりわき腹を蹴飛ばされる。一杯引っ掛けてきた若い衆たちだ。二回蹴られると二人、三回蹴られると三人帰ってきたことが分かる。「お前の親父のせいで、ろくすっぽ給料がもらえないんだぞ！」と言いながら。こんなにこき使われて、給料がもらえなければ怒るのも当然で、その気持ちも分からないではないが、当られる方はたまらない。只々息を殺して寝た振りをするしかない。父の会社ゆえ、息子の自分がそうされるのはやむを得ないが、気の毒だったのは私の後輩のU君だった。彼は大学に入ったばかりの一年生で、人手不足を伝え聞いてこの工場にアルバイトに来てくれていた。私の横で、同じように布団に包まっていたU君には、さすがに彼らも足を上げなかったようだが、もしかしたら私の見えないところで辛い思いをしていたかもしれない。ある程度事情を飲み込んでいた彼は、最後までそのことについては一言も口にしなかった。今でも当時のことに思いを馳せるたびに、そんなU君に心の中で手を合わせ詫びている。

なお、究極の状況になると、人の心の内が見えてくるというが、まさしくそのようだ。身内も含めて信頼していた人が、急に手の平を返したかと思うと、逆にそれまでは距離を置いているかに見えていた人が、いざとなると身を挺してかばってくれたり、手を差し伸べたりしてくれる。追い込まれている時にそうした人の情に触れると、涙が出るほどうれしくなるものだ。それにつけても、会社をそういう状況に追い込んではいけないと、今でも自らの戒めとしている。その後もまま自分サイズの波乱万丈もあったが、ともあれ貴重な体験をし、いろんなことを学ばせてもらった青春のひとこまだった。そして、多くの若者たちのように職業の選択肢に悩む間もあらばこそ、好むと好まざるとに拘わらず、私はそのまま菓子の道へと身を投じていった。

ウェディングケーキ今昔

当時、世の中もだいぶ落ち着き、高度成長期にさしかかってきたこともあって、結婚式やその披露宴も盛んに、そして華やかになってきた。結婚式での必需品はウェディングケーキである。現在は精巧なイミテーションが普及し、どれほど大掛かりなご要望にでも対応することができるが、当時はすべて本物で作られていた。したがって作る方も大変だが、運ぶのも一苦労。途中で壊れたり、無事設置できても、披露宴の最中に傾いてきたり、ナイフ入刀と同時に倒れかかってきたりと、どこの式場でもハラハラドキドキの毎日だった。

大学時代・ウェディングケーキの設置と修復

結婚式と披露宴のシステムそのものが未完だったのだ。そこで駆りだされるのが私たち製造部員である。大安吉日ともなると、どこの式場も大忙しとなるが、いきおい事故多発の危険性も増大し、おおどころの式場ではスタッフが張り付くが、すべてとはまいらず、機動部隊があちこちの式場を駆け巡ることになる。今のように携帯電話やメールなどのない時代ゆえ、到着した式場から会社に電話を入れると、「そこが終わったら、すぐにどこそこに」との指示を受ける。全員が車で移動というほどの余裕もなく、私などは、いざという時のための道具一式を揃え、電車で現場に駆けつける。その一式とは、手直し用のクリーム、絞り袋、口金、タオル、ウェディングケーキ用の飾り部品等々で、これを番重と称する、お菓子を入れる木製の箱に詰め、時にはちょっと汚れた白衣姿のまま山手線や地下鉄等を乗り継いでの移動である。いきなりコックコートの者がクリーム等を持って電車に駆け込んでこられては、乗り合わせた乗客もびっくりしようが、こちらとて必死である。何しろ式の時間は決まっているし、とにかく急がねばならぬ。今であったら改札口で止められかねないが、そうしたことに関しては、まま鷹揚な時代でもあったようだ。

それにつけても、頭の片隅では、こんな時に学友や知人に会わなければいいなぁ、などと思っていなかったわけでもないが、正直申すと、とにかく披露宴の時間に遅れちゃ大変と、頭の中はそのことばかりで、おそらくその顔は半分引きつっていたのではなかろうか。毎日がこんな有り様で、目白の椿山荘だ、次は麹町の東条会館だ、神田明神が間にあわないと、あちこち駆けずり回っていた。どう考えてもまともに大学に通える状況ではなかった。

そのうちにウェディングケーキの方は、中身がスポンジケーキからベニヤ板やブリキ等に代わり、その上からクリームを塗って飾り、ナイフカットするところだけ、三角に切り込みが作られて、そこにスポンジケーキを埋め込む法式になっていった。今は大半が、中身は発泡スチロールに置き換わっており、かつてのようなドタバタ騒ぎはほとんど皆無となっている。世の中が急速に変化し進化していった、ちょうどそんな時代の真っ只中にいたようだ。

売れてナンボの世界

お菓子屋稼業というものは、作るだけではなく、作ったものが売れなければ何にもならない。ところがその売り場も次々と売り子さんが辞めていき、各店からヘルプの要請がくる。さぁどうする。作る方もさておき、今度はあっちのお店、こっちの売店と日替わりで助っ人に入り、時には梯子をしてその穴埋めに飛び回る。ところがせっかく入ってもなかなか思うようには売れない。さて、どうしたら売れるのか。改めて商いの難しさを思い知る。

新宿伊勢丹

そんな中でも、新宿伊勢丹の売店は比較的よく売れた。というより、伊勢丹自体がよく顧客を集めてくれていた。館《やかた》にお客様がいらして下されば、テナントとしても何とかなる。それにしても、今思うに百貨店側もよくやっていた。たとえばお歳暮やお中元時期などは、小売業にとっての正念場となる。そんな時、始業前の館内放送では、「昨日の都内百貨店の売り上げ、一位は日本橋三越○○円、二位日本橋高島屋○○円、三位当新宿伊勢丹○○円」と流し、社員の士気を鼓舞していた。当時の力関係からか、なかなかこの順位は変わらなかったが、まれに前日より順位が上がったりすると、館内、といってもその階しか分からないが、フロア全体がどよめいた。そのくらい社員全員が他社に対する対抗意識に燃えていた。こうした意識は、当然テナントの間にも育まれていったようで、仲良くなった老舗のおせんべ屋さん（銀座・松崎煎餅）のアルバイト君などは、こんなことまで言っていた。「おたく、どうだった、昨日」「忙しかったよー、けっこう」「そう、うちもメチャ忙しかったけどさぁ、でも東横のれんには負けちゃうんだよなぁ。いやぁ食品に関してはダントツだよ、あそこは」なんてこぼしていた。「どうやったら勝てるんだろう。外商回りでもしてこようかな。店売り以外の積み上げでもしなくっちゃ」なんてことまでも。テナントの一アルバイトに至るまでも、ここまで燃え上がらせていたのだ、当時の伊勢丹は。後年日本一に上り詰める下地は、この頃から植えつけられたもののようだ。

さて、その伊勢丹老舗街では、当時榮太樓総本舗と新宿中村屋の二店が覇を競っていた。そして両店は並んでドーンと壁側に陣取り、〝中村屋でございい〟〝榮太樓でございい〟と他店を圧倒していた。私どもの店長をしていたスタッフのお姉さんからは「ジロちゃん、コロンバンさんを見といでよ。すごいよー、うちもああならなくちゃダメよ」などといわれた。私は菊次郎だが、皆からは縮めて〝ジロちゃん〟と呼ばれていた。そのコロンバンだが、自分のところの数倍もある長いショーケースの立派な店構えにお客様が群がり、とても近付けないほどの繁盛ぶりだ。その一方では文明堂が大盛況。ちょうどその日は社長さんが見回りに来られるとのことで、社員さんたちも格別気合が入っていた。伺うに、同社の社長さんは、来店時にはアルバイトを含めたスタッフ全員にピース（煙草の銘柄）を一箱ずつ手渡しされて励ますそうだ。嫌煙意識の広がる今では煙草の配布もなかろうが、そうしたトップの気遣い、気配りを目の当たりにし、ひたすら感銘を受けたものだ。ちなみに三越本店でも、タクシー集めにピースを用いており、近くを走っている空車のタクシーは同店に車を寄せては、その一箱を受け取っていた。なるほどこれなら、いちいち呼ばなくても勝手に集まってきてくれるし、お客様も待たずに済む。皆それぞれの立場でいろいろ考えるものだ。商いの奥は深い。

有楽町そごう

ところで、売れる百貨店はいいがそうでないところはたいへんだ。たとえば有楽町そごう。ここはホントに静かだった。〝有楽町で会いましょう〟の甘いメロディーとともに華々しくオープンしたまでではよかったが、その後は既存の大型店に揉まれてすっかり寂しくなってしまった。さりながら、ほんとうに鍛えられるのはこうしたお店においてである。

とにかくお客様が来てくださらない。だが皆無ではない。その来てくださった数少ないお客様をどう捉えるか。館《やかた》も店子も運命共同体である。ここに実名を挙げて恐縮ながら丸山勉さん、しばし後に姓が変わって青柳さんとなられた若い主任さんがおられたが、この方には言葉では言い表せない程のお世話になった。とにかく熱心で、その都度一緒になって頭をひねって下さり、ああでもない、こうでもないと、二人してあらん限りの手を尽くしてみた。

お客様の目を留めさせるにはどうしたらいいか。ディスプレイはこれでいいのか。ショーケースは汚れてないか。お声かけのタイミングは？　ご要望をどう察知するか。お薦めするセールスポイントは？　乏しい知恵の限りを尽くした。ショーケースの中の商品を並べ替えては、表に回ってためつすがめつ、また裏に回って置き替えたりと、試行錯誤をくり返す。何しろヒマだから、良かれと思うことは何でもやってみた。また必要とあらばお品物には掛け紙をかけるが、これが手強い。今なら印刷した掛け紙や短冊があり、これを使えばいいが、当時は大きな催事の御中元や御歳暮はあったが、基本は無地で、ここに御見舞や、粗品、御祝、快気祝、御礼、壽、内祝等々を度毎に筆で書いていた。普通の字でも見られたものではない筆者などはお手上げである。が、販売に立った以上避けては通れない関門である。先輩スタッフさんに教わりながら、ヒマさえあれば何度も何度も練習する。お陰でさしてうまくはなれなかったが、必要な文字だけは何とか恥をかかない程度にはなれたか。それにしてもサービス業はやることが多い。習い事なりは、やれる時に何でもやっておくものとつくづく思った次第。それ迄何もせずにボーっときてしまった身が、今さらながら恥ずかしい。

そんなこんなで、たまたまにせよお買い上げいただいた時の喜びは、言葉に尽くせない程に大きなものがある。物ひとつ売ることの大変さを、骨身に沁みるほどに叩き込まれた。こうしたことが後々の大きな財産になったことは言うまでもない。

売れないお店には見えない宝物が溢れているようだ。フランスから帰国しブールミッシュなる自店を開店後に聞いた話だが、先の有楽町そごうにおられた青柳さんは、日本一の売り場面積を誇る横浜そごう開店の切り込み隊長として奔走し、自身は同店初代の食品本部長をなされた由。それもこれも、百貨店業界での売り上げ最下位の、有楽町店時代に培われたご苦労が、見事に実った当然の結果と思われる。

三越本店

ある時、あろうことか名実ともに日本一の百貨店、日本橋三越本店より、催事のお声がかかった。まさか夢ではないかと思ったほどで、思わず飛び上がって喜んだ。何だって我が国のデパートメントストアの発祥にして、小売業、サービス業の頂点に位置する天下の大店である。これが喜ばずにいられようか。たとえ二週間ほどの短期の催事であろうと、全力投球で臨んだ。一階中央、天女像の前にしつらえられた催事場は、私にとってはまるでカーネギーホールのように思えた。与えられた小さなショーケースだが、ここに全身全霊をかけて商品を陳列。〝ディスプレイよーし！　つり銭準備よーし！　クリーニングから返ってきた糊バリバリの白衣よーし！　仁丹を含んださわやかな息よーし！〟考えられる万端の準備完了である。さて始業前。もろもろの注意を受ける。適度のお声掛けはいいが、あまり大声を出すな、しつこくお薦めしてはいけない等々。これまでの、しっかり声を出して元気よく、ショーケースの前に立たれたお客様には絶対にお買い上げいただくべく全力でご説明を、等のセオリーが当てはまらない。さすがに三越。これが王者の接客か。やたら感心することばかりだ。さらに教えられたことは、お代金の符丁だ。レジに向かって〝○○円！〟などと言って他のお客様に聞かれては、当のお客様に対して失礼に当るとの配慮からのようだ。今は使っておられないようなので、記させていただくが、一から一〇までを〝ソノミエサルトコロカイケ（イ）〟の語に当てはめていた。

たとえば七五〇円ちょうどという場合、レジまで行って、係りの人に〝トコロフネサケ・サ番マル〟などという。フネは百円の単位で、ケは一〇円の単位。そして自分の店のレジ番号がたとえばサであればサ番、ちょうどがマルである。三五〇〇円を千円からという場合は、〝ミフネサケ、ソ千から〟となる。

同社の新入社員は、先ずこの符丁の使いまわしから特訓を受けるという。催事の折のスタッフに強要はされなかったが、郷に入れば郷に従えで懸命に諳んじた。そのうちに「君は以前うちにいたんじゃないか？」と三越の社員が訝しがるほどに使いこなせるようになった。それゆえにか、あっという間に彼らとの距離が縮まっていき、催事の終わりには、「おい、次にも声をかけるから、また来いよ」などともいってくれるまでに打ち解けた。何でもやってみるものだ。

後年、三越の石塚邦雄社長と親しく食事をさせていただいている時にこの話をしたら、「えー、吉田さん、その符丁知ってるの？　僕等も入った当時はまずそれを教わったなぁ。今じゃもう知ってる人なんか誰もいないんじゃないかなぁ。で、もし入っておられたら私の同僚？」「まさか、私なんざぁ、とっくにリストラされてるか、それともどこかでくすぶってるか、結局は今の商売に落ち着いてたりして……」などと言っては二人で笑いあったものだ。

ところで、これに限らず百貨店というのは、どこもがそれぞれの符丁を持っているのが興味深い。今も使われているものが多いゆえ、どことはいえないが、たとえばお手洗いは〝遠方〟とか〝突き当たり〟などと言っている。お客様のおられる前で、ちょっとお手洗いに行って来ます、とも言いにくいし、また確かにお手洗いはちょっと離れたところにあるか、たいがいがあっちの方の突き当たりにあることが多い。あるいは某百貨店では、ある音楽が流れると「自分の周りの整理整頓に心がけましょう」の示唆であったりする。また閉店間際に突然〝タタ、タタタ、タンタンターン〟と「クワイ河マーチ」が流されることがあるが、これはお客様に気付かれることなく社員に知らせる「本日の売り上げ予算達成！」の合図であったりもする。それらのすべては、お客様に不快感を与えず、心地よくお買物をしていただくための心遣いなのだ。サービス業の頂点に立つ百貨店ならではの、当事者たちの編み出した知恵の数々といえよう。こうした百貨店での販売に携わるうちに、サービス業の奥深さが分かってくると同時に、その魅力に取りつかれ、販売することの面白さにもはまり込んでいった。

新宿二幸

新宿東口駅前に、三越系の二幸という食品スーパーがあった。現在スタジオ・アルタになっているところである。ここにも売店があり、さして大きくはなかったが、そこそこ売り上げがあり、貴重な収入源となっていた。また三越系ということもあって、前述の〝ソノミエサルトコロカイケイ〟の符丁が大いに役立ち、かわいがって頂いた。駅前という好立地もあってか、お客様の入りもいいが、その多くは普段遣いであった。このあたりが贈答品に軸足を置く百貨店との違いである。そうした需要に応えるべく、よくベビーシュークリームの実演販売をさせていただいた。工場で焼き上げた一口サイズのシュー生地に、準備してきたカスタードクリームをその場で、手押しポンプで詰めての販売である。これはホントによくお買い上げいただけた。ただ新宿駅前という場所柄、いろんな方が見えられるが、たまに小中高時代の同級生に見つかったりする。

「おっ吉田じゃないか。何してんだよ、こんなところで。あっそうか、お前んち、お菓子屋だったよな」

「えへへ、まぁな。ところでシュークリーム買ってかない？　うちの、うまいんだよ」

時には　あこがれている女の子が偶然目の前に現れたり……。

「あらっまぁ……」

「あっ、いや、こ、こ、こんにちは」

「何をなされてるの？」

「何をって、いや、まぁ、えへへ」

笑ってごまかすしかない。そして学園封鎖でしばらくご無沙汰の大学の同級生も。

「おい、吉田じゃないか。ちっとも学校に来ないと思ったら、こんなところにいたのか。アルバイトに精出してんのか？」

「いや、これ、うちの仕事なんで」

「そっかぁ、大変そうだなぁ。でも、気楽でいいなぁ。大学、今、大変なことになってるんだぞ。知ってるか？」

〝何が気楽なもんか〟といいたいが、そう見られてもしょうがないような日々だった。

ある時、そんな私を可愛がってくれた二幸の係長さんが言った。

「おい、吉田。お前そろそろ人生考えなきゃいけないんじゃないか。どうするんだ就職は。もうどこかに決まったのか」

「えっ、あ、はい。うちは菓子屋なもんで、やっぱりお菓子屋に……」

「お菓子屋？　そうかぁ。でも大変そうだなぁ、その商売。どうだ、三越にこないか。面倒みるぞ。あ、いや、二幸がいい。二幸に来い、ん？　三越でもいいか、どっちも一緒だ。これからは小売業の時代だ。面白いぞー、この仕事は」

その時、その男気にほだされて、ためらわずに「はい、お願いします！」とでも答えていたら、その後の私は三越という組織のどこかにいて、百貨店マンとしての人生を送っていたのかもしれない。その方が良かったのか、やっぱりお菓子屋人生を選んで正解だったのか。人の運命なんてどこでどう転ぶか分からない。が、商売の面白さと物ひとつ売ることとの大変さと、一人ひとりのお客様を大切にするサービス精神は、この二幸においても、しっかりと学ばせていただいた。それにしても、行方定まらぬそんな私を心配して、声を掛けて下さったあの時の係長さんには今でも感謝している。

さて父の会社だが、ほどなく耐え切れず倒産の憂き目にあった。まさしく地獄を見る思いだったが、考えようによっては、そうしたことがあったればこそ今がある。その今がベストか否か、また何を持って良しとするかはそれぞれの捉え方次第だが、人生には申すまでもなくいろいろなことが山ほどある。で、その概ねが思い通りにならないことだらけ。さりながら、まれにはいい事も少しだけ……ん、あったかな？

昭和残像

母校のみならず日本中の大学が、熱に浮かされたように燃え広がる学生運動の渦に巻き込まれ、そんな状況下、卒業試験も卒論もなく騒然とした中で卒業式を終えた。学業に没頭できるような環境になかった私にとって、それが良かったのか悪かったのかは分からぬながらも、学園紛争のお陰をもって卒業だけはすることができた。大学側にしたら、ともかくも在校生は出すだけは出してしまおう、とでもいったところではなかったか。かつての日米安保条約締結時の学生運動の再来のような、まさにそんな大騒動のさ中に身を置いていたわけである。今となってはこうしたことも、あまたある甘酸っぱい思い出のひとつとなっている。

なお在学中の各学期末にあっては、手取り足取り試験勉強の指導をしてくれた級友の遠藤貞広君から受けた御恩は、いくら感謝してもし切れないほどに大きなものがある。私が勉学の環境になく苦境に陥っていることを知る彼は、ご自宅の二階において、連泊の合宿で特訓を施してくれていたのだ。そのお陰をもって、何とか恰好だけは付けることができた。まことにお恥ずかしい限りだが、終生頭の上がらぬ恩人ばかりに私は囲まれている。

さて、卒業時にクラス担任の先生が言った。物静かにしてなかなかにジェントルマンな先生だった。不遠慮にして無作法な私どもに対しても、決して〝君ら〟とか、ましてや〝お前たち〟などとは言わず、必ず〝あなた方は〟と言って下さった。その先生が、まるでフランスの往年の名画「最後の授業」の一場面のようだが、最後の教壇に立って、こう述べられた。

「このような状況下、教える側に立つ身として、充分な授業をしてあげられず本当に申し訳なかった」と深々と頭を下げられ、次いでこんな事も申された。

「気の利いたはなむけの言葉もないが、あなた方にお伝えしておきたいとすれば、こんなことぐらいかな」と前置きし、次のようなことを申された。

「この先歩まれる人生において、たとえば上司なりお世話になった方にお遣いものをされる場合もありましょう。そんな時、決して無理をしなくてもいいが、許される予算で最高のものをお持ちしなさい。たとえば千円しかなかったら、千円のウイスキーなど持っていってはいけない。その千円でシャープペンシルなりをお買いなさい」と。つまり礼節を尽くすべき時は、誠意をもって行いなさいということだ。なかなか含蓄のある言葉と、その後私もことある毎に引用させて頂いている。卒業後ほどなくして身罷われたが、たくさんの教え子が駆けつけた。顧みるに、私の大学時代の四年間は、学業以外の多くのことを学ばせていただいたようだ。

集団就職

当時に思いを馳せるに、いろいろなことが浮かんでは消える。

井沢八郎氏熱唱するところの「ああ上野駅」という歌がある。集団就職で上京した新卒の若い人々の身上を真摯に伝える、たまらなく切ない歌だ。

金の卵と呼ばれたこうした人たちのたゆみない刻苦があったればこそ今がある。もちろんそれだけではないにせよ、彼ら彼女らの血の滲む努力と滴る汗が戦後の日本の復興期を支え、その後の高度成長期へと我が国を導いていったことは紛れもない事実であろう。

豊かになった今では、ともすれば記憶の彼方に押しやられそうな情景だが、同時代を生きた者として、いつまでも語り継がなくてはならないことのひとつと、深く肝に銘じている。

さて、あれは私が大学を出た年だから、昭和四二年のことだったか。倒産した父の会社の再建途上期で、父も私をそんな修羅場に直接入れることをためらったのだろう。自分の友人の日本橋トロイカというお菓子屋に話をつけて私を預けた。見ようによっては、他人の飯を食わすには絶好のタイミングであったといえるかもしれないが。

当時は、世相的にはまさしく高度成長期の真っ只中にあって、日本中が豊かさに向かってまっしぐらに突き進んでいた頃だが、その一方では未だどこかに戦後の影を引きずってもいた。

その戦後なるものをしかと体験していないながらも、長らくボーっと育ってしまった身には、そうしたことはすでに過去のものとなりつつあった。

ところがその菓子屋に入店早々に強烈なインパクトをもって、日本を下支えする現実を見せ付けられた。

配属されたそこは、東中野にある同社の製菓工場で、仕事場はお菓子作りにいそしむ若い衆の活気で満ち溢れていた。自分のうちも同業だから仕事の様子は大体分かるし、キャリアも子供時分からそれなりに積んでいたので、初めからそれほど気後れするところもな

トロイカ洋菓子店での修業時代

かった。

だが、それでも新参者ゆえ、少しでも早くみんなの仲間入りをせんと、文字通り身を粉にして立ち振る舞った。そんな新入りを、彼らは当初やや遠巻きにして見ている感があった。大学出のボンボンに何ができるのか、との思いもあったようだ。が、共に同じ汗をかいているうちに、すぐに心が通じ合ってきた。

一度仕事に取り掛かれば、年齢も学歴も関係ない。ただ一途にその日その日の職務を遂行していくだけだ。ひとつのセクションが遅れていると、先に片がついた部所からすぐさま応援がやってくる。何となれば、すべての作業が終わらなければ全員が仕事を終えられないからだ。今と違って残業代が付くわけでもないから、誰しもが一分一秒でも早く上がりたい。そんな現実的な背景も手伝ってか、おのずと運命共同体としての連帯感が生まれてくる。そしていつしか職人やその卵たちは、ひとつの家族のようになっていく。

こうして激しく忙しい一日が終わり、まかないのおばさんの作ってくれたメシを掻き込み、近所の風呂屋でひとっ風呂浴びて、寮に身を横たえる。

寮といってもいろいろなタイプがあるようで、ちなみに父のところは大部屋に雑魚寝式であったが、御世話になっていたそこは、畳一畳分のスペースを二段に重ねて横と向かいに連ねた、俗に言う蚕棚形式となっていた。

その畳一畳が自分だけの世界である。ある者は読むとはなしに週刊誌や漫画をパラパラめくり、ある者は離れた家族に手紙を書くなど、思い思い時間を過ごす。

そのうちに誰かが、〝うさぎ追いしかの山〜〟の歌を口ずさむ。と、別の棚からそれに合わせた歌詞が重なってくる。次第にあちこちから声がかぶさり、いつしか寮全体の合唱となっていく。そして歌い終わりしばらくすると、今度は押し殺したような小さなうめき声が一ヶ所二ヶ所と聞こえてくる。

布団の端を噛んで、必死にこらえても漏れてくる啜り泣きの声だ。この時、仮に誰かが一声「母ちゃーん！」とでも叫んだら、それを機にこらえていたものが一気にあふれ出し、寮全体が止めようもなく嗚咽に包まれてしまったに違いない。そんなギリギリのところに皆して身を寄せ合っていたのだ。かく言う彼らの多くは、中学卒業と同時に、件《くだん》の就職列車でやって来た若い衆たちだ。私は只々息をこらし、ひたすら寝た振りをするしかなかった。

お菓子屋稼業はサービス業ゆえ、決まった休業日はなく、どこもたいがい休みは交代制となっているが、たまたま同じ休みの先輩格の同僚から声が掛かった。

「どう、菊さん、今度の休みさぁ、どっかに遊びに行かねぇかい」

「あぁ、いいよ、どこに行こう」

「そうさねぇ、やっぱり浅草だなぁ」

「浅草かぁ、いいねぇ」

「じゃさぁ、おんなじ休みのあいつらも誘おうか」

てなわけで、当日四、五人が連れ立って浅草に繰り出した。

A君は取って置きのかんかん帽をかぶり、B君はしっかり寝押ししたズボンを履き、C君はピカピカに磨き上げた先のとがった靴を履くなど、皆それぞれが思いっきりのオシャレをしている。そう、彼らにとっての華やぎの場所は、銀座や六本木などではなく、あくまでも浅草なのだ。

正直申して私は、銀座あたりは精通といえるほどではないにしても家業の足元ゆえ、すでにそこそこ知ってはいた。が、東京育ちにもかかわらず、浅草界隈はなぜかあまり足を運ぶ機会がなかった。ところが実際に行ってみると、これがなかなかに面白い。映画を観て、パチンコに興じて、もんじゃ焼きを食べて、仲見世をひやかして……。それより何より、いつもの仕事場で見せる顔とは違った、素朴でひょうきんで生き生きとした彼らの素顔に接することができて、それが何にも増してうれしかった。

「ところでさぁ、みんなは飲みになんてあんまり行かないの？　女の子のいるところなんかにさぁ……」それとなく聞いてみた。

「そうだなぁ、あんまり行がねぇなぁ」

「行ってみてぇとは思うけんどさぁ、な〜んかおっかなぐって」

「いやさ、俺の妹がよ、新宿のハリウッドにいるんだけんどさぁ。兄《あん》ちゃん、こんなとこに来ちゃダメだ。金なんかすぐなぐなっからって言われてるんだ」

とにかくみんな純朴を絵に描いたような、素晴らしい仲間だった。

あ〜、あの頃の仲間たち、今頃どうしているかなぁ……。

出稼ぎさん

また、こんなことも深く心に刻まれている。出稼ぎさんたちだ。お菓子屋という職業は、とにかくいつもせわしないが、特に暮が近づくと、その忙しさは半端ではなくなる。お歳暮、クリスマス、年末年始と、大型の商戦が休みなく続いていくからだ。

そんな時の大きな味方が出稼ぎさんだ。私の身を寄せさせていただいたその工場にも、一一月半ばあたりからそうした人たちが何人もやって来た。

皆さん、東北の農業に携わっている方々で、作物の刈り入れも終わり、いっとき手がすくこの時期に労働力を提供しに来てくれるのだ。毎年同じ顔ぶれだからお互い気心も通じ合っている。が、それでも皆さん一様に口が重く、こちらから話しかけないとなかなか会話が成り立たない。

「おやっさん、また来てくれたの？」

「んだ、まだよろしくな……」

「おらも、まだ来だ」

「ひさしぶりだね、元気だった？」

「まんずまんずだな。また世話になるでよ」

「いつまで？　今度も年内？」

「んだな、正月には国さけぇりてぇもんな」

「おやっさんも？」

「んだなぁ、大晦日にはけぇる」

　そしてひとたび仕事に入ると、単純作業ラインだが、毎年のことゆえ手馴れたもので、粛々と、ただ黙々とルーティーンをこなしていく。その間無駄話などは一切ない。

　食事時も、みなさんいつもひとかたまりになって、ボソボソっと一言二言つぶやきながら、そそくさと食事をしている。溶け込みたくないわけでもないのだろうが、いつも仲間うちでかたまっている。

　仕事が跳ねた後も、寮の片隅でじーっとしている。

「ねぇ、たまには飲みに行こうよ」

「いいや、遠慮しどく」

「じゃさぁ、なんか食べに行こ？」と、一生懸命誘うが、仲間うちで顔を見合わせ、

「んにゃ、やめどぐ」

「おらも行がね」と、なかなか取り付く島がない。

決して悪気があるわけでもないのはわかっているが、けっこう頑なだ。

「ねぇ、腹減ったんじゃない？　即席ラーメンでも食べる？　俺、何個か余分に持ってっから さ、一緒に作るよ、大判百グラムだよ」（注・当時は八十グラムが普通だった）

「いんや、いらね」

「おらもいいさね、でもありがどよ」こう言いながら、もう何十回見たか分からないぼろぼろになった週刊誌をめくっている。

こうして彼らは、工場にいる間中一切の無駄遣いもせず、ひたすら与えられた仕事をこなして時を過ごす。何となれば、一円でも多く国許に持って帰らなくてはならないのだ。そして一二月二九日、少し早めに仕事を切り上げ、皆に挨拶をした後仕事場を去っていく。

「おじさん、また来年ね」

「ん、また来年な」

「じゃぁね、元気でね」

「んだば、まだ……」

手に提げた荷物が、来た時より少し大きくなっているようだ。おそらくは郷里で待っている奥さんやお子さんたちへのお土産に違いない。

集団就職、就職列車、出稼ぎさん……。今ではすっかり死語になってしまった言葉だが、昭和四十年代初頭にはまだそれらが確かに残っていた。それからほどなく日本はどんどん豊かになっていき、それと同時にそうした言葉もいつしか人々の口の端にも上らなくなっていった。

ただ、当時と変わらぬ佇まいを見せている上野駅を前にすると、その頃のことがありありと脳裏に浮かんでくる。就職列車と呼ばれた汽車に乗ってやって来た集団就職の詰め襟やセーラー服の少年少女や、国許の妻子を養うべく毎年上京してきた出稼ぎさんたちの、いろんな想いが詰まった駅舎だ。

久しく前からずーっと出ている建て替え話だが、あの駅に関してだけは、何とかあのままの姿で残せないものかと思うのは、筆者だけではあらぬはず。

老朽化で危険というのも理解できるし、建て替えれば、もっと便利になるというのも充分分るが、かといって一度壊してしまったら、もろもろの記憶も共に消え去ってしまいそうだ。

極力補修等の手立てを講じ、後世に伝えられるものなら伝えてもらいたい。何となればあれこそが、我が国の近代化とその後の発展を支えた、いわば重要な文化遺産なのだから。

職人の卵たち

技術修業というものは、やたらあちこち回ればいいというものでもないが、一軒だけというのも視野の広さに欠ける。縁あって東京の自由が丘にある、叔父の営む菓子屋・自由が丘凮月堂に身を寄せた。ここは、それなりの規模で広く展開していた前述の菓子屋とは対照的で、文字通りの個人店である。ただ、そこは他のお菓子屋と比べて、技術的なレベルもいささか高く、従って志も高く抱いた若者が集まってきていた。さりながら、あくまでも技術を教えるという建前からか、給料は口にするを憚るほどに安かった。というより、ハナから給料と呼べるほどのものではなく、ほんのちょっとした小遣い銭程度といったらいいか。前のところも人にはいえなかったが、それよりも……。それでも技術を極めたいとして入店してくるのだから、日本の若者は総じて真面目の一語に尽きる。およそ他国では考えられないことだろうが、そうした向上心が今日の日本の礎の一端を築いたと

自由が丘凮月堂での修業時代

いっても過言ではないところが確かにあろう。

今でも技術を教えるということを標榜して止まないところがあるが、当然のことながら常に人手不足に悩まされているようだ。当時と比して、時代は様変わりしているのだが、未だに気付いていないのか、体質が変えられないのか……。

会うたびに「誰か人いないかねぇ」といわれ、心苦しい思いにかられる。

天職

そんな薄給に甘んじながら技術の研賛に励むパティシエの卵たちだが、今思い返すに実にいろいろなタイプの者がいて、その人間模様も面白く、またその切磋琢磨も懐かしく心に甦る。

ある者は細工物と呼ばれるいわゆる工芸菓子作りが大好きで、寝ても覚めてもそのことばかり考えていた。夜、カイコ棚のベッドに入っていると、向かい側から何やらゴソゴソ、シャカシャカ、シャッシャッシャッシャッと妙な音がする。

「ん？　何やってんの？」

「ううん、何でもない」。何でもないわけがない。

そーっと覗くと、パスティヤージュという砂糖細工の部品にひたすら紙やすりをかけて、形を整えているのだ。その音は毎晩深夜まで続いていた。

そうして作られた各パーツは、ある日すばらしい砂糖細工のバイオリンに組み立てられ、それは業界発行誌の巻頭一面をカラー写真で飾った。

後に彼は、わが国洋菓子業界の中でもトップクラスの造形職人としてあまねく知られるようになっていった。

熟慮

「菊さん、俺、もっと勉強してみたいと思ってるんだ。いや、菓子屋をやめるつもりはないんだけどさあ、なぁんか、やれるうちに何でもやっとかないと、なんて思ってさ。人生に悔いは残したくないし、毎日時間だけがどんどん過ぎていっちゃうし。どう思う？」

若いうちはいろいろ悩むもの。何につけ一生懸命に打ち込む彼も、このままでいいのかという迷いが、ふっと心を過ぎったようだ。私とて凡人。人様に偉そうに物言える立場にもないが、一緒に考えてみた。

彼は新橋の名門和菓子屋のご子息だが、これからは洋菓子の技術も必要と考え、それも早いうちがいいと、高校を卒業と同時に修業の道に入って来たのだ。頭はいい。並じゃない。小さい頃から算盤をやっていたというが、その暗算力には舌を巻く。幸い近くに産業能率大学がある。ここはどうだろう。実務習得を目指す彼には、まさにぴったりなんじゃないか。二人で話しているうちにそんな思いに至り、ともかくもダメ元でと受けてみた。

受験勉強など一切していないにもかかわらず、一発合格。やっぱり優秀な子は違うようだ。まわりの仲間も我がことのように喜んでくれた。

無事卒業後、改めてお菓子業界に復帰して修業をやり直し、その後独立を果たし、お店も至極順調と聞いている。

一途

たいていの製造現場はラジオが流れている。もっともテレビを観ながらでは、物作りはできないからしょうがない。そのラジオからは、いよいよ高校野球が始まった旨と、その甲子園球場からの実況中継が、高揚したアナウンサーの声で告げられていた。

「俺さぁ、この甲子園に出たことがあるんだぁ。〇〇年の夏なんだけどさぁ」

「ウソー、マジで?」

「スッゴイじゃん」

「ホントォ、へぇー、すげぇーなぁ」

「で、どうなったの?」

みんなはこの時期になると、もう何回聞いたか分からないほど聞かされたその話に、その度毎に熱っぽく相槌を打つ。

いや、あえてしっかり耳を傾けてあげる。寝食を共にしている仲間だからこそできる思いやりだ。聞くに、初戦だったが点差が開いて、ほぼ勝敗の決まった九回表に、レギュラー選手ではなかった彼に、ピンチヒッターの声が掛かった。何年も共に練習を重ねてきた彼に、監督が最後に出番を作ってくれたらしい。結果、サードゴロに終わったというが、

「とにかく当てようと思ってさぁ、夢中でバットを振ったんさ。そしたら当ってよう。ヤッターって思って、俺、思い切り走って走って、そのまんま頭っから滑り込んだんだわ。でもよう、間一髪アウト。悔しかったなぁ。そのまま立ち上がれなくてよぉ。顔なんかもう、ドロと涙でグチョグチョでよぉ」

いつもその場面がくると、みんな一緒に泣いてあげるのだ。そんな仲間だった彼のその後は誰も知らない。でも、そんな頑張り屋だった彼のこと、きっとどこかでその後も夏になると甲子園出場の活躍話をして、変わらずお菓子作りに励んでいるに違いない。いや待てよ、年齢から察するに、もうすでにハッピーリタイアメントをしていて、お孫さんにそんな話を聞かせているかも知れない。

いずれにしても、お菓子作りは一見華やかに見えるが、その実地味で地道な職業だ。そん

な業界に身を置くパティシエやパティシエールたちは、総じて純な人が多い。もっとも純でなければ続かない職業でもあるのだが。

天職を得た者、熟慮の末人生をリセットした者、何につけ一途な者等々、修業の場にはいろいろな人生模様がある。

一大事件・百貨店の倒産

そろそろ頃合いと見て、私はお世話になったそのお菓子屋を辞し、父の会社に戻った。が、様子は一変し、すべての立ち位置が変わっていた。倒産、再建とはこうしたものと、改めて思い知らされた。新しくなった組織から辞令が渡された。池袋の丸物という百貨店の売店勤務だ。〝ん？　百貨店か、面白い、望むところだ〟と自らを鼓舞したが、冷や飯の感は免れない内示だ。が、倒産した会社の前経営者の息子ではやむをえまい。忍の一字で唇を噛んだ。

そんなこんなで、その時は人並みの無念や挫折感を味わったが、ただ後になって振り返るに、いろいろといきさつはあったにせよ、私にとってはそのことによってその後の人生が開けたゆえに、むしろそうした倒産劇には感謝をしなければなるまいとも思っている。そう、気付かされるのはいつも後になってから。その時々に苦労や無念と思えることでも、後々のためのすばらしい糧になる。人生に無駄なことは何一つないようだ。

話を戻そう。丸物とは、今や知っている人も少なくなってしまったが、京都に本店を置く老舗の百貨店で、東京では池袋と新宿に店を構えていた。激化する競争の中で、生き残りをかけ、新宿店は伊勢丹に売却。同店の「男の新館」と呼ばれた紳士服の専門館に変身した。残った池袋店も隣の西武に押されて、首都圏の中では常に有楽町そごうと最下位を争うなど、苦しい戦いを強いられている。そんなところに出店している自店も含めたテナント各店も、当然苦戦の日々であった。隣の西武にはあんなにお客様がいらしているのに、何故こちらにはいらして下さらないのか。

悩むほどに、かつての有楽町そごうでの経験が生きた。売れなければ売れるようにしよう。ショーケースの前に立っては、商品の見せ方を変え、何とか少しでも目立つようにと、布を替えたり、飾りの小物を買ってきては横に置いたり、レースペーパーを敷くなどして浮き立たせたりと、できる限りのことを試しては、例のごとくに表に回ってためつすがめつ……。そしてまた懲りずに手直しをしたり、下手な絵を描いたポップを飾ったり。希にいらしたお客様へのお声かけのタイミングも、有楽町時代の経験から心得たものだ。御中元や御歳暮にあっては、前回の配送伝票から住所を拾い、自分なりの自筆のダイレクトメールを作っては、個別に出させていただいた。

「あんなお便りを頂いたら、来ないわけにいかないじゃない」と、何人かのお客様がご来店くださる。こんな時のうれしさといったらなかった。また、たくさんお求めになられた方のお名前と顔を必死で憶え、次にいらして、売店の前を通りかかった折に、「あっ何々様！」とお声をかけさせて頂いた。

「あら、憶えていてくださったの？　じゃあ、またこちらにしようかしら」

「有難うございます。前回は確かこちらのお品でしたので、この度はこちらなどは如何でしょう」

などといって、無事ご注文を賜ることができた。何事もひとつひとつの積み重ねか。

それでも数字はなかなか上がらない。

〝そうだ、外商周りをしてみよう〟。伊勢丹時代を思い出した。

百貨店には法人外商とか家庭外商の部所がある。そこに渡りを付ければご注文をいただけるかもしれない。さらには福利厚生部にも伺った。館内には社員も相当数いる。この人たちの誕生日には、会社側として何らかのプレゼントをするはずだ。バースデーケーキなどはどうだろう。その習慣がなければ、するように勧めてみよう。イチかバチか、厚かましくも飛び込みでセールスに伺った。〝それはいい、士気の高揚にも大いに役立つ〟として即刻採用。ご来店される外からのお客様だけではなく、館内で働いておられる人たちをもターゲットとして捉えてみたのだ。そのお陰をもって、売り上げも想定を超えるものとなっていった。

そんなある時、当時顧客係といっていたエレベーターガールのお嬢さんが私を訪ねてこられた。

「ねぇ、あなたが吉田さん？」

「はい、そうですが、何か」

「ちょっと聞いたんだけど、あなた、学生時代スキーやってたんですって？」

「えー、まぁそこそこに。小さな大会ですがレースに出たことも。でも誰からお聞きになったんですか、そんなこと」

「やっぱり？　よかったぁ。そこでちょっとお願いがあるんだけど」

「はい、なんでしょう」

「私たち、今度スキー部を作ろうと思ってるんだけど、その部長になってくれないかしら」

「えー、僕でいいんですか。さしてうまくはないんですが、それでよかったら」

当時、いえ、今でもだろうが、エレベーターガールさんといったら、百貨店を代表するような美形揃いで男性社員の羨望の的。そんな人たちからのご依頼に、断る理由など微塵もない。即刻ＯＫで交渉成立。都合何回かご一緒させていただいたが、今にして思えば、人生の数少ない至福の時であったといえようか。なにしろこんな美しい人たちから、〝せんせぇ

〜！〟なんて呼ばれるのだから、これで舞い上がるなという方が無理。

この時の彼女らとの交わりが、後々大きな転機になるのだが、有頂天になっていたその時は、まだそのことに気付かない。それについては後述するが。

そうしたある日、〝丸物倒産〟の記事が新聞紙上に大きく躍った。〝まさか……ウソだろう？〟天下の百貨店がこの世から消滅する。そんなことが起こるとは夢にも思っていなかっただけに、その衝撃は私を打ちのめした。いや、世間全体が大きく揺れ動いた。今日では百貨店のクローズや事業整理も、決して珍しいことでもなく、驚くほどのことでもなくなっているが、当時としては、天と地がひっくり返るほどの一大事件であった。

館内放送に従って、社員、派遣社員の区別なく、全員屋上に行き、小さな木の板の橋を渡って、隣の西武百貨店の屋上に集められた。そこで西武の堤清二社長の話を拝聴した。

「報道でご存知の如く、今日から丸物は私どもの傘下に入ることになった。昨日まではいいライバルとして互いに切磋琢磨してきたが、今日からは仲間ということになる云々」の訓示を受けた。あちこちから啜り泣きの声が聞こえてきた。派遣社員という立場の私も、思わず感極まり、頬に熱いものが流れた。後年、互いに涙した仲間たちがあちこちに散り、〝隠れ丸物〟として連帯を組んでいくことになる。

あくる日から、西武の人や地理的に池袋に近い西友各店から、何人も派遣されてきた。ただし、業務はそのまま続行。私たちテナントも、今後のことも未定のまま、職務に精励の指示を受け、いつにも増して頑張ってみせた。考えるまでもなく、私たちはテナントであり、単なるそれぞれのところからの派遣社員であるにもかかわらず、どうやらいつのまにか丸物の社員になりきってしまっていたようだ。西武系のスーパーの赤羽西友から来た責任者が言った。

「君、吉田君といったか。君はこの後どうするんだ？」

「はい、家業がお菓子屋なもんで、このままお菓子屋稼業を続けるつもりですが」

「ふーん、そうか。でもどうだ、西武に来てみないか。いや西友でもいい。うちはこれからどんどん発展していくし、そのための人材も必要だ。ちょうど君みたいな、生きのいい若いのが欲しいんだよなぁ」

「有難うございます。よく考えてみます」

とは言ったものの、そのお誘いは後日丁重にお断りさせていただいた。ここでも
「はい、分かりました。では宜しくお願い致します」

などといったら、その後は西武セゾングループのどこかに行っていたかもしれない。

こう度毎にその業界からお誘いを受けるところを見るに、ひょっとしたら私という人間は百貨店向きだったのか、などと思うこともないではない。そんなに甘いものでないことは、

重々承知はしているが。

後年、文壇等で辻井喬先生（西武の代表・堤清二氏）と懇意になり、その時のことをお話させていただいたことがある。

「へぇー、吉田さん、あの時丸物にいたの？　で、西武の屋上で私の話を聞いてたの？ふーん、あ、そう……。」

といってしばし感慨深げであったことを、今この原稿を書きながらふと思い出した。

人生、長い間にはいろいろなご縁ができるものだ。

堤さんとの出会いやエレベーターガールのお嬢さん、隠れ丸物となった仲間たち等々、今はなき丸物百貨店は、その後の私の人生にとって大きなものを与えてくれた。

商人のイロハ・結婚式場開拓

派遣された丸物もなくなり、会社に戻った私は、ホテル・結婚式場担当に回された。かつてウェディングケーキ作りやその補修で駆け回ったりした部門である。百貨店の名店街には多少出遅れたが、ここはまだ開拓の余地が充分残されている分野である。ただ、本格的な営業回りについては未だ経験の浅い、言ってみればひよっこの初心者である。

そういえばこんなことがあった。今思い出して冷汗三斗。それにつけても、その時は単なる日常のひとこまぐらいにしか思わなかったことでも、後になって、実はそれがその後の人生にとって、大きな意味を持つ出来事であったことに気付かされる場合も少なくない。

「こらぁ、なんだ、その態度は！」

「あっ、ハイ、すみません。えっでも何で？……僕が何か？」

「僕が何か、だと？　君は自分のしていることが分かってないのかぁ、ったく」

それは私が改めて式場回りに配属されて程ない頃のことであった。

新米営業マンゆえ、先ずは担当するお出入り先にご挨拶に伺う。その伺った先が明治記念館という、この分野での名門の結婚式場であった。ああいうところはけっこう古い、シツレイ、その道の熟練の方がいらっしゃる。事務所を訪ね、担当者に新任のご挨拶を申し上げていたその時だ。その人の後ろの上席と思われるところにおられた、人生のベテランとおぼしき方が、チラッと顔を上げて私を見るや、いきなり烈火のごとき冒頭のカミナリを落としたのだ。

どなりつけられた当方、突然のことで何がなんだか分からない。鳩が豆鉄砲なんてかわいらしいものではなく、まさに腰を抜かさんばかりの衝撃に見舞われた。私をにらみつけたその顔は鬼の形相。少々寂しくなっている頭からは、ホントに湯気でも立っているんじゃないかと思えるようなド迫力だ。まさしく言われるところのガンコ親父そのものだ。

〝うへぇー、エライおっさんに引っかかっちゃったもんだ〟

わけも分からず、ひたすら縮みあがっている私を手荒く自分の方に手招きする。

「君は何で叱られたのか分からんのか」

「え、あ、ハイ。あの、分かりま……せん……」

「しょうがないなぁ、まったく。誰も教えんのか、近頃は。それでよくまあ平気で外に出られたもんだ」

「すみません」

「すみませんじゃない。さっきのお前さんの手の組み方、ありゃぁ何だ」

「……」

「あのなぁ、商人《あきんど》というのは、手を後ろなんかで組むもんじゃない。両手を前にもってきて、臍の前、そう、そこ、急所の上で組むもんだ」

ドキッとする表現だが、反面わかりやすいことこの上もない。

「そう、それでいい。その恰好で、もう一度私に挨拶してごらん」

「あ、ハイ。こ、このたびこちらさまを担当させていただくことになりました○△堂の吉田菊次郎と申します。宜しくお願い致します」

「ほら、できたじゃないか。言葉遣いまで変わってきた。さっきとは全然違う。分かっただろう、言っていることが」

「ハイ、分かりました」

とたんにその人の眼が優しくなった。

手を後ろに組むと、自ずと胸がそっくり返り、物言いも何とはなしに偉そうになる。決して自分ではそうは思っていなくても、少なくとも他人様の目にはそのように映る。逆に手を前に組むと物腰も低くなり、はた目にも謙虚に映る。そして発する言葉もごく自然と、相手を敬うべく丁寧な言葉遣いになる。さすがに齢を重ねた人はよく物事を知っているもんだと、後になってひたすら感心したものであった。なぜ後になって？　いやぁ、その時はとにかくその人が恐くて、一刻も早くその場から解放されたいと、只そのことだけで頭が一杯だったもので、感心したり有り難がる余裕なんざぁ、とてもとても……。

で、帰り際に同氏が、私をちょっと引きとめ、今度はそっと言った。

「それからね、仕事の時は自分のことを〝僕〟というのはやめときなさい。もういっぱしの社会人だろう。いつまでも〝僕ちゃん〟じゃない。仲間うちならともかく、これからはできるだけワタクシっていうんだよ。そうすると下に続く言葉まで違ってくるもんだ」

「ワタクシ……ですか」

「そう、ワタクシ。なに、あんまり偉そうに言えた義理でもないんだが。実はうちの会社にもいい歳をして、僕、僕って言うのがいてね、いやぁ、困ったもんだ」

さきほどまでの恐い顔はどこへ行ったのか、そのガンコ親父はもうすっかりおだやかな、いいオジサンの顔になっていた。

あれ以来私は、人前で手を後ろに組むことは、まったくといっていいほどなくなった。今は昔と違って、商人《あきんど》だからへりくだらなければならないという時代でもない。当節は商人であろうとお客様やお出入り先であろうと、人としてはあくまでも対等。そんな時代ではあるが、それでもやはり商人には商人としての心得がある。そうしたものは時代がどう移ろうが変わるものではない。少々手荒い洗礼からそんなことを教わった。


ところで、筆者の後輩同窓生にあたる、クッキーで名高い泉屋の社長・泉邦夫君から、かなり時を経たある時、こんなことを聞かされた。

「吉田さん、最近はパティシエだのキュジニエだのと、やたら菓子職人や料理人がもてはやされているじゃない。それはそれでけっこうなことだと思うんだけどさ、ちょっと気になることがあるんだよなぁ。あの人たちって何でみんなあんなに偉そうに腕組みして写真に写ってるの？　実は礼節を尊ぶ人から聞いたんだけどさ、一番しちゃいけないのが、人の前で腕組みすることなんだって。他人様を見下すというか、要するに人に威圧感を与えるようなことは、絶対にするべきじゃない。それがマナーだっていうんだよね」

　調理に携わる欧米の人たちは、割と平気で、というよりむしろ誇らし気にコックコートで腕を組んでいる。よって、見ようによっては、言われるように偉そうに映らないでもない。手前どもで恐縮ながら、私どももあちらの食文化の一端を担う者ゆえ、そうしたことにさしたる違和感を憶えずにきてしまったきらいがないでもないが、日本には日本の文化や感性、しきたりがある。どちらに軸足を置くべきか難しいところでもあるが、ともあれ人様に不快感を与えるようなことは、少なくともサービスを提供する側としてはあえてするべきではないのではないか。

　その彼の話を聞きながら、ハッとした。

　何となればその時ちょうど羽田空港で、〝パティシエ対料理人対決〟と名うっての、スイーツの競演セールをやっていたのだ。そしてそのイベントを盛り上げるべく、私と料理人のI氏の二人が、白衣姿でそれぞれ写真に収まり、それを大きく引き伸ばした等身大のパネルを作り、空港のいくつかの売り場に立てられていることを思い出したのだ。

〝しまった、もしや腕組みをしているのでは〟。慌てて羽田に確認をしに飛んでいった。コワゴワ見つけた自分のパネルは、例の口にはしにくい位置でちゃんと手を組み、一方のＩ氏は腰に手をあてがい、ちょっと斜に構えた粋な恰好をしていた。オシャレさではだいぶ負けていたけど、商人らしさでは無事ことなきを得ていた。いずれにしても、双方胸の位置で腕を組んではおらず、ましてや後ろ手にもせず、ふたりともがセーフ。いやいやよかったと、正直ホッと胸をなでおろした。知らないうちにも何十年も前の教訓が、ちゃんと身についていたのだ。とにかく助かりました。あの時しっかり受けたお叱りのお陰で、人様に不快感を与えることもなく、また私も恥をかかずに済みました。なんでもお叱りを受ける時は受けておくものと、つくづく、そしてしみじみ感じ入った次第。

さて、もうひとつの戒め。〝自分のことをワタクシというべし〟の件だが、これも確かに道理。おっしゃるとおり。仮に〝僕〟といったら、そのあとには、〝～しちゃった〟などと続くに違いない。〝俺〟といったら、〝～でさぁ〟なんていう風に続くんじゃないか。もちろん友人同士ならこれでいいのだが、改まった場所ではこれじゃあちょっとうまくない。そんな時には自分をワタクシというと、ごく自然に〝～をいたしましたが……〟なんて具合に言葉が繋がっていく。親しい間柄はさておき、ことビジネスに関わる場合などでは、自分のことはやはりワタクシというべきだろう。

それにつけても昨今は、よその子供だろうとどこぞの若造だろうと、無作法とあらば容赦なく注意したり諭したり時には叱りつけてくれる、いわゆるうるさいガンコ親父、カミナリ親父も見かけなくなった。昔は確かによくいたものだ。親の言う事も聞かない分からずやを、代わって躾けてくれる町内のカシラなんていうのが。今さらながら、あの時の恐いオヤジさんが懐かしく脳裏に浮かぶ。今思うに、あの人はあの業界のカシラだったんですかねぇ、いってみれば。

商人表裏

これも同じく駆け出しの頃のこと。いやぁ、一度振り返り出すといろんなことが……。

かつてはどこのお店も、よくあちこちに配達をしていたものだ。今でも出前や配達をまめにおこなっている商店もあることはあるが、はっきり言ってずいぶんと少なくなったように思う。まぁ車社会になって、お客様も乗り付けてこられるのが当たり前になったり、さほど急がなければ、インターネットなどでお取り寄せもできるという、社会全体の構造の変化もあるが、昔はちょっとしたことでも、商店たるものすぐにお届けにいったものだ。

そんな私どもの商いにおいては、個人のお宅はさておき、今も昔も変わらないのが料亭さんやバーやクラブへの配達。そこではよく接待用と言おうか、ちょっとした手土産に、手頃な大きさを持つお菓子などが便利に使われるが、これが侮れない需要となっている。銀座や築地、新橋、柳橋、赤坂といったあたりは、そうしたところが数知れぬほどある。そしてそのいたるところで、夜毎、いえ時には昼間もだが、さまざまな宴や会合あるいはかく言うご接待等が繰り広げられている。よって、それ用のお遣い物を承る側も、夜のとばりが降りんとするほどに、物と心の準備を整えていく。いわば〝常在戦場〟の心境といったところか。通常の仕事をこなしながらも、いつ来るか分からぬ注文を待つというのも、少なからず気疲れのするものだが、その緊張感もいい意味でたまらない。そしてひとたび電話が入るや、瞬時にお品物をそろえて飛び出していく。なにしろ先様は大概がお急ぎなのだ。ぐずぐずしていると、お持たせするお客様はすぐにお帰りになってしまう。まれに〝ゆっくりでいいわよ〟といってくださることもないではないが、いつお客様自身のお気が変わるか分からない。したがって、いつも早く早く一刻も……。まさにお受けしてから何分以内にお届けします、の今様の宅配ピザのようなものである。

近いところなら自転車が便利だ。なぜなら大店《おおだな》の料亭さんは別としても、小粋なところやクラブ、バーなどでは、しばしば裏道や細い路地を入ったようなところにある。よってこれにさっと打ちまたがり、横道をスイスイ。冬はちょっと寒くてたいへんだが、そこは商いと割り切っていくしかない。少し距離のあるところなら、小回りの利く小型車がいい。車は大きいと細い道に入りにくいし、第一駐車にも困る。

さて、そんな諸々の準備を整えている最中に電話が入った。さる高名な料亭さんからだ。

「いくらいくらのものを何個。手提げ袋付きで今すぐ急いで。いいわね（ガチャン）」

そら来たと、すぐにお品物を用意し、車に積み込む。とにかくいつも以上にお急ぎらしい。それでなくてもなかなか厳しいことで定評のある料亭さん。遅れては大変と、引っかかる信号にやきもきしながらも、精一杯急いで、まあお許し願えるだろう範囲の時間内に着いた。それでもなお少しでも早いに越したことはないと、すぐに車を止められる入り口脇に車を寄せ、それこそ息急ききってお品物を持ち、門をくぐった。

「毎度有難うございます。先ほど賜りましたご注文のお品を……」

と、まだ全部言い切らないうちに、玄関を通りかかったおかみが、こちらの言葉を遮るように言い放った。

「なにやってんだい、遅いじゃないか。それになんだい出入り業者が。裏へお回り！　業者如きが玄関から入るもんじゃないよ、ったく！　ちょいと、塩撒いときな！」

まさにおっしゃるとおり、返す言葉もありません。しかるべき裏口がある場合には、業者たるもの、そこから出入りするはこの道のイロハだ。一分一秒でも早くお届けしなければの気持ちが裏目に出てしまったか。まこと迂闊の極みといっていい。肝心のお品物は、お客様のお帰りには何とかギリギリ間に合ったようだが、反省しきりの一件であった。ただ、よく考えるに、お叱りは受けたにせよ、あの時のあの判断は間違っていなかったのではとも、手前勝手には思った。何となれば、信号を待って車を裏に回し、駐車の場所を探したりと、モタモタしていたら、ことのほかお急ぎのお客様には間に合わなかったかもしれない。それほどに急いでいたために、あのおかみは気が急いてジリジリして待っていたのだから。ちょっとルール違反はあったかも知れないが、自分の中では結果オーライと思うことにした。しかしながら、さらに冷静に考えるに、やっぱりルール違反は許されないか。どの社会にもそれなりのしきたりというものがあるゆえに。それにつけても、よほど大切なお客様だったようで、それだけにおかみも大いに気をもみ、その分だけこちらにそのイライラをぶつけてこられたのだろう。少しばかりきついお言葉だったが、早い話が皆それぞれの立場で一生懸命仕事をしているということなのだ。

さて、それから数日後、私は父のお供でその料亭に伺うことになった。

〝え、まさか、あの料亭?〟

「裏へお回り!　業者如きが……」のきついお言葉がまだ脳裏にしっかり焼きついて離れない。なんともいえない重い気分を引きずりながら、いつぞやの門をくぐった。

〝あっ、やっぱりあのおかみが……〟

そう、そのおかみがしっかりと、私が追い払われたあの玄関で出迎えに出ている。

「まあまあ、ようこそいらっしゃいました。ささ、どうぞおあがりになって。お寒くありませんでした？　このところごぶさたでしたぇ。お忙しかったんでしょう、お仕事の方。あら、こちら息子さんですか。まあご立派な坊ちゃんですこと。お楽しみですわねぇ。そうそう、この間ミーさんがいらして、ヨーさんどうしてる？　だなんて……」

〝なんなのだろう、この変わり身の見事さは〟

あきれるというより、ひたすら感心してしまった。彼女は数日前の私のことなどまったく憶えていないのだろうが、それにつけてもあの恐いおかみはどこへいってしまったのか。まぁこれくらいの切り替えができなくては料亭のおかみは務まらないのだろうが、聞いている当方、いささか開いた口が塞がらない。その時私は思った。この料亭さんは表向きは一流で通っているが、ホントはそうでもないんじゃないか。サービス業ゆえ多少のお愛想は振りまくにしても、相手によってあれほどあからさまに人を見下すという、その落差の大きさはなんとしたものか。

それから何年か後、私が修業先のパリから帰ってきた時、たまさか何かの用で例の料亭さんの前を通りかかった。確かこのあたりにと思ったそこには新しいビルが建っており、あの立派な門構えの料亭さんは跡形もなくなっていた。

ホントの一流とは……。私如きが申すことではないが、考えさせられることが多すぎる。

まなじり決して翔ぶ菊次郎

さて私、何とか父を助け事業を盛り立てんとするが思うに任せず、悶々とする。当然予想されたこととはいえ、戻ったそこは心休まるところではなかった。日々の外様の悲哀に、親子ともども揺れ動く心の葛藤に明け暮れ、暗黙のうちに独立の意を固めていった。〝誰にも気兼ねのいらぬ自らの菓子屋を作らねばならぬ〟

そのことを胸に、私と父は、昭和四五年、コロンバンの創始者である門倉国輝氏を訪ねた。同氏は私から見ての母方の祖父・門林弥太郎の弟子にして盟友である。「なあに、心配はいらない。案ずるより産むが安しだ。行けば何とかなる。でも菊ちゃんたちはいいよ。分からなきゃ辞書があるんだから。僕の時は何だって耳学問なんだから大変だ。おおかたが想像で解釈し、自分用の字引なんか作ったりしてたんだから苦労したよ。第一あの頃パリにいる日本人といったら、僕と宮様（北白川宮成久王）と侯爵（前田利為）夫妻とお医者さん（？）……それくらいしかいなかったんだからねぇ」。さもありなん。こうした先人のご苦労があったがゆえに今日があるわけで、日本大使館かＪＡＬのオフィスに飛び込めば何とかなるかもしれない、などと相手かまわぬ最後の切り札をもっている我々の世代なんぞが、多少のことで文句を言ったらバチがあたりそうである。その場で同氏よりそんな渡仏の助言と励ましの言葉を得、そして一から出直しの修業を積むべく、また吉田家再興の任を負って、菓子の本場フランスへと旅立つ決意を固めた。

父がなけなしで工面した正真正銘の片道切符を手にした時、さすがに心細さで身がすくんだ。ひと時たゆたっていたかに見えた運命が、ふたたび突然急流となってほとばしり始めた。

パリへの旅立ち。見送る父（於・羽田空港）

花の都パリ

普通、〝花の都パリに降り立つ〟などとなったら、文字通り華やかにして浮き立つような、夢と希望に満ちた情況を想像されようが、そんなこととは裏腹の、顧みるにおのが人生における最も心細く、不安に苛まれた時であったといえる。なんだって、家は倒産、無一文、まったく先の見えぬ中での異国への旅立ちである。これで笑顔になれという方が無理な話だ。お家再興も含めたこれからの人生の、糸口らしきもののひとつでも見つけなければ、帰ることは許されない。まさしく悲壮感で顔引きつらせてのパリへの降り立ちである。

このあたりのことは、思い返すだに今なおせつなくなり、身も細る思いに駆られる。

先ずはパリの中心街まで出ての宿探し。今ならさしずめＪＴＢや近ツー、ＨＩＳ等があらかじめ予約を取っておいてくれようが、そんな時代でもない。でもまぁ必死になれば何とかなるもの。それなりの安いところを見つけて、とりあえずはひと心地つく。

さて、次の日からは生き抜くための戦いである。ご先祖様もかつてこんな思いで、アメリカの地を踏んだのか。

翌日、早速街に出ての探索。お菓子屋らしきものを見つけてショーウインドウを覗き込む。

〝おー、タルトレットだ、おっ、あれがフランボワーズか、すごい、ホンモノだぁ〟

見るものすべてが新鮮な驚きと喜びだ。日本において、銀座にあった「洋書のイエナ」で、まさしく言われるところの洋書をめくっては、今ほど鮮明ではないやや寝ぼけたような写真のフランスのお菓子や料理をながめていたが、その本物が今目の前にある。書いてあるframboiseの語を三省堂の仏和辞典で引き、「キイチゴ、エゾイチゴ」と読み取っていた、そのフランボワーズがこれなのかと、いちいち感動する。情報が行き渡り、珍しいものも秘密も何もなくなった今では考えられないことだろうし、今の人たちにそんなことを言ったら笑われそうだが、実際にはそんなところであった。

道路の真ん中に市場があるのも驚きだが、そこでそのフランボワーズが売られていた。迷わずそれを求め、その場で貪り食った。うまい、これがフランボワーズか。その感激は今も忘れない。その他手当たり次第求めてみたが、想像を超えるもの、想像通り、あるいはりんごのように日本の方が絶対うまいと思えるものもあることを確認。なんでも実際に口にしてみなければ分からないものだ。

だいたい様子が分かってきたところで、意を決し思い切っていくつかの菓子屋の門を叩き、試みにパティシエを募集しているか否かを訪ねてみる。話を聞いてくれるところもあったが、門前払いを食うところも……。想定通りではあったが、この先の不安がよぎる。

ほどなくして、渡仏前からご紹介を受けていた、門倉氏の親友で、パリ在住の商業デザイナー、里見宗次画伯を訪ね思わぬ歓待を受けた。〝よかったー〟とひとまず安堵。人の繋がりの大切さと有りがたさが身に沁みた。こうした異国で受けるご恩は生涯忘れ得ない重みがある。同氏のご助言を得て、後日製菓業界における職業斡旋の労をとるサンミッシェル協会（パリにある製菓人相互扶助の会）を訪れると、タイミングよくパリ二〇区にあるベッケル（Becker）という菓子店が製造スタッフを募集しているという。つたない語学はもとより承知。のっけからベラベラやられてはかなわないと、早速辞書を引き引き自己紹介と質問書を作る。すなわち〝私は日本のパティシエにして、実務経験何年である。貴店は我を欲するや？　就業時間及び休みは如何に？　給料はいただけるのか？　いただけるとすれば如何ほどなるや？〟等々の諸事項である。それを携え、こわごわ同店を訪ねる。通された部屋には恐ろしくコワモテ顔のご主人らしき偉丈夫の男性がいる。型通りの挨拶の後、用意した質問事項を読んでいると、じれったくなったのか、「おい、それをよこせ」と私の手から取り上げ、ササっと書き入れ、「これでいいかな？　よかったら明日、朝五時に来なさい」という。「分かりました。ありがとうございます」。正直、ヤッターッというより、これで食いつなげた、という気持ちの方が強かった。が、ともかくもこうして、第一目標たるパリの菓子屋への入店が決まった。

ところで五時に始業ということは、その店の近くの、歩いて行ける距離のところに居を定めねばならぬということである。何となればメトロが動きだすのが五時であり、それに乗っていっては間に合わないからだ。早速その近くに廉価の屋根裏部屋を探し、その日のうちに引っ越す。そして翌朝、言われた五時前に店の前で待っていると、次々と同店のスタッフらしき者たちがやってくる。「ボンジュール」「ボンジュール」「ボン……ん？」

今日からこちらで働く旨をつげると、急に顔に笑みが走る。「そうか、よろしく。ジルだ」

「ブレッドだ」「ギーだ」「トリコッシュだ」「ミッシェルだ」と握手攻めにあう。彼らは最初は入り込みにくいようだが、一度仲間と知ると、とたんに身内扱いにしてくれる。こうした点はいささかの他民族を抱えているゆえか、懐はわれわれよりは深いものがあるようだ。

さて申したごとく、パリのお菓子屋の朝は早い。通常は五時、土日は需要が多いゆえ三時から仕事が始まる。着替えるやいなや、いきなりバンバン飛ばしてゆく。片方ではシュー生地を仕込んで絞って窯に入れる。一方ではカスタードクリームを炊き上げ、他方ではクロワッサンやパン・オ・ショコラ等を仕込んで一次発酵させ、整形後二次発酵させ、オーブンに入れていく。「おーい、次は何々の生地いくぞ。小麦粉何グラム、卵何グラム、砂糖……」。聞き取る間もなく、耳元を数字がどんどん通りすぎていく。

パリ・ベッケルでの仕事

テーブルに粉を振り、指ですばやく書き留めようとするが間に合わない。「しょうがないなぁ、ヨシダ、じゃあ、これを渡すから明日までに書き写しておけ。いや、全部憶えてこい」と、配合表を手渡される。日本では考えられないことだ。配合表などを写していると、〃そんなことをするなど一〇年早い！〃

と、めん棒かゲンコツが飛んできたものだ。早い話が狭量でいやな世界なのだが、どうやらこの国は違うようだ。そんなたいそうなものを、入りたての自分にいとも簡単に手渡してくれる。これはいったいどういうことなのか。〝あっそうか、自分は単なるワーカーなのか。あちらにしたら使わなきゃ損。そういうことなんだ〟と妙に納得がいった。それにしてもこの忙しさは何だ。終業時間に決まりはないのか。仕事が終わった時が終わり？　分かりやすいといえばいえるが、就業規則はどうなっているのか。現在はそれなりにキチンとしたものがあるのだろうが、当時はともかくそんな状態であった。

かよう、目の回るような忙しさでバンバン飛ばしていくに従い、空のお店がみるみる埋まっていく。で、七時なり八時なりにお店が開くと、焼きたてのクロワッサンと共に、並べたばかりのチョコレートケーキやいちごのタルトレット等が早速次々と買われていく。

朝っぱらからチョコレートケーキやいちごのケーキを食べるのかって？　そう、食べるんです。買っても概ね翌日、あるいはさらに次の日あたりに食べる日本とは、そのあたりが違う。こればかりは国民性の違いだからどうしようもない。

作りたてが美味しいのは道理ゆえ、食べる側にとっては有り難いことこの上もないが、作る側にあってはとにかくきつい。ギルドの時代より継承する、その職業意識に感心するなどというきれいごとの表現はどこかに吹き飛んで、あからさまに彼我の食べ物の違いを見せつけられる感じがする。何しろ当方はお茶漬けでさっぱりと、先方は肉食でたっぷりとでは、おのずと勝負はつきもしよう。

それでも大和魂でと懸命に歯を食いしばっても、所詮は瞬発力のみ。相当体力に自信のある方でもやっとこ対等。エコノミックアニマルの名がかすんでしまう。

それと、単に体力の問題だけではなく、彼らは日本と違って一四歳ぐらいから見習いと称して各職業に入っていくわけだから、高卒だの大卒だのといって一八や二二、三から入る我々とでは、もともとの鍛え方が違うのだ。正直兜を脱がされる。

そして街が眠りから覚め、人々が動き出す頃には、もう大半の製品はショーケースに並べられ、出番を待っている。

〝その日に作ったものをその日に食べる〟、これこそが美味しく食べる鉄則である。

パン屋ともなるともっと早く、通常夜中の一時には仕込みが始まり、焼きあがる頃、人々は毎日行きつけのお店へ朝食のパンを買いに行き、一日が始まる。システムそのものがすべて製品本位、食べる人本位になっているのだ。

前日作ったものを翌日出すのとは違うから、これで美味しくなければウソだろう。第一そうでなければ、これほどまでに苦労を強いられる作る人たちが浮かばれない。食べる人はいいが、それを提供する立場になると大抵ではなく、決して楽な仕事ではない。

それにしても、語学のハンデに加えたこのあまりのしんどさに、たまりかねてつい愚痴をこぼしたことがある。見習いの少年、ベルナール・フリジエールに向かって、

「たまんないよな、朝から晩までこんなに忙しくってさぁ……」などと。

すると、驚くべきことに、こんな言葉が返ってきた。

「えー、だって、ヨシダ、これが僕たちの仕事じゃない。労働力を提供して、その代償として代価を得る。これがプロフェッショナルでしょ？」

「……」

まいった。おっしゃる通り。返す言葉もない。大学を卒業して何年も経ったいい大人が、小学校を出て程ない年頃の子にしっかりと意見をされてしまったのだ。いかに社会構築のシステムが違うとはいえ、穴があったら入りたい。まさにマニュファクチュアの世界を垣間見た瞬間であった。

以来この種の愚痴は一切こぼさないことにした。それにしても、あちらの子はエライ！

なお、このベルナール少年には、語学面でもずいぶんと助けてもらった。異国での生活は、なんといっても語学である。意思が通じなければ困るのは自分だが、自分以上に相手も困る。よって毎日クタクタになりながらも、仕事がはねた後、屋根裏部屋でそれこそ必死になって単語や言い回しを暗記していった。そして翌朝、忘れないうちに彼を相手に試すのだ。する

と彼も真摯に受け止めてくれて、直してくれる。たとえば〝その言い方は確かに正しいけど、実際にはそんなことは言わない。普通はこう言うよ〟等々。そして次第に私も教科書言葉からパリっ子言葉になじんでいった。後年、よくフランスの友人から「ムッシュー・ヨシダ、あなたはなんで学生言葉を話すんだ？」といわれる。それはその時憶えた、お世辞にもきれいとは言えない当時のパリの若者言葉のままに、時が止まっているからに他ならない。

またこんなこともあった。渡仏する前のことだが、あちらに行ったら、〝お前はどこから来た？〟〝日本からです〟〝日本で何をしていた？〟〝パティシエです〟〝ふ〜ん、そうか、じゃぁどんなものを作っていたんだ。ちょっとやってみろ〟、なんてことを、多分言われるだろうな、と想像していた。そしてこのベッケル菓子店に入ったら、案の定真っ先にその通りのことを言われた。〝そら来たっ〟と、あらかじめ用意していたお菓子を皆の前で作り始めた。すると途中で一様に〝おい、おい、それは違うんじゃないか。その組み合わせはおかしいぞ〟等々怪訝な顔をする。当時日本では、お菓子に使う洋酒といえばラムしかなく、これさえ入れておけば高級にして最先端のお菓子と思われていた。当然これ見よがしに、それをたっぷり使った自分なりの創作菓子をご披露したが、それは違うという。マロンやレーズンにはラムだが、チェリーやベリー類にはキルシュ、オレンジを使う時にはグランマルニエやコアントローといったオレンジリキュール、クルミの場合はコーヒーリキュールと組み合わせる。これがお菓子を組み立てる上でのセオリーなんだとか。言われた当初は何のことかさっぱり分からなかったが、食べ続けるうちに何とはなしに、それらが奏でるハーモニーとやらが分かってきた。多分彼らもいろんなことを試したに違いない。そのうちにこれとこれは合う、これはイマイチ、これは合わない、などということが分かってきたのだろう。こんなことは実際に行ってみなければわかるべくもないことだ。ただしその後、よく見ていると、けっこうとんでもないことをやっていて、疑問を投げかけると、いや、これは俺が編み出した新しいテイストだ、などとも言っていたが。察するに、どんなものでも出すのは自由だが、その良し悪しを判断するのは消費者ということのようだ。そうした点では、フランスは伝統の国などともよく言われるが、その実これほど革新的な国はないのでは、とも思える。ともあれ、ことあるごとに異文化の洗礼を受けていった。

異文化へのとまどいといえば、こんなことも。

パリに着きたての頃のこと。何しろこれは観光旅行ではない。一家の再興をかけたもの、などという高ぶった気持ちも手伝ってか、とにかくお菓子屋を見つけては飛び込み、あれこれと注文し口に運んだ。が、どれを食べてもとにかく甘い！　焼き菓子や半生菓子はどれをとってもパサついてる。〝うへぇー、これがあこがれ続けてきたフランス菓子かいな。まいったなぁ、お水くださいってなんて言うんだっけ。そうだ、ドゥ・ロー・スィルヴープレ！〃などと言っては、その水とともに飲み込んでいた。

それと、話は変わるが、やたらとフケが出て困った。〃自分はこんなにフケ性だっけ〃と思っていたが、そう、三、四ヶ月たったころからそのフケも治まった。思い返すと、ちょうどその頃からか、お菓子のパサつきも気にならなくなり、甘すぎると思ったテイストも、さほどには感じなくなっていた。否、むしろ〃うまいなぁ、さすがにフランス菓子だ〃などと思えるようになっていた。思うに、高い湿度に囲まれている我々は、身体もそのように順応していて、自ずとしっとりとしたものを求めるし、またそうしたものをおいしく感じるようになっている。ところが乾燥しているフランスでは、しとりの少ないものでも身体がおいしく感じるようになっている。フケが出なくなるというのは、その乾燥した空気に身体が順応したということで、ちょうどその頃からしとりに関する受け止め方が変わってきたのだろう。それから甘さということについては、食生活全体の問題だということに気付かされた。よく考えてみると、フランス料理にはほとんど砂糖が入っていない。ところが反対に日本料理を見てみると、これが結構使っている。「何とかのうま煮」とか「魚の煮付け」「甘露煮」「お芋の煮っ転がし」等のいわゆる煮物、「天丼」「うな丼」「親子丼」などのどんぶり物、その他「すき焼き」「佃煮」「照り焼き」から「奈良漬け」、あるいは「酢の物」にいたるまで、とにかく数え出したらきりがない。さらに日本人が好んで食べる料理界の一方の雄・中華料理にしても同様、「酢豚」を始め、えびや野菜や肉団子など、なんでも砂糖味にしてしまう。加えてコインを入れれば砂糖たっぷりのジュースがいつでも買える。こうした食事の違いが、日仏の食後の砂糖の摂取量の差として出てくるようだ。つまり日本のように、ある程度糖分を摂った後では、あまり甘いお菓子は食べたくなくなってしまう。またたとえそのときに甘味の食事をしていなくても、かように普段より砂糖と接する機会が少なからずあるとすれば、体質的に強い甘味は敬遠気味となるのは無理からぬこと。かたやほとんど甘味の入っていない食事を摂っている国の人々の場合だが、これは少しくらい甘味が強くても、まだ身体にはそれに対する許容量が充分残されているとみてよいだろう。だからこそ彼らは、あれだけ油っこい、しつこい料理を摂った後でも、デザートに関してはまったくの別物、ここぞという時に、宮廷時代よりの名残の贅沢、貴重品でもあった強い甘みをお菓子に託して、たとえ砂糖の入ったコーヒーとペアであろうと思う存分食べることができてしまうのだ。ことほどさように、着いた当初は戸惑いの連続であった。これが世にいう異文化症候群というものなのであろう。

帰国後何かの雑誌で、尊敬すべき帝国ホテルの村上信夫シェフと対談をした折、同じようなことをおっしゃっておられた。「そう、吉田さんの言われる通り、気候風土と普段の食べ物の違いなんですよね。ですからあれはおいしい、これはうまくないなんて、軽々には言えませんねぇ。住んでみて初めて分かってくるもんなんですよ、ものの味っていうのは」と。

パリ祭こぼれ話

七月一四日は、フランス人にとって最も大切な日とされているパリ祭。月日をそのままフランス語読みにして、キャトルズ・ジュイエ（Le quatorze Juillet）と呼ばれている。

一七八九年のこの日、バスティーユの牢獄襲撃に端を発したフランス革命が起こった。華麗なる文化を生み出した独裁政権ルイ王朝の終焉と近代フランスの幕開けを記念し、今も受け継がれている現代フランスの国民的な式典である。

この日を境に一気に市民社会が開かれたのだから、めでたいと言えば言えようが、現実には多くの犠牲者を出した、実に血なまぐさい出来事であった。

よって、ただパリ祭と訳されているこの言葉だけから見ると、いかにも楽し気なシャンソンの世界のみがクローズアップされがちだが、本当は暗く怖く悲しい日でもある。よって、その折に陽気に弾きまくられるアコーデオンの、あの音の調べの裏に見られる何とも言えぬ哀愁、あれこそがまさしくキャトルズ・ジュイエの真の姿なのではなかろうか。

当日フランス人たちが大仰とも思えるほどに騒ぐのも、実のところはそうした裏の部分を、敢えて忘れたいがためなのかも知れぬ。

　少々お話が湿っぽくなった。明るい方に視点を移そう。

　この日パリは、市民及びわざわざこの日に併せて来仏した各国の観光客によって、終日大変な賑わいを見せる。セレモニーは年によって多少は異なろうが、だいたいが次の通りとなっている。

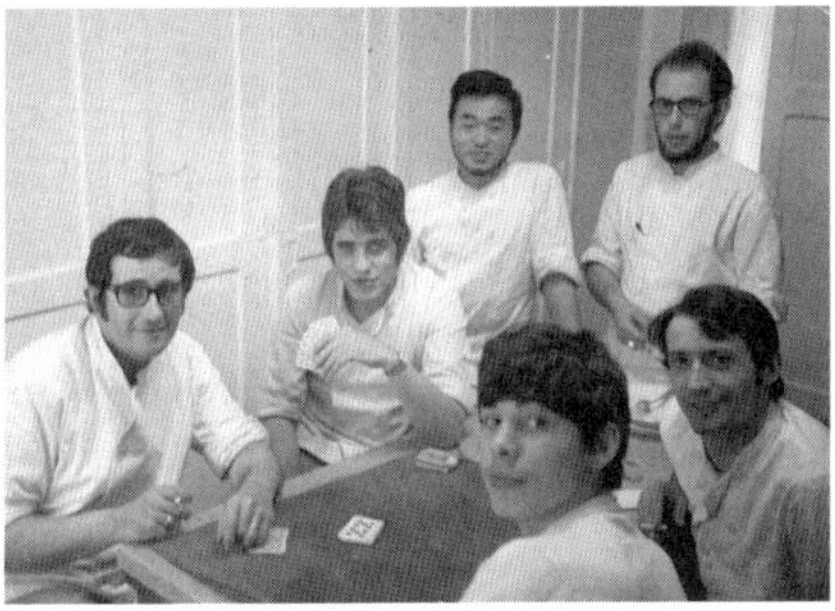

パリ・ベッケル菓子店の仲間たち

　凱旋門とコンコルド広場を結ぶ、パリの中心シャンゼリゼ大通りでは、オートバイの先導による軍楽隊、騎馬隊、戦車隊を始め近代兵器等による美しき軍隊の、規律正しい大行進が行われる。そしてその頭上には耳をつんざくばかりの爆音をとどろかせて、最新鋭ジェット戦闘機が編隊を組み、国旗になぞらえた青《ブルー》、白《ブラン》、赤《ルージュ》の三色の噴煙を残してかすめ飛び、沿道は蟻の這い出る隙間もないほどの群集に埋め尽くされる。

　また夜ともなると、セーヌ河畔あるいはパリで最も高い所に位置するモンマルトルのサクレクール大聖堂やエッフェル塔をバックにしたところなどで、一斉に行われる打ち上げ花火が夜空を彩る。

特にセーヌのそれは、隅田川や多摩川など各所で行われる日本の花火大会を想い起こさせ、在留邦人たちにとっては母国への郷愁に駆られる情景でもある。

また、凱旋門からは、その正面のコンコルド広場に聳え立つエジプトから運ばれてきた偉大なる遺品オベリスクの方向に向かって、一直線に闇を貫く三色の光が発せられ、フランスの精神たる自由、平等、博愛を謳い上げる。

こうした一連の演出のすばらしさは、見事という他はない。流石は芸術の国、文化の府。

余談だが筆者、パリのベッケル（Becker）という店で修業に入りたての頃、先輩にこういわれた。

「オイ、ヨシダ、明日はパレードだから、新しい白衣を着て来いよ」

「えっ、パレードって、キャトルズ・ジュイエのですか」

「決まってるじゃないか。各職業のプロたちが、みんな職業ごとに行進するんだ。バシッと決めて行こうぜ、真っ白なユニホームで」

「ホ、ホントですか。そりゃすごい。オレたちが行進か、花のシャンゼリゼを」

飛び上がって喜んだ。パリに来たての身で、まさかそんな華やかな場に参加できるなんてと夢心地になった。

で、仕事の終わり間際にシェフに尋ねた。

「シェフ、ところで、どこに集合ですか、明日は？」

「明日？　何が……」

「何がって、私たちの明日のシャンゼリゼのパレードですが。それと白衣は最初から着ていけばいいんですよね」

「なにっ、オレたちがパレードだって？　白衣でシャンゼリゼを？　オイ、オマエ、正気か。ったく。オーイ、誰だ、奴にこんなことを教えたのは！」

〝うーん、またしても……〟

この調子で何度やられたことか。でもその度毎に、彼らとの距離が縮まっていった。

帰り際にシェフが耳打ちをした。

「ヨシダ、明日オマエ、腹でも痛くならないか」

「いえ、今のところいたって健康ですが」

「う、うん、そうか、でも、痛くなってもいいんだけどな。仕事もそんなに忙しかないし」

日本から来た私に、自国のハレの舞台を見せてやってもいいんじゃないか、なんて思ってくれたらしい。瞬間胸が熱くなった。

翌朝、

「ボンジュール、シェフ」
「ボンジュ……なんだ、腹痛くならないのか」
「エッヘへ、残念ながら」
「そうか、よっしゃ、さあ仕事だ。早く片付けちまおうぜ。今日はキャトルズ・ジュイエだ」

そんなこんなで、当日は文字通りのお祭り騒ぎ。街中では終日随所で酒宴、舞踏会が催され、老若男女が入り乱れ、夜を徹して大フィーバーが繰り広げられる。

特筆すべきは、一九三〇年代より続けられているという消防署でのイベントだ。街に点在する各所では、署内が解放されてパーティー会場に模様替えがなされる。署員もこの日ばかりは接待係を演じ、押しかける人々への、食べ物や飲み物のサービスに汗を流す。そしてこへの入場料や飲食代の収入が、消防車の維持費や修理代に当てられるとのこと。

しかしながらこうした大掛かりな背景にもかかわらず、私どもの職業たるお菓子にあっては、特にこの日のためというものは見当たらない。

多分フランス人もこの日ばかりは甘いものよりワインを選び、踊り狂い、歌いまくるのだと解釈しておこう。

ヴァカンス

七月から八月にかけては、この国特有の国民的行事である長期休暇・ヴァカンスがある。その間、復活祭、諸聖人祭、クリスマスと並んで四大祝日のひとつとされている、聖母マリア被昇天の祝日（Assomption）が八月一五日にあるが、お菓子とは結びつかない。

ではヴァカンスについてみてみよう。

これはフランスの生活において最も重要な部分を占めるものであり、パリ中が国中が夏の間約一ヶ月というもの、雇用者も従業員もこぞってこの休暇を楽しむ。たとえばパリの一年を集約してみると、九月後半にはすでに寒さが訪れて厚い雲に覆われ出し、翌年四月頃までの、いうなれば何と七ヶ月近くが冬のようなものゆえ、この爽快な季節をいかに皆が待ち望んでいるか想像がつく。

七月いっぱいの店、八月からの会社など多少のずれはあるが、一様に年間の息抜きをし、生活をエンジョイする姿は、働くことしか教わってこなかった我々の世代にはまことにうらやましく感ぜられたものだ。今では日本もけっこう休暇をとるようにはなってきたが、それでも未だどこか遠慮がちなところがないでもない。まぁこのあたりは国民性の違いもあり、如何ともし難いところだが、それに対する取り組み方の意気込みが違う。彼らはこの時のために一年間耐えて働いているようなものだ。

パリっ子たちは大西洋岸あるいは地中海沿岸の南仏へ、スペインへ、スイスへと旅立ち、その間パリは地方からのおのぼりさんや、多くの日本人を含む外国からの観光客で埋まってしまう。それでもうまい具合に、街の均衡や生活の仕組みは不思議と保たれている。たとえばある区域に二軒の菓子店あるいは生活必需品のパン屋があるとすれば、一軒は七月に、他は八月にバカンスを取るというように。

私もこの期間を利用して、思う存分に楽しむことにした。ユーレイルパスという、外国人向けの鉄道乗り放題のパスがある。二週間のものと一ヶ月のものがあるが、それを購入すればその期間はどこに行くも自由。またスイスではホリデーチケットと称するスイス国内だけの同様のものがある。その他にヒッチハイクも日常化していて、これにも果敢にチャレンジを試みた。これはいい。どこに行ってもただである。またあちらは、割りと快くそうした人たちを乗せてくれる気風がある。

ちょうどあの頃は、一時《いっとき》世界が平和になり、アメリカ人を含む様々な国の若人が、世界中に夢を求めてそれぞれの国を飛び出した。ちなみにアメリカの若者たちは一様に『ヨーロッパ・ワン・デイ・ワン・ダラー』なる本をバイブルのごとく抱えていた。日本でも五木寛之の『青年は荒野をめざす』が人気を集めていた頃だ。今は少々危険なことも増え、安易に人様にお薦めもできないが、今思うにいい時期に当ったものと幸運に感謝したい。先ずはスペインに行き、闘牛を見て青ざめ、スイスに行ってアルプスの光景に打たれ、氷河の上を歩いて感動に打ち震え、手作りチョコレートに舌つづみを打った。そしてスペインの最南端からフェリーに乗ってアフリカにまで……。そして戻って今度は地中海のニースやモナコ等々。それはもう楽しくてしかたがない。毎日が夢の世界であった。それでも向こうの方からやって来る日本人のお嬢さんを目にすると、すぐに横道に入って彼女らを避けた。本心は自由に日本語を話したいし、自分も健康的な若者ゆえ、同胞の若い女性とも仲良くなり、おしゃべりに講じたいのに。ただ、一度でもそんな楽しさを知ってしまったら、突っ張っていた気持ちの糸があっという間に切れて、一気に里心がついてしまいそうだったのだ。自分の弱さは誰よりも知っている。さりながらそんなことをもさておいた、生きていることの楽しさと開放感と、世界の広さをバカンスは存分に教えてくれた。

後年、ＪＴＢ主催の「吉田菊次郎のお菓子で巡る世界の旅」なるスイートツアーを、計一七年もの長きに渡りさせていただいた。そしてヨーロッパ中はおろかアフリカや中近東にまでも足を伸ばし、各地のお菓子やスイーツ文化を探って回った。だが今思うに、あれは先が見えずに辛くて、寂しくて、貧しくて、寒くてひもじかったが、心だけは限りなく自由だった、そんな自身の青春の追憶の旅だったような気がする。

エトワール会結成

今や日本とフランスはさほどに離れた存在でもなくなったが、一九七〇年代初頭あたりは、互いに地の果てのような感覚があった。したがってパリで働く邦人も今ほどには多くなく、分野によってばらつきはあろうが、それでも各分野それぞれが数えられるほどしかいなかったのではなかろうか。例えば私どものような食べ物関係にあっての料理人は、フランス全土となったら分からないが、少なくともパリに限って言えば、一〇人程度と聞いていた。ではお菓子関係は？ 後でわかったのだが、やはり同程度であったようだ。

ところで、パリ郊外にアルパジオンという街がある。ここはいんげん豆の産地としても知られた美食の地で、毎年いんげん豆祭が行われ、それに合わせて料理やお菓子のコンクールが行われる。そのことを聞き、休みの日にさっそく足を運んだ。そしてお菓子のコンクール会場を訪れ、居並ぶ力作を見て回っていた時、精密に作られた銀メダル受賞に輝いた作品に目が留まった。中にランプを仕掛け、間接照明でそのオブジェを浮かび上がらせている。「うーんなかなかやるなぁ」と感心し、製作者名を見て、思わずあっと声を上げてしまった。Mr.Toshio Yoshimura（芳村敏夫）とある。日本人だ。〝こんなところで、人知れず日本人が頑張っている〟。これを感動といわずして何と言おう。ふと気が付くと、いつの間にか私の隣に日本人と思しき人が、同じくその作品に見入っている。「ん？　もしかして日本の方ですか？」「えっあ、ハイ、あなたも？」「ハイ、私は二〇区のベッケルというお菓子屋で働いている吉田菊次郎と申します。あなたは？」「京都からきてヴェルサイユでお菓子の修業している神代《くましろ》明《あきら》といいます」そんなことですっかり意気投合し、それぞれが知っている日本人パティシエに呼び掛けて一度集まろうということになった。後日、月曜日の午後に凱旋門の真下で一〇人が集合した。向こうのお菓子屋は大体が日曜の午前中で仕事が終わり、その午後から月曜にかけてがお休みとなっていた。ではなぜ集合場所が凱旋門の下かって？　そこなら知らない人は居られないだろうし、第一雨に降られても濡れないで済む。それよりなにより、どこかのカフェで落ち合って改めて食事に行ったり、また別のお菓子屋なりを探訪して試食するなどしたら、飲食代が何度もかかってしまう。それももったいないという、何とも切実な問題もあってのこと。それほどに皆ぎりぎりのところで暮らしを立てていたのだ。よってその会の名称も、凱旋門のあるエトワール広場からとって、「エトワール会」とすることになっ

パリで製菓修行に励む邦人パティシエで「エトワール会」結成。中央が筆者

た。そのメンバーとは、私より一足先にパリに来ていた、凮月堂時代からの同僚だった河田勝彦君や、コロンバンから来てジャン・ミエ（Jean Millet）の店で修業を積んでいる井上教夫さん、件の神代明さんを始めとしたドンクの侍五人衆、最年長であった大阪の名門プランタンの小山シェフ、最年少の東京会館からの菅井悟君である。いろいろ話を伺うに、来られなかった人も含めると、どうやらパリには一二、三人のパティシエがいるようだった。が、それぞれに辛酸をなめ、同じように歯を食いしばって頑張っている。当然話は仕事のこと、そして外国人ゆえに苦労する滞在許可証や労働許可証、社会保険の手続き等、現実的な諸問題のことになる。次いでお給料の話から、その中でやりくりしなければならない、できるだけ安い部屋代の屋根裏部屋の探し方等々となる。修業の身としての安い給料は仕方がないとしても、辛そうだったのは妻帯者である。独り身は、寂しいといっても自分だけ我慢すればいいが、家族持ちはホントにお気の毒であった。ご家族の写真を見ては、毎晩涙に暮れていたというが、これればかりは慰めようもない。ただ、そうして耐えた分だけ、日本に帰った後での喜びも大きかったに違いない。よって筆者も含めたそれぞれの作るお菓子には、単なる配合や製法からくる味覚のみならず、パリ時代の寂しさや辛さ、貧しさ等々がないまぜになった、どこにもない深い味わいがある。そのように思うのだが、如何であろう。

さてその後のエトワール会だが、次々にやってくる邦人のために、例の労働許可証や滞在許可証等の手続きの問題などの相談に乗ってあげたり、寂しさを慰めあう心強い会になっていった。ただ、筆者についていえば、こんなこともあった。飛び込みでやってきた邦人の就職のお世話をさせていただいたりしていたが、ある日より突然連絡が取れなくなり、必死で探したが見つからない。こんな時などはつい悪い方に考えを及ばせてしまう。寂しさに耐えきれず、一人で帰国してしまったことを後から知り、とりあえず生きてくれてよかったと安堵した。ただ帰るなら帰るで、一言いってくれていたなら、余計な心配もしなくて済んだのだが……。そう、外国で働くということは、ある種の戦いなのだ。決して楽ではないが、それゆえにこそ、あちらでの経験には、単に知識や技量だけではない、目に見えないバリューがあるのかもしれない。追記するに、エトワール会のメンバーは、帰国後それぞれに大活躍をしたことは申すまでもないが、その後の日本のスイーツ界を新しい方向に導いていったことは、周知の如くである。

お菓子の世界大会に挑戦

パリ生活の諸々やさまざまな習慣の違い等にも何とか慣れ、異国での生活に順応してきたある時、ひとつの転機が訪れた。

一九七一年一〇月、パリ市内のポルト・ド・ヴェルサイユにおいて第一回の菓子世界大会が開催される旨の記事を業界誌に見つけた。何かひとつぐらいは、実績と言えるようなものでも持って帰らないとカッコがつかないなぁなどと、漠然とではあるが思っていた私にとって、まさに恰好のニュースであった。すぐさまご主人のムッシュー・ベッケルに、エントリーさせていただきたい旨申し出た。一瞬戸惑った顔をされたが、承諾はしていただけた。そもそもが個人主義の国ゆえ、各人の意志や行動を縛るような下地が無いだけ、頼みやすい面はあった。

ただ、「でも、いったい何を作るんだ?」の問いかけに、「これから考えます」としか答えられなかった。

そう、エントリーだけなら誰でもできる。なにを作るかが問題なのだ。さぁどうする。アートに囲まれた環境で育った人たちを相手に、アーティスティックな作品で太刀打ちなど出来ようはずもない。

相手の持っていないもの、日本的なもので勝負するしかないか、などと思い巡らせていたところ、ふと姫路城がほの浮かんだ。そうか、日本のお城ならいくらか目を惹いてもらえるかもしれない。あんな形の造形物はこっちにはないし……。そんなこんなで少しずつ構想がまとまっていった。

実を言うと私、それまで一度もその本物を目にしたことがなかったのだ。早速旅先で知り合った日本の友人に頼んでプラモデルを送ってもらった。

それから毎晩、バラバラにしたその部品を何倍かにして型紙を作り、設計図を描き、毎日仕事が跳ねた後に砂糖細工で部品を再現し、少しずつ組み立てていった。

初めはさほど関心を示さなかった同僚たちも、形らしきものになってくるに従い、興味津々で私の周りに集まってくる。天守閣に載せるシャチホコなど、私自身祥細知らぬゆえ、小さな金魚のようなものを作って、のけぞらせるように曲げ、金色に塗って飾った。

「オイ、ヨシダ。何で屋根のてっぺんに魚がいるんだ？」

こちらとて聞かれたって知る由も無い。

「うーん、これは戦いの神だ」などとあてずっぽうに答えておいた。

後で知ったことだが、戦国時代の戦さでは、天守が焼け落ちたらその時点で負け。ゲームセットの由。よって水の中で最強の生き物であるシャチを天守に載せ、その守りにしたという。とっさの答えもまんざらウソではなかったよ

作品・姫路城を囲んで仲間たちと

うだ。後からこの店に入ってこられた大阪八尾の名店・桃林堂のご子息の板倉譲君の手を借り、励まされつ、連日深夜に及び作業に打ち込んだ。そして石垣を積み上げ、城を組み上げ、一枚一枚屋根瓦を貼り付け、松や植え込みらしきものを造って日本庭園もどきに仕上げて一ヶ月。ようようにしてまとめ上げ、それをタクシーに乗せて、ふらふらの身体で会場に運び込んだ。

ところがそこには目を疑うような光景が飛び込んできた。第一回ということもあってか、それまで見たこともないようなアメ細工を駆使した作品群が、パリを始めとしたフランスの各地、あるいはミラノやニューヨークといった地からも集まり、妍を競って並べられている。呆然とし愕然とし、息を呑み目を見張り、次いで張り詰めていた体中の力が抜け、改めて身の程を知らされた。敵うはずもない相手に歯向かっていったドン・キホーテのようなものだ。

仏・業界誌『パティスリー・フランセーズ・イリュストレ』に掲載された第一回菓子世界大会銅賞受賞作品

しばし後アナウンスが聞こえてきた。メダイユ・ドール（金メダル）、ミラノの誰某。メダイユ・ダルジャン（銀メダル）、ムッシュー・何某。次いでメダイユ・ブロンズ（銅メダル）、キキュジロ・ヨスィダー！

〝えー、まさかー、オレー？　うそー、あーっ、オ、オ、オレだーっ〟
もう顔は涙でぐちゃぐちゃ。どうやって帰ってきたのか覚えていない。
ともかくもこれで何とか、手ぶらじゃなくて日本に帰れる。そのことだけが頭の中をグルグル回っていた。渡仏にあたってお世話になった門倉氏に取り急ぎご報告のお手紙を出させていただいた。

後日父から、人様には知らせて、何で親には知らせない、とのお叱りの便りが来た。正直申すと、その頃は体力の限界に加え、生活も逼迫しており、恥ずかしながら切手一枚買う余裕もなかったのだ。

ただ、運よく末賞に入れていただけたが、それが実力でないことは誰よりも自分がよく分かっていた。たまたま、彼らから見たらエキゾチックに思える日本のお城がものめずらしく映っただけのこと。あるいは東洋のはずれからやってきて、無謀にも世界を相手に挑戦を試みた向こう見ずな若者に、末賞だけどご褒美でもやるか、ぐらいのところではなかったか。あのきらびやかな作品群を前にすれば、そうしたことは火を見るよりも明らかだ。

邦人として初めて仏・業界誌の表紙を飾った
パリ・シャルル・プルースト大会受賞作品

さりながら、そのニュースはフランスの業界誌のページを割き、同作品は賞状とともにシャンゼリゼにある日本航空のショーウィンドウに飾られることになった。もっともうれしさのあまり、厚かましくも自分で持ち込んだのだが。これには同オフィスを仕切っておられた日疋《ひびき》洋二氏の独断の厚意に因ったこと、石に刻まねばならぬ。

今にして思うに、たとえ同国人だからとて、一面識もない者の個人的な作品を、会社としての許可もなく、ニッポンの顔であるべき天下のＪＡＬのウィンドウに飾るなど、誰が考えてもできることではなかろう。それほどその頃の日本航空の位置付けは高かった。飛び込みで拝み倒す熱意が、今ほどに多くはない、共に外地で働く者のみが持つ心の琴線にでも触れたか、ふたつ返事の快諾が得られたのだ。

「ほぉー、お菓子でできたお城？　そりゃあすばらしい。大変だったでしょう。で、ご褒美をもらったんですか。いやいやたいしたもんだ。おめでとう。どうぞそこをお使い下さい。もっとこっちの方が目立つかな。かまわない、あたしが責任をとる。賞状もあるんですか。そりゃ飾らなくちゃ。それはもっと前の方がいいな。おい、みんな見てみろ、すごいぞ、お菓子のお城で銅メダルだ、日本人が！」

まるでわがことのように喜んでくれる。まさしく感激の極みである。

後年日疋氏いわく、「もう今じゃシャンゼリゼもサントノーレも金持ち日本人ばっかり。

ほほはやせこけ、目ばっかりギラつかせたあの頃のあんたみたいな野武士なんていやしませんよ」

そんなにひどい風体だったのか。

幻の菓子・シブーストの再現

ところで、ベッケル在職中だが、こんなこともあった。

当時フランスでは、ラ・モトドール（La Motte d'or）と呼ばれる「純良材料のみを使って作るお菓子屋の店主の会」があり、後にフランス製菓組合の会長になられたジャン・ミエ（Jean Millet）氏が同会の会長、私のご主人のジャン・ベッケル（Jean Becker）氏が副会長を務めていた。ちなみに同会は翌一九七二年よりレ・メートル・パティシエ・ド・フランス（Les Maitres-Pâtissiers de France）と名称変更がなされる。その会で〝失われてしまった古き良きお菓子を発掘しよう〟との提案があった。それを受けたベッケル氏は、帰ってくるなり小規模ながら同店のパティスリーを任されていた私

ラ・モット・ドールのマーク

を呼びつけ、「ヨシダ、こういうわけだから、何か探せ」と命じた。命じられたとて、外国人の自分に探せる術はない。すぐにグランシェフのジャン・クロードのところに飛んでいった。

「シェフ、ムッシューからこんなことを言われたんですが……」「おー、そうか。面白そうだ。なんか探そうぜ」。そんなこんなで、いろいろな文献を当たっていると、シブーストという名のパティシエの手になるタルト・シブースト（Tarte Chboust）というお菓子に目がとまった。「シェフ、これ、なんか面白そうですね」「えーと、なになに……ふんふん、そうだなぁ、ちょっとやってみるか」

最初は簡単と思って取り掛かったが、これがけっこう難しい。工程が多くて、なかなかに面倒なのだ。特に最後の仕上げのキャラメリゼ（振りかけた砂糖を熱したコテでキャラメル状に焼く作業）がうまくいかない。普段使うこともないコテなどあろうはずもない。ダメにしてもかまわないナイフを探してきて、火で熱し、何とかそれらしく仕上がった。

「ムッシュー、できました。こんなのはどうでしょう？」

「ん？　どれどれ、これか」。いつもの苦味走った顔が、一口含んだとたんに緩んだ。「ん？、うん、うまい！　いいじゃないか、これでいこう！」

ご主人のベッケル氏がそれをもって会に提案をすると、全員が一も二もなく絶賛してくれたという。今でいうスタンディング・オベーションか。そして会員全員の店で、同じ配合、同じ製法、同じ形、同じ名前、同じ値段で売り出すことになった。

ところでシブーストという製菓人だが、素性がはっきりしない、多分に謎を含んだ人である。一八〇〇年代の前半から中盤にかけて活躍した宮廷製菓人の流れを汲むひとりで、途中スイスでも仕事をしていたらしい。そして一八四〇年頃、パリのサントノーレ通りに店を開いている。当時彼らがターゲットとしていた人たちは、一般の市民ではなく、〝余は満腹じゃ〟、〝私はお腹がいっぱい、もう食べられないわ……〟といった、いわゆる王侯貴族である。そういった人々に、〝では、こんなものはいかがでしょう〟と提案するものは、おのずと口当たりよく、口溶けよく、胃に負担をかけないものが中心となる。タルト・シブーストは、まさにそんなお菓子だったのだ。

後で分かったことだが、彼はカスタードクリームにゼラチンを入れ、ムラングと合わせたこよなく軽いクリームを考案し、スイス菓子のフラン（Flan：タルト型のクリーム菓子）にヒントを得て、底生地の周りに小さく丸めて焼いたブリオッシュをリング状に飾り、中にそのクリームを詰めたアントルメを創った。これが通りの名をとって「サントノーレ」と、またそのクリームは「クレーム・シブースト」と呼ばれ、人々の評判となった由。そしてそれをもとに作られたのが、かくいうタルト・シブーストである。

およそ一五〇年ぶりに陽の目を見たそのお菓子は、飽食を通り越した過食の現代にまさしくマッチしたテイストを備えていた。冷静に考えれば、たまたまそうした場面に居合わせただけではあるが、それにしても、あまたある中で、たとえひとつでも、自分の手をもって再びこの世に送り出せたものがあるということは、料理人や製菓人にとってはこの上ない喜びでありこよなく名誉なことである。後述するが、一九七三年、帰国後開いたブールミッシュなる店で、真っ先に手がけたお菓子が、やはりこれであった。その後、パリでも日本でも、いろいろにアレンジされたり、より工夫されたタルト・シブーストが作られるが、〝これ以上まずくなっても、おいしくなってもいけないお菓子〟があってもいい、との信念で、一八〇〇年代前半のレシピをそのままに、ブールミッシュではそれを作り続けていくことになる。

再現されたこのアントルメは、ご案内のように大層手間がかかり、一度消えてしまった原因もその辺りにあると推測されるが、驚くほど現代人の求める味覚と感性を備えている。当時はとても庶民の口に入るようなしろものではなく、上流階級御用達のスイーツであったはずだ。よって今それを口に運ぶ時、女性なら貴婦人、男性なら貴公子となって味わって頂きたい。そんなお菓子が、かくいうタルト・シブーストである。

アメ細工の巨匠・トロニア先生の門をたたく

一口には言い尽くせぬほどにいろいろな勉強と経験をさせていただいたが、そうしたもろもろに区切りをつけ、更なる高みを目指さんと勤め慣れたベッケル菓子店を、パトロン夫妻の慰留を固辞して退社。そしてコンクールで衝撃を受けたあのアメ細工の名人、名家ロスチャイルド家も訪れるというエティエンヌ・トロニア（Etienne Tholoniat）氏の門をたたいた。あの技術を手に入れなければ帰れない。何としても習いたい、覚えたい。そんな一心での入門志願である。

飴細工の世界一の名人エティエンヌ・トロニア師と

「うちはパティシエは間に合っているよ。悪いけどいらないなぁ」と言われるのを、何としてもと食い下がり、拝み倒し、土下座をせんばかりに懇願して入門を許された。押しかけ女房ならぬ押しかけ入門である。

〝これが俺のコレクションさ〟、という氏の開けるアタッシュケースの中には、五〇個以上はあろうかという金メダルの数々。ヨーロッパ中はおろか、世界中のコンクールを制覇し、ついにはオール・コンクール（Hors concours）という、審査対象外の立場を与えられてしまった、それほどの名人への弟子入りである。いやが上にも気は高ぶってくる。

それからというものは、毎日こまねずみのように働きまくり、厚かましいとは思ったが、タイミングを見計らってはアメ細工のご教授をお願いした。根負けしたかトロニア先生は、おそらく他の人には決して披露しないであろうテクニックを伝授して下さった。

本物よりも華麗な薔薇やカトレア、ダリア、スズランといった「引きアメ細工」、先生の十八番ともいえる「吹きアメ細工」のフェニックス、その他諸々。

早速それらしきものを作る。いくつもいくつも。指の皮が火ぶくれになり、それがつぶれて血まみれになる。と、その度毎にストップが掛けられ、それでも止めぬ私に、あきれ返って、〝今日はこれまで〟と強制的に帰宅させられたことも幾たび。

そんなある日、「ヨシダ、ちょっとおいで」と手招きされ、作業所の隅に呼ばれた。そして引き出しから何やら大きな紙を取り出した。

「ヨシダ、よく頑張ったな。もう教えることはない。今日で卒業だ」

「えっ何でしょう、これは？　あっ先生のディプロム？　これを僕に？　うそー、えー、ホントに？　メ、メルシー・ムッシュー（Merci Monsieur）、メルシー・ボークー（Merci beaucoup）」

感きわまって後は言葉にならない。

手渡されたそこには〝DIPLÔME PROFESSEUR THOLONIAT INTERNATIONAL（ディプロム・プロフェッスール・トロニア・アンテルナシオナル）〟の文字が……。

一緒に働いていた息子のクリスティアンが駆け寄ってきて、手を差し伸べた。

「おめでとう、ヨシダ。よかったなぁ。すごいじゃないか、オヤジのディプロムだ。めったに出さないんだよ、これは。やったなぁ。オレだってもらえてないんだぜ。いやぁ、ホントに良かった。おめでとう！」

慌てて近所の酒屋に走った。あちらでは、何かうれしいことがあった時、あるいは逆に思わぬ失敗をしでかした時などに、その喜びや謝意を表す術として、〝アン・リットル（一リットル）〟と称する習慣がある。ワインを一本買ってきて、皆に振る舞うのだ。たとえ仕事中でも、この一杯は許されてしまうところが、いかにもこの国らしいところだが。

それにつけても、先に述べた第一回の菓子世界大会の銅メダルももちろんうれしいが、あれは誰が見てもフロック。

でもこれは違う。世界一のアメ細工の巨匠・トロニア先生

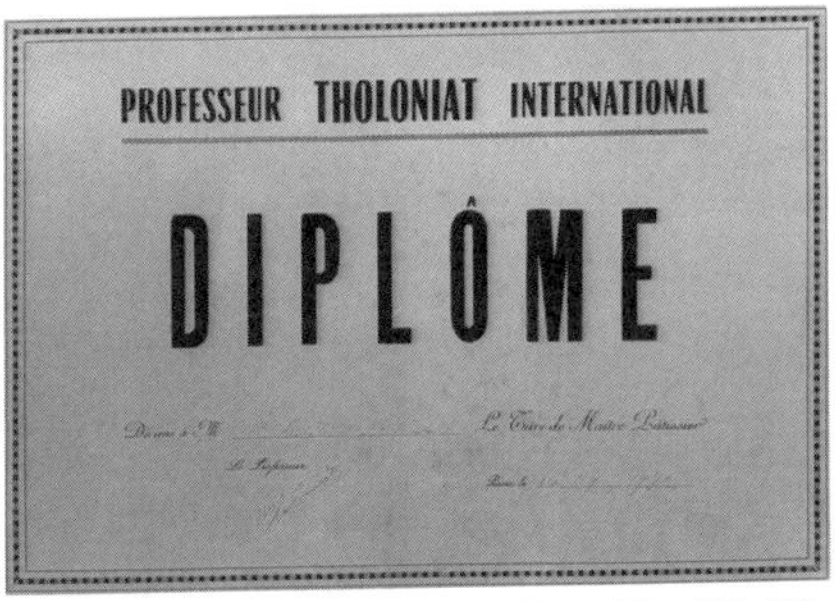

ディプロム・プロフェッスール・トロニア・アンテルナシオナル

が、実際に認めてくれて、自ら授けてくださったもの。

その後、パリ・シャルル・プルースト大会、グランプリ・ド・フランスといった大会でも、度毎にディプロムを頂いたが、トロニア先生から直接賜ったご褒美が、今でも私の人生の何よりの宝物となっている。

夢とお伽の国・スイス

「ヨシダ、これからどうする？　すぐに日本に帰るのか」

トロニア先生のもとを辞す時、師からこう言われた。

「一度帰ったら、そうそう戻っては来られないので、できたらスイスにもいってみたいのですが」

「そりゃあいい。だったらチョコレートの勉強もしておいで。スイスのチョコレートはすばらしい。ジュネーヴにロール（Rohr）というショコラの店がある。そこが最高だ。それからバーゼルにコバ（Coba）という国際製菓学校があるが、そこの校長をしているペルリア（Perlia）は私の親友だ。両方に紹介状を書いてあげよう。若い時には、できるだけ何でも身につけておいた方がいい」

「あ、ありがとうございます」。強く望めば願いは叶うものなのか。

こうしてまた、次の扉が開かれた。

ところでどこで修業をするにせよ、日本人にとって最大のネックとなるのが語学だ。フランス菓子を学ばんとして懸命にフランス語に取り組んだ者には、お菓子の世界のもう一方の雄たるドイツ菓子は、どうしても遠い存在になってしまう。

何となれば、フランス語でクタクタになっている身には、再度一からドイツ語と格闘するエネルギーがもうほとんど残っていないのだ。まれに両方こなす人もいるが、それはあくまでもレアケースといっていい。ドイツ菓子を学ぶパティシエにとってもそれは同じことで、彼らにとってフランス菓子は別の世界のものとして映る。

そこでクローズアップされてくるのがスイスだ。この国はフランスにもドイツにもイタリアにも国境を接しており、それぞれの言葉が通じる。

よってフランス語圏で学んだ者でも、スイスを通してドイツ菓子に接することができるし、ドイツ語圏の者もスイスを通してフランス菓子が見渡せる。それに、師の言うとおり、スイスのチョコレートは最高だ。今でこそフランスはチョコレートの分野でも大きな顔をしているが、その頃はフランスからもアメリカからも、皆チョコレートを学びにこの国を訪れていた。

何故スイスのそれは美味なのか。スイスといえば時計といわれるほどに細かい作業に適した国民性で、性格的にもチョコレート作りに適していたことにもよろう。また国中が牧場のような地で新鮮な乳製品に恵まれ、空気はあくまでも清浄にしてアルプスを頂くお伽の国である。かような環境の下で作られるチョコレートが美味しくないわけがない。

そんな国のそのまた一番がジュネーヴの「ロール（Rohr）」である。何でも当時のヨーロッパ中はおろか、世界中のチョコレートのコンクールを総なめにした実力店である。街の中心のプラス・デュ・モラールというところにそれはあるが、間口一間ほどのうなぎの寝床のような小さなお店である。ところが中に入ると、無数のショコラが宝石の如く輝いている。〝これが世界一のショコラトリーか〟と思わず胸を打たれた。そこから市電でちょっと行ったところに工場があるが、その広いことにまた驚かされる。あんな小さなお店にこれだけのバックヤードかと。いかに物作りを大切にしているかが分かろうというものである。

加えて感銘を受けたのが、手作りとはいうものの、随所に積極的に最新の機器を取り入れているところだ。ふらっと訪れたにもかかわらず、トロニア師の紹介状ひとつでこんなにも温かく受け入れてくれる懐の深さに改めて感謝した。

また同店の子息のアンリ・ロール（Henri Rohr）とは同い年ということもあって、仕事と言わず遊びと言わずすっかり仲良くなった。ちなみに彼の趣味はとにかく車で、仕事をサボっては、愛車のポルシェを改造していた。

「ヨシダ、見てみろ。世界でたった一台のポルシェだ。すげぇだろう。さぁこいつでぶっ飛ばそうぜ」な～んて言って、ホントにスイスのハイウェイをぶっ飛ばしていた。後年訪ねたら、しっかり者のドイツ系の奥さんにすっかり仕切られ、かわいらしいお嬢さんにも恵まれ、ハッピーな人生を送っていた。

「ヨシダ、聞いてくれ。最近の若い奴等、ちっとも仕事しねぇんだよ」なんてこぼしていた。

「なぁに言ってんの、アンリ。君だって若い頃は似たようなもんだったじゃないか、改造ポルシェなんかぶっ飛ばしたりしてさぁ」

「そういえば、そうだったよなぁ」

隣で奥さんが肩をすくめ両手を広げて、あきれ返っていた。

それから何年かして連絡があった。快進撃を続ける日本を見習おうと、スイスの製菓業界がツアーを組んで、当方の製菓業界の視察旅行に行くという。もちろんその折、我が家にもご招待させていただいたが、あちらで学

スイス・ジュネーヴ「ショコラトリー・ロール」のアンリ・ロール氏と

ばせていただいた身にとっては、大いなる戸惑いを隠せない。何だって師と仰いでいた側から日本に学びに来るんですと。

誇るべき何ほどのものも持たぬ身故に、どうにも居心地が悪い。これも時の流れなのかもしれないが、それにしても今昔の感が否めない。

それからまた幾年。ＪＴＢ主催の〝吉田菊次郎のお菓子で巡る世界の旅〟なるツアーを組んで「ロール」を訪ねた。何とまたびっくり。あの小さかったお嬢さんが高校生になり、日本語を専攻しているとかで、流暢な日本語でツアーの皆さんにご挨拶をし、お店と工場のご案内役まで引き受けて下さったのだ。あれはどう見ても、パパというよりはしっかり者のママの血を引いているようだ。

それからまたかなりの時が流れたが、ジュネーヴの一角の「ショコラトリー・ロール(chocoratrie Rohr)」は未だ健在。奥さんとお嬢さんとお孫さんの支えで今もなお盛業中。

ベル・エポック（Belle Epoque：良き時代）

深い山々に覆われ、美しい湖を抱く国スイス。地図を見てもお分りのようにこの国は独仏伊の三国に囲まれている。そしてこれらの国々の影響を受けながら、それぞれの良いところを取り入れて作り上げられたのがスイス菓子である。また言語もこの三ヶ国語が、もうひとつのロマンシュ語とともに公用語になっており、いろいろな面で国際的にも利便性が高い。この同国のバーゼル（フランス語表記ではバール）という町にコバ（Coba）という国際製菓学校がある。技術的な評価も傑出していて、志を高く持ったパティシエたちが世界中から、より高みを目指してここに集まってくる。

パリのアメ細工の名手トロニア師からの紹介を受けた私は、自らの集大成の意味も含めてここの門を叩いた。

「君がヨシダか。トロニアから話は聞いている。授業はすでに昨日から始まっているが、かまわない。すぐに入校しなさい」と校長のペルリア先生が招き入れてくれた。

〝やったー、また一歩前進できた〟。すぐに自前のコックコートに着替え、教室に入った。

授業は少人数法式で、四人のフランス人パティシエがアメ細工の実習をしている。突然入ってきた東洋人に訝しげな目が向けられたが、

「ボンジュール・メッシュー、今日から皆さんの仲間に入れていただく日本人のパティシエのヨシダです。よろしく」というと、〝おー、フランス語を話すのか〟と、急に親しげなまなざしに変わった。

そして皆に倣ってアメを引き、課題の薔薇を作った。それを手に取ったペルリア先生が皆

に言った。

「みんな、よく見ろ。これがトロニアだ！」

訝しげな目が親しげに、驚きに、そして敬愛に変わっていった。面映ゆいことこの上ない。トロニア師に教わったことをそのままやったに過ぎないのに。何でもやれる時にやっておくものとつくづく思った。

何日かして日本人の団体が見学に来る旨が告げられ、ペルリア先生の助手を仰せつかった。名誉な話だが、失敗は許されない。引きアメ、吹きアメ、流しアメの実演を無事終え、皆様ご帰還された後の私の手元にはたくさんの名刺が残された。こんなところでこんなものを渡されても、どうしたものか。日本人はあくまで礼儀正しい。

さて、技術の世界に生きる者は、ところ変われどすることは変わらずか、一度気心が知れると、国境も人種の違いもなく、トコトン親しくなれるもの。

ある時の週末、せっかくスイスに来てるんだから、休校日に皆で冒険旅行をしようじゃないか、ということになった。ニースから車で来たというシルヴァン・

スイス・バーゼル市コバ国際製菓学校の卒業作品とクラスメート

ピエールのポンコツ車にギュウギュウ詰めで乗り込みシュッパーツ！　スイスからフランスをかすめてドイツに入り、リヒテンシュタインを通ってイタリアのミラノまでを一気に突っ走った。

「イェーイ、ミラーノ、ミラーノ。一日で五カ国だぜ。すごくねぇ、俺たち」

若さのなせる業か、なにをやっても楽しくて仕方がない。そのミラノでカワイ子ちゃんを見つけ、それぞれがアタックしたが、イタリアーナのほうが一枚上手。見事全員が手玉に取られてしょげ返る。これもまた若さのなせる業か。そんな私的な修学旅行も終え、実技の卒業試験を迎えた。

どんな人にも器用不器用、得手不得手がある。仲間のひとりに、どうしても手先が思うまにならないのがいる。得てしてこういう人が大成するのだが、試験の場にあっても、やはりいつも通りに手こずっている。ペルリア校長がちょっと席をはずしたその隙に、気を揉んでいた皆がさっと集まり、寄ってたかって彼の作品を仕上げてしまった。で、全員が見事一発合格で無事卒業とあいなった。めでたし、めでたし。

そんな仲間とは未だに交流が続く。それも家族ぐるみで。スリムだったのが面影もなく貫禄が出てしまったり、フサフサだったおつむがすっかり寂しくなったり。それでも会うたびに当時のバカっ話にハナが咲く。

そしてそれぞれが一様に呟く。

〝まぎれもなく、あれは俺たちのベル・エポック（良き時代）……〟

持つべきものは？

パリやスイスでの製菓修業に一区切りをつけ帰国。その帰国にあたっては、パリからスペインを経由してアフリカを横断し、ギリシャ、中近東、アフガニスタンと、ヒッチハイクやバスを乗り継いだりして、地球半周地べたを這って帰ってきた。よって感覚的にだが、地球の大きさは大体わかる。その話は別の機会に置くとして、一九七三年に何とか開業に漕ぎつけたが、この度はその頃の話を少し。帰国してしばし後、どこかにその場所を定めねばと、当てもなく街を歩いていた。商人《あきんど》としてあこがれるのは銀座だが、初めからそんな高そうなところは望むべくもない。そんな時、見覚えのある顔に出会った。

「あらー、吉田さんじゃない、お久しぶり。その後どうなさってるの？」

丸物デパート（現・池袋パルコ）の、当時は顧客係りといっていたエレベーターガールのお嬢さんである。こういうわけで出店場所を探していることを告げると、

「じゃあさ、渋谷のあの辺りなんてどうかしら？　あそこにパルコができるし、それに公会

堂もできてその向いにＮＨＫも引っ越してくるしで、街が一変しちゃうのよ」

「えー、何で知ってるの？　そんなこと」

まるで東急リバブルのテレビコマーシャルのようなやり取りだ。

「あたし今、パルコの社長秘書やってるの。だからいろいろと……」

「えーっ……」

今だったら、いや、今じゃなくても大問題になりそうな、紛れもないインサイダーか。それにつけても、あの一介のエレベーター嬢が社長秘書に？　その出世振りもすごいが、抱えている情報もすごい。既述した如く、父の会社にいた時、その丸物デパートの名店街の出店先に配属され、縁あってエレベーターガールのお嬢さんたちに頼まれて、スキーを教えていたことがあった。

今そのおひとりから取っておきの情報がもたらされた。身内には正面切って言うをはばかられるが、持つべきものはガールフレンドか。さて、どこといってあてのない身にとっては、もう迷いはない。急ぎ教えられた場所に行ってみた。区役所通りと呼ばれていた何の変哲もない風景で、正直拍子抜けした。渋谷といえば一も二もなく道玄坂であり、対するこちら側は誰が見ても番外地である。がっかりしながら歩いていると工事中のビルの建築現場に差し掛かった。作業員の方に伺うと貸しビルとの由。その足で教えられた施主を尋ね、お菓子屋を開きたい旨を告げると、訝しげな目で見つめながら、〝まあ条件が合ったらね〟。どこの者とも知れないふらっと訪れた若者相手じゃ無理も無いが、あまりの素っ気ない返事に少々落ち込む。急ぎ父に報告するや、「分った、そこにしよう。それも縁だ」と、見もせずに即決。生来の江戸っ子の神田っ子。少々危ういが分りやすいことこの上もない。運命なんてものはこんなことで決まっていくのか。そこからまた新しい人生が開けていった。そのことを決めたキーパーソンがかつてのガールフレンド？　まあ、あんまり人様に言えた話じゃないが、男女を問わず、よろず世の中ネットワークが大事ということか。

旗揚げ

一九七三年三月三日、念願の独立開業。どの職業にあっても旗揚げ時は大変だろうが、お菓子屋も例外ではない。図面引きから設計・施行、厨房機器やショーケースの選定、発注、材料屋さんへのお取引のお願い、パッケージ、包装資材のサイズ、デザイン、その前に肝心の店名も……。なんだってやることが多い。ある材料屋さんからは「私どもは月に一〇万円に満たないようなお取引金額のところとはお付き合いは致しかねる」といわれたが、どれほど売れるかわからないのに、答えようがない。つらいやり取りだ。ところで屋号だが、パリやジュネーヴにいた頃からずーっといろいろ考えていた。ものがフランス菓子だけにオシャレにいきたい。フランス語のイメージからいって、シャ・シ・シュ・シェ・ショーの響きがいいか。だったらサントノーレとかサンミッシェルとかシェ・ナントカなんかどうだろう、な～んてことを漠然とではあるが考えていた。ところがいざとなると、これはと思った大概のものは、何等かの形で登記されている。参ったなあ、時間もないしと、頭を抱えていたら、フランス人の友人が「ところでヨシダはパリのどの辺に住んでたの?」「最初の頃はブールミッシュ（Boul'Mich）の近くで……」「あっそれでいいじゃない、響きもいいし。第一住んでなきゃ分からない名前だから、誰も登記なんてしてないよ」。ブールミッシュとは、ブールバール・サンミッシェル（Boulbard Saint Michel）と呼ばれる大通りのことで、若者たちの間で好んで使われる、ちょっと粋で小じゃれた略称である。念のため調べてみた

仏・業界誌に紹介されたブールミッシュ渋谷店とスタッフ

ら、なるほどだれも登記なんてしていない。忙しさもあってか、ま、これでいいか、なんてことでさして深く考える間もないままに、決めてしまった。頭文字がシャシシュシェショがバビブベボになるとは、予想もつかなかったが、自分ながらこの名に慣れるまで少々時間が掛かった。人様もそうだったと見え、来るお手紙には、ブルーミッシェルとかブルーミントンとか、よくわからないものが少なくなかった。ちなみに店内で掛けているお客様の電話の話し声を聞いていると〝俺、今ブーミーにいるんだけどさぁ〟なんていってる。ブーミー？略称の略称かぁ。なるほどねぇ、と若い人の知恵に感心したりもした。あれから何十年たった今、名店街では〝ブールさん、電話〜！〟なんて、さらに略して呼ばれている。

さて、そんなこんなで開業したはいいが、お客様はさっぱりいらしてくださらない。開業前に、冷蔵庫を運んできた電機屋さんに、心配が嵩じてこう聞いてみた。

「どうだろう、この店。流行るかなぁ」

「いやぁ、無理じゃねぇの、悪いけどさぁ。わき道に入った坂道の途中だろ。坂道で流行った試しゃあないんだわさ。おまけに中二階だなんて、よくまぁこんなとこに店開いちまったもんだ……」

不安な気持ちをいっそう逆なでされて、落ち込むまいことか。事実電機屋の親父さんの言ったとおりで、お店はいつまでたっても空っぽのまま。真っ青になり、足もワナワナ震え、いても立ってもいられない。店前に立って、呼び込みをしようにも、誰も通っていなくては、どうにもならない。さてどうしたものか。私どもに先立って、隣にこれもポツンと「サンマリノ」なるイタリアンレストランが開いていた。

「すみません、先日ご挨拶にお伺いした、お隣に開いたお菓子屋ですが、今後ともよろしくお願い致します。ところでお宅様はデザートもお出しになられていらっしゃるのですか？」

「いやいや、そこまでは手が回らなくて……」

「ではどうでしょう、私どものお菓子をお使いくださっては？」

哀れんでくれたか、必死の思いが通じたか。毎日ケーキを五個お取りくださることが叶った。ともあれ自分のところで売れなくても、最低一日五個だけは捌けることが保証されたのだ。いうなれば営業活動の第一歩というわけである。そのうちに、例の彼女の言ったとおりに、公会堂もＮＨＫもパルコもできて、通りの名も公園通りと改称。新しいスポットができる度に一軒、また一軒と喫茶店が開かれていく。週刊誌の新たな特集にその公園通りが紹介され、街の地図にブールミッシュの七文字が載ったといっては飛び上がって喜んだ。そして度毎にセールスに出向き、気付いたら喫茶店といわずレストランといわず、その辺中私どものお菓子だらけになっていた。「モンキーパンチ」「薫り香《くゆりが》」、「詩仙堂」「アイウエオ」等々。調子にのって赤坂あたりにまで営業範囲を広げたある日、集金に伺ったらもぬけの殻。言われるところの踏み倒しである。お菓子の代金なんてたかが知れているのに、そんなことってあるのかいなと忙然とした。生来の性善説にして脇の甘い身にとって、いちいちが初めての経験である。六本木のカフェレストランでは、「チェ、集金か。ほらよっ」と、床に小銭を含めてばらまかれた。普段はそんな人ではないのだが、たまたま虫の居所が悪かったのか。散らばったそれをひとつずつ拾い集めながら、あまりの情けなさに涙がとめどなく流れた。たかだか数万円の売り掛けを八ヶ月通ってようようお支払いを受けたこともある。個々の喫茶店やレストランとのお取引も、船出早々の身にとっては大変有り難かったが、せっかく商いの道に踏み込んだなら、もっとダイナミックに、そして安心できるところとお取引をさせていただかなければ、との思いを強くした。ともあれ、自立すべき営業活動の第一歩は、お隣近所のレストランや喫茶店への売り込みであった。

痛恨の極み

拙筆を執らせて頂いている今（二〇二二年）、コロナ禍にあって早や三年目に入るが、未だに解決のめどが立っていない。こうしたことは、商いをする身にとってはまさに死活問題だ。お家再興という成り行き上、甘い物屋の道を歩んできたが、顧みるに独立開業以来ほぼ半世紀。この種の大事件は何回あったことか。

この機に少しばかり振り返ってみる。フランスやスイスといった修業先から帰って、一九七三年三月三日に東京渋谷にささやかな店を開いたが、ほどなくして起きたオイルショックで日本中がパニックに陥った。その後は一九七九年から八〇年にかけての第二次オイルショック、一九八七年のブラックマンデー、一九九一年から始まったバブル崩壊、一九九五年の阪神淡路大震災、二〇〇八年のリーマンショック、二〇一一年の東日本大震災、そしてこの度のコロナショックと、何年か置きに、これでもかとばかりに、次々と社会を震え上がらせる出来事が襲いかかってきた。

その度に我等商人はあたふたとし、あらゆることに手立てを講じ、あるいは息をひそめて、ひたすらことの治まるのを待ち、そして祈った。

それぞれ思うことも多々あり、どれもが心を痛めたが、中でもとりわけ強く記憶に刻まれているのは、第一次のオイルショックだろうか。

それまでは終戦以来大禍なく時を過ごしてきたこともあってか、そうしたことに国全体が全くといっていいほど免疫を持っていなかった。そんなところに突然起こった不測の事態に日本中が慌てふためいた。そうした意味では、今回のコロナ禍に匹敵するか、もしくはそれ以上の強烈なインパクトをわれわれに与えた出来事であったかもしれない。

今も語り草になっているトイレットペーパーやラップの奪い合いがニュースの一面を飾った。石油が入って来なくなるから、こうしたものが手に入らなくなる、との思考回路の結びつきとか。

他方われわれの世界では、なぜか小麦粉が払底した。今考えても何とも不可解な話である。いきなり突きつけられた世の不条理と、明日をも知れぬ事態に顔面蒼白となる。何しろ世の中にデビューしたてゆえに、社会経験も浅く、ましてや先の見えぬ不安に苛まれている身である。そこへもってきて、主要原材料の小麦粉の入手が不可ときた。洋菓子屋に小麦粉がなければどうにもならない。

今から思うに、工場とも呼べないたかだか五坪の作業場では、使う量といってもたかが知れているのだが、それでも頭の中はパニック状態である。

材料屋さんに掛け合っても、〝できるだけ集めているのだが、どうにもならない。それでもお取引先にご迷惑を掛けてはと、最低限前年実績に基づいた分だけは何とかしようと思っているが、何せお宅様は前年がないもので……〟

開業したてでは前年実績があるはずもない。必死に食い下がっても、喧嘩ごしになっても埒が明かない。恥を忍んで知り合いのお菓子屋に伺い、仕入の担当者に這いつくばって懇願したところ、真剣さが通じたか、会社に内緒でと、裏口からそっと一袋（二五kg入り）をお分けくださった。思わずありがたさに涙がこぼれた。

　次いで同じくお菓子屋を営んでいる叔父のところを訪ね、そこのチーフに訳をいって拝み倒し、これも内緒のご厚意をもってもう一袋確保できた。ところが店に帰った直後に、その叔父宅に同居している祖母からきついお叱りの電話が入った。

「いったい何ごとだい。当主がいない間に勝手なことをして！」と。

　思わず絶句し、悔しさと情けなさでとめどなく頬がぬれた。普通おばあちゃんだったら、孫が困ったら何をさておいても助け舟を出してくれそうなものなのに、との甘えの愚痴が頭をよぎった。

　それにしても究極の状況になると、誰もが自分ファーストとならざるを得ないのか。思うに、叔父宅もそれほどに逼迫していたのだろう。

　あるいはそれは、追い詰められた私の考え過ぎで、実のところは船出したばかりの孫の先行きを慮った温かい叱責だったのかもしれないが、ともあれ改めて現実の厳しさを知ると同時に、甘え心のある自らの弱さを思い知らされた一幕だった。

　そんな状況にあった時、突然函館にいる、文字通り遠い親戚からトラック一杯分の小麦粉が届けられた。

　驚いたの何の。一袋あれば一週間ぐらいは持つほどのささやかな手仕事規模だっただけに、しばし声を失った。〝近くの親族より遠くの親戚〟か。

かくいうオイルショックとやらは、一〇月半ばから事を発したものだが、ほどなく父が倒れ、その月の二四日に急逝（後述）。傷心に打ちひしがれている間もなく、悲壮な思いでまなじり決してお菓子屋稼業の天王山のクリスマスに向かって突っ走っていた時のことである。

ようよう一段落ついた年明けに、母から
「あんた、函館の宏さんから助けてもらったようだけど、そのお礼はちゃんとしたの？」

「あ〜っ……」

頭の中が真っ白になるとはこのことか。目の前のことに忙殺されて、なすべき肝心なことをすっかり失念していたのだ。うっかりではすまされない大失態である。

あのお送りいただいた小麦粉があったればこそ、独立後に迎えた初めてのクリスマス商戦が乗り切れたのに。それを忘れた自分が情けない。

慌てて恥を顧みず生来の稚拙な文字でお礼状をしたためたが、すべては後の祭りである。

困った時に手を差し伸べて下さったことへのお礼の欠如は、言うまでもなく失礼を通り越した無礼の一事である。来し方を振り返った時、未だそのことは心中深く突き刺さったトゲにして、決して消すことの出来ない心の傷みとして残っている。

少なくとも私の人生における痛恨の極みのひとつは、言うべき時に言えなかった一言のお礼の言葉である。

ところでその後、お返しの機会を窺いながらも、未だ果たせず幾星霜。このコロナ禍に見舞われている今がそのチャンスとも思うが、当方もまた紛れもなくその渦中にあり、それを果たす術を持たない。

一刻も早くその万分の一なりとも何とかしなければと思ってはいるのだが。

至誠は天に

時系列では前項と少しかぶるが、あれは一九七三年の一〇月に入って二週目の頃だったか。朝の仕込みに追われていた時に、母から店に電話が入った。「大変。お父さんが倒れたの、出掛けに玄関で」「えっそんな。だって俺、昨日怒られたばっかりだよ、こんな売り上げでどうするんだって。こんな状態じゃ店つぶれちまうぞ、もっと売れるもの作れって怒鳴られて。で、今どうなの？」「すぐに近くのお医者様にきていただいたんだけど、もう意識がなくって」「エーッ、分った、すぐ行く！」

駆けつけると、本人は気持ち良さそうに高いびきで寝ている。くも膜下出血の特徴の由。お医者様の言うには、もしかしたら一時意識は回復するかもしれないが、おそらく一週間以内に再発するだろう。その時は覚悟をしておくようにと告げられた。言われたとおり意識が戻った。急ぎ東京の聖路加病院に搬送した。〝頭が痛ぇ〟と言いながらも
「おい、次郎、タバコないか?」

「だめだよ、病気なんだから」

「大丈夫だよ、今看護婦いねぇんだろ。一本だけ」

どうにも聞き分けのない病人である。仕事が終わって、見舞いに行くと
「おい、どうした、売れたか?」と聞いてくる。

「うん、売れたよ、たくさん。忙しかったよー」

「ばかやろう、ちっとも売れた顔してねぇじゃねぇか」

すべて見通されていたようだったが、医者の見立て通りにその晩に再発し、そのやり取りが最後の会話となってしまった。一〇月二四日永眠。

さてそれからだが、どうしたわけか、急に売り上げも伸び出し、日増しに忙しくなってきた。何をしてもちっとも売れず、あんなにもがいていたのがウソのような慌しさだ。〝ん?これはひょっとして、父が後押しをしてくれているのかな、やっぱりそういうことってあるものなのか〟などと思い、ひたすら感謝した。ただ、後になり冷静に振り返ると、秋の深まりとともに人々の食欲も増し、必然的にお菓子屋も忙しくなる。ましてやこの業態は暮が近

づくにつれ、クリスマスも含めて超繁忙期を迎える。よって一一月に入った頃から次第に売り上げが上がってくるのは、当然といえば当然で、なんの不思議もないのだが、やはり人の情からか、ついこう思いたくもなってくる。これもやはり当然の話か。

そしてクリスマス。お菓子屋にとっては一年における一大メインイベントであり、天王山の勝負時でもある。ただ、〝さあ頑張ろう〟といっても、その実クリスマスケーキをどのくらい作っていいのかなど、皆目見当もつかない。何しろ前年実績がない初めて迎える決戦である。腹をくくって千台と定めた。五坪の工場でデコレーションケーキを千台はどう考えてもきつい。第一作ったものをどこに置けばいい。材料や箱置き場は？　アルバイトの確保は？　人数は？　問題山積である。さりとて悩んでいる暇もない。えーい、何とかなろうと、ともかくも突っ走り、文字通り不眠不休で目標の数を追いかけた。そして迎えたクリスマスイヴ。店頭に机を持ち出し、クリスマスケーキを積み上げ、値段表をセロテープで貼り付ける。準備は万端整った。通り掛かりの人に声をかけるが午前中はお客様はゼロ。昼どきに数人、午後もパラパラ。まだ大丈夫、勝負はこれからと粘るが、三時を過ぎてもさほどに伸びない。さすがに心細くなるが、「大丈夫、これから、これから」と、不安がるアルバイト君たちを励まし、自らを鼓舞する。五時を回ったが未だケーキは山のように残っている。ちっとも大丈夫じゃない、まずいぞ、これは。参った、どうしよう。そこで思いついた。そうだ、駅に行こう。あそこなら人が溢れてる。そこで頑張れば何とかなるかもしれない。急ぎ渋谷駅に飛んでいった。誰に頼めばいい。駅なら駅長か。駅員さんに聞いて駅長室に飛び込んだ。

「すみません、この先のお菓子屋ですが、この構内のどこかでケーキを売らせていただけませんでしょうか。どこでもいいんです。とにかくクリスマスケーキを売りたいんです。お願いします、お願いします」

いきなりの飛び込みに驚き、唖然としていたが、ただならぬ雰囲気を感じたのか、こちらの必死さが通じたのか、

「あ、そう、うーん、困ったなぁ、事前の届け出もなく急にそういわれてもねぇ。そうだ、山手線から京王線に通じるコンコースがあるんだけど、あそこは区分があいまいなところがあってねぇ。あのあたりなら知らないことにできなくもないかなぁ」

と、敢えてつぶやくように言ってくれた。立場上はっきりはいえないが、そのあたりはうまく察しろといってくれているようだった。

「あ、ありがとうございます。決してご迷惑はおかけするようなことはいたしません」

すっ飛んで店に帰り、総動員、といってもたかだか数人だが、皆して商品移動し、イヴを楽しもうとする人や家路を急ぐ人たちに声を張り上げた。「クリスマスケーキはいかがですかー!」はじめはポツポツだったが、そのうちにバラバラ売れ出し、在庫の山も目に見えて

減り出してきた。が、時間が遅くなるにつれ、動きが鈍くなる。そして通行人もお酒が入った人が目に付いてくる。

「おい、兄ちゃん、これいくらだ」

「ありがとうございます。こちらの大きさのでしたら一〇〇〇円になります」

「高い、どうせ売れ残りだろう、一〇〇円でどうだ」

「ひゃくえん？　お客様、勘弁して下さいよ。作るの大変だったんですから。じゃあせめて八〇〇円に」

「なにぃ、八〇〇円だぁ？　まだ高～い！　なら二〇〇円でどうだ」

「もうメチャクチャ言うんだから。分りました、では五〇〇円で如何でしょう。二個で一〇〇〇円で」

「お兄ちゃんもたいへんだなぁ。分った、じゃ二個で八〇〇円で手を打つか」

なんてことで残りを必死でさばいていく。なんだって、売り切らなくては帰るに帰れない。閑散としてきた構内で、アルバイト君共々声を張り上げ続ける。一二時を回った頃にはそうした酔客の姿もほとんど消え、在庫も八個のみを残すまでに減っていた。〝うん、もういいか〟。最後まで声を振り絞ってくれた八名のアルバイト君たちをねぎらい、それぞれ一個ずつ持って帰ってもらい、お菓子屋最大のイベントたる初めてのイヴの幕を閉じた。たった五坪の、工場とも呼べない作業場で作った一〇〇〇個のクリスマスケーキ。はらはらドキドキを通り越して崖っぷちに立たされたが、それもこれもこの上なく苦くもあり、また限りなく甘い思い出のひとつでもある。それにつけても、あの時の駅長さんは、もしかしたらこちらの窮地を察して降臨された神様だったのかもしれないと、今でも本気で思っている。

銘菓誕生秘話

お店を開いたからには、何かしらそこの名物といわれるものを作りたい。どんな業種にせよ当事者であったなら思うことに変わりはないはずだ。筆者のごときお菓子屋にあっても、その店独特の銘菓なるものを作りあげることができたら、これほど心強いことはないと、人並みながら開業当時からそんなことを思い続けてはきた。ただその実、口で言うほど簡単にできるものでもない。さりながら、辛抱強く続けているうちに、あるいは何かの拍子にふと神様が微笑んでくれることも……。

筆者在仏中の一九七一年のこと。パリの二〇区にあるベッケル（Becker）という店に拾われて汗水たらしていた頃に、縁あってシブーストというお菓子の再現に手を尽くした話は既述した。もちろん自店の開店時には、まっ先にそれを手掛けたことは言うまでもない。

もちろん配合も形も名前もあちらで作っていた通りに。その後パリに行き、お菓子屋のウインドウにタルト・シブーストを見つける度に、〝あ、あれは自分が再現したお菓子〟とひそかにほくそ笑む。以来作り続けて半世紀近く、いつの間にか私どものスペシャリテとして認知されるまでになった。ひょんなことから生まれる名品もあるが、長い年月をかけ、飽きずに作り続けて銘菓の認知を受けるものもある。

ところで、これとは反対に、そのひょんなことから生まれた方にも筆先を及ばせておきたい。話はだいぶ先に飛ぶが、あれは阪神淡路大震災の時であった。忘れもせぬ一九九五年一月一七日月曜日の早朝だ。関西方面を未曾有の大震災が襲った。神戸という人口一〇〇万の大都市が一瞬のうちに壊滅状態になるという、信じ難い現実を目の当たりにした。実はこの一月一七日という日は、バレンタイン商品を関西方面に出荷する日であった。当時私どもは会社そのものがまだ固まりきっておらず、〝バレンタイン・命〟で突っ走っていた。その一大マーケットが一瞬のうちに消え去ったのである。その頃は市場がトリュフ、トリュフと大騒ぎをしており、当方もその需要に応えるべく、関西地区にも五〇万粒近くを用意していた。それが突然行き場を失ったのだ。小さな会社としてはまさに死活問題。これがお金に換わらなければこの先は真っ暗闇で、倒産の文字さえ頭をよぎった。参った、困った、さあどうしたものか。さりとてマーケットが壊れた以上どうすることもできない。関東で捌くといっても、こちらはこちらですでに十分すぎるほど抱えている。加えてマスコミ各社では、こんな時にバレンタインにうつつを抜かすとはいかがなものか、の報道がなされていた。もちろんそれももっともとも思うが、反面それで食べている人もたくさんおり、またこうした時こそ少しでも明るい気持ちになっていただけたら、などとも思ったが、世論の流れはそれを許さず、正義を標榜する裁判官になっている。弱り果てた時、スタッフの一人が

「これ、捨てるわけにいかないし、全部溶かしてもそれまでの作業が水の泡になっちゃうし。社長、どうせどうにもならないのなら、いっそのことチョコレートケーキの中に埋め込んで、お客様に喜んでいただいたらどうでしょう。行き場のなくなったトリュフも喜ぶんじゃないですか」

〝そうか、そういう手もあったか〟。急ぎ試作してみたが、そう簡単にはことが運ばない。チョコレート種に埋め込んで焼き、カットしてみると、中のトリュフはすっかり溶けて跡形もなく、これでは丸ごと一粒埋めた意味がない。試作を繰り返した何度目かの時、焼き上がったそれに恐る恐るナイフを入れると、まん丸ではないが何とかトリュフの断面が保たれていた。「やったー」みなで手を叩き、喜び合い、さらに工夫を重ね、恥ずかしくない商品に仕立てあげた。試しに店に配ると、出すそばから売れていき、気付いたら山のようにあった在庫のほとんどが消えていた。当社の銘菓の誕生である。トリュフケーキと名付けたそれ

は、今に至るも私どもの屋台骨を支える大きな柱となっている。まさしく禍い転じて福となすを地でいった話だ。それにしても、本当に困らないとアイデアは浮かばない。困って困って困り抜いた時、ではこんなのはどう？と、ちらっと神様がアイデアを与えてくださる。どうせなら困らないうちに与えてくれてもよさそうなものだが、やはりそうもいかないらしい。たとえひょんなことから生まれたように見えるものでも、思えば簡単にできたわけでもなく、その裏には血の滲むような葛藤と、それを生むための相応のエネルギーが必要ということなのか。ローマは一日にしてならず、一片のお菓子また？

ステップアップ

話を開業時に戻そう。喫茶店やレストランへの卸しの仕事は、自立したての私にとっては大変ありがたかった。何しろ自店の売り上げにびくびくしていた身には、納めればお金になるというのは魅力的なことこの上ない。ただ、いつまでもこんなことでいいのか。自前の店でしっかり売ってこそ一人前の商人ではないか。日本には世界に類を見ない名店街というシステムがあり、多くのお菓子屋が商店から企業に脱皮していった。自分もこの波に乗らなくてはの思いが、独立時より頭にあった。いつか全国展開をしたいなぁ、と呟いた時、身内はもとよりアルバイト君にまでバカにされた。「何いってんですか、たった五坪の工場で」と。確かにオーブン、ミキサー、冷蔵庫、作業台が各一台で、人が三人入ったら一杯の、お世辞にも工場と呼べない、お勝手ほどの作業場では、全国展開などまさしくお笑い種であろう。〝まぁそうだよなぁ〟と力なく相づちを打ったものの、心の中では〝いつかは〟の気持ちは持ち続けていた。

ところで、どんなことにもきっかけというものがある。ある時、私どもの若いスタッフが結婚することになった。その報告を受けた私は驚いた。何しろお店は立ち上げたばかりで、財政的にも窮屈この上なく、早い話がろくなお給料も払えていない。そんな状況で結婚して、いったいこの先暮らしていけるのかとの思いがよぎった。でもそれを承知で一緒になるという女性も気の毒だが、その時はともあれエールを送るしかなかった。そしてしばし後、そのふたりにお子さんができた。その時はさすがに青くなった。乏しい身入りを承知で所帯を持った二人はいいとしても、たまさかその家に生まれたお子さんはどうなる。ブールミッシュのお給料だけで、この先幼稚園、小中高、そして専門学校か大学かに行かねばならない。さらにはこの人たちがいつか迎えるだろう定年時には、その後を支える退職金までも用意しなければ。人様の人生を預かることの責任の大きさに改めて思いが至ったのだ。このままじゃダメだ、何とか会社らしくしなければ。そのためには、やるべきことが山ほどある。もう個人商店ではいられない。当たり前かもしれないが、各種の保険や年金、退職金積み立て等々、ともあれ世間一般の企業らしく。で、その先はさらに大きく骨太に……。そんな思いにかられ、それらのひとつひとつに手を付けていった。それ以降、事業は必然的に拡大路線をとっていくようになる。

なお、その少し前より実は水面下で、藤沢に新しくできる江ノ電百貨店内に喫茶室での出店の話が進んでいた。渡仏前に父の俳句仲間である横山揚氏（当時小田急百貨店常務）にご挨拶に伺ったところ、「菊次郎君、帰ってきたらうちに店を出すんだよ」と励まされた。そして帰国後ご報告に上がったら、「ちょうどいい、今度うちの系列で藤沢に江ノ電百貨店（後の小田急藤沢店、現・湘南ゲート）ができるから、すぐに準備しなさい」といわれていたのだ。そのうちに父は急逝するは、当てにしていた職人さんには体よく断られるは、支払いのやりくりではキュウキュウするはで、自身の身辺はひっちゃかめっちゃか。武蔵小杉の洋服屋の三階に六畳一間の間借りをしていたが、夜中の帰宅時は、いつも戸口までの階段を這って上っていたほどに疲労困憊の毎日であった。が、夢だけは捨てなかった。江ノ電百貨店内のお店も何とか目鼻が付いたそんなある時、横浜ダイヤモンド地下街からお声が掛かった。当時そこは地下名店街のはしりのひとつで、そこに出店することはお菓子屋としてのステイタスでもあった。喫茶店への卸しから脱却できるチャンスか。すわと色めき立った。作るところを何とかしなければと、急ぎ都立大学駅前に一五坪の工場付きのお店を出した。これなら当分もつだろうと思ったが、程なく渋谷西武百貨店からお遣いが来た。何でも前日テレビで私のアメ細工の番組をみて、これは面白いとお誘いに来られた由。心が動いたが人手もなくデリバリーができない。「分りました、ではここから渋谷のお店にお菓子を配送するついでに、置いていってくれれば、後は百貨店側で売りましょう。それならどうです?」。ありがたいお話である。ただ正式な出店というわけではなく、そう長くは続かなかった。続いて玉川の明治屋さんから、お菓子売り場を作りたいので商品をご提供いただけないかとの打診を受け、喜んでお受けさせていただいた。まずまずのスタートが切れ、同社の広尾店、京橋店、横浜店等々各店へとお付き合いが広がりを見せていった。他方、歌手の小田和正さんのご実家の小田薬局から、アメリカのドラッグストアに倣ってティールームを併設したいので、ケーキお分けいただけないかとのお話も頂き、金沢文庫本店をはじめ、横浜元町店、自由が丘店とこちらも広がっていった。ともかくも夢の実現のためにはありがたく、頂くお話はすべからくお受けさせて頂いて

玉川明治屋でのケーキ販売

いた。だが、いずれも他社への卸しである。早く自前の商売を広げたいものと思っていたところへ、渋谷東横のれん街、小田急新宿店、京王百貨店と、立て続けにお話が舞い込んできた。〝来た来た、ついに来た、やっと波が来たぁ〟、と喜び勇み、身の程もわきまえずにすべてをお受けしたものの、ものの見事に敗退。出させていただいた順に撤退を余儀なくさせられた。その頃は、フランスから帰ってきた新進気鋭のパティシエとしていささかもてはやされ、テレビや週刊誌にもしばしば取上げていただいており、先方の買いかぶりもあってのお誘いだったようだ。さりながら現実は甘くはなく、たとえば当方がいくら声を張り上げても、生菓子だけでは数万円売るのが精一杯であった。しかしながら、お隣りではモロゾフ、ユーハイム、コロンバン、ナガサキヤ、メリーチョコレートといった老舗のおおどころさんたちが、涼しい顔をして、ボールペン一本でその何倍も売るのである。百貨店というところは、日もちがして配送可能なギフト商品を持たなければ話にならないのだ。請われるままに出店させていただき、軒並みの敗退にすっかり打ちひしがれた。

百貨店と波長が合った

その時またお声が掛かった。再び渋谷の西武百貨店からである。悪魔のささやきか天使の声か分からぬが、再び心が千々に乱れた。もちろん手伝ってくれていた兄弟はもとよりスタッフ全員が猛反対である。

「社長、もうやめましょうよ。さんざん痛い目にあったじゃないですか」「それにもう資金も底をついてるし、このままじゃつぶれちゃいますよ」

〝うーん、どうしよう。でももう一度勝負をしてみたい〟。その顔を見たスタッフの一人が
「社長、どうしてもやるっていうんだったら、この際一度生菓子を横に置いといちゃぁどうです？　どうあっても生菓子だけじゃ苦労するのは分りきっているんだから」

「焼き菓子だけでか？　そうだよなぁ。いや、俺も内心そんなことも覚悟はしていたんだ。でもなかなか吹っ切れなくてネェ。うーん、じゃ、ま、ひとつやってみるか、それでダメならもう百貨店はあきらめよう」

　そうは言ったものの開店当日、怖くて見にいけなかった。その前に渡されていた図面を見る限りでは、その頃週刊誌を賑わせていた華やかなお店ばかりが集められており、時代の最先端をいくリニューアルだったのだ。想像するに、どちらさまもフルーツたっぷりのカラフルなタルトやムースの類が列挙されているに違いない。そこに持ってきての、焼き菓子というまっ茶色の世界の展開である。どうみても地味すぎるし、到底敵うわけがない。恐る恐るお昼頃売り場に電話をした。

「どう、どんな感じ？　やっぱりダメ？」

「社長、何してんですか、早くきてくださいよ。もう忙しくて」

「えっ売れてるの？」

「売れてるなんてもんじゃないですよ。お客様がひっきりなし」

「ウソー」

「ウソじゃないですって。第一ご挨拶にも来なきゃなんないでしょ」

こんなやりとりがあって、出かけてみた。エスカレーターで降りる下のフロアをコワゴワ覗き込むと、明るくなった売場が開け、奥の方になにやら人だかりが見える。〝あっ、うちだ！〟想像通りまわりは名だたるお菓子屋さんが華やかに妍を競っている。その中でひときわ地味な品揃えのお店がうちだ。そこにお客様が群がっている。信じられない光景に思わず立ちすくんだ。しばし後に迎えたお中元商戦。本格的に百貨店に進出しての初めての大型商戦である。売場から連絡が入り、配送伝票が溜まったが処理できない。何とかしてほしいとのこと。すぐさま飛んでいき、その伝票を預かった。今だったら取るに足らぬほどのたった一三枚だったが、慣れぬスタッフにとっては〝大量〟の受注である。預かった私もうれしくてしかたがない。今まで横目に見ていた先輩各社がボールペン一本で売り上げを上げていたギフト商戦に、今ようやくほんのちょっぴりだが参加できたのだ。帰りの電車の中でその一枚一枚をためつすがめつ眺め、感慨にふけるうち、すべての方々のお名前とご住所を諳んじてしまった。と同時に、皆が白といっている時に黒という商法もあるのかということに気付かされ、何か商いのコツなるもののひとつを掴んだ気がした。たかがぽっと出の一介の菓子屋でも、もしかしたら大手強豪がひしめく百貨店の中でやっていけるかもしれない。ひょっとしたら、夢に見ていた全国展開も夢でなくなるかもしれない。そんな希望の灯がともった一三枚の配送伝票であった。

転機&岐路幾たび

人生にはいくつかの転機があるというが、渋谷西武百貨店での焼き菓子展開も確かな転機ではあった。が、顧みるにその前の工場移転が、真の転機であったかもしれない。なんとなれば、あちこちへの卸しも増え、それまでの作業場ではまかない切れなくなってきていたのだ。さりとて都内では家賃が高すぎて手が出ない。そんな時、懇意にしていたチョコレート会社（日新加工）の大瀧博久社長が、川崎にある物件を紹介してくれた。今から思えば何の事もないのだが、当時は、〃えー、溝口？　不便そうだなぁ、第一都落ちか〃となかなか踏ん切りがつかなかった。東京に軸足を置く者にとっては、それほどに多摩川を渡ることにある種の抵抗感があったのだ。たかが川一本なのに。その時また、懇意にしていたショーケース会社（保坂製作所）の保坂貞雄社長がこんなことを言ってくれた。「吉田さん、人生にも企業にもいろんな転機があるんですよ。私どもにしても、そもそもは浅草の道具屋街の片隅でショーケースを作っていたんですが、手狭になり、さぁどうするってんで思い切って東京を飛び出し、津久井湖の近くに工場を引っ越したんですよ。そりゃあ勇気が要りましたよー。何せとんでもなく辺ぴなところに都落ちですからねぇ。でもその決断がなかったら今のうちはなかったわけですし……」その話を伺わなかったら、私も多摩川を越せなかったかもしれない。その都度適切なアドバイスを下さる方々にはいくら感謝してもし切れないほどの恩義を感じている。

さて、その後も転機はひっきりなしに訪れてくる。かつて働かせて頂いていた池袋の丸物百貨店が立ち行かなくなってクローズする時、屋上の細い板張りの渡りを通って隣の西武百貨店に行き、吸収する側の西武の堤清二社長のご挨拶と訓示を受けた。今では百貨店の閉店などすこしも珍しくないが、当時はデパートが閉まるということは大事件であったのだ。その渦中にあって共に涙した仲間が、あちこちに散っている。ある方は吸収された西武に、ある人はそのライバル店の東武へ、さらには他店へ、パルコへ等々と。やはり百貨店人は百貨店が好きなのだ。で、そういったところに散っていった人たちも、同じ悲哀を味わった者同士として、どこへ行こうと強いつながりを持ち続けており、我々はそうした仲間を〝隠れ丸物〟と呼んでいた。その隠れ丸物のみなさんが、「吉田さん、フランスから帰ってきたの？えっ独立したの？　じゃさあ、俺今ここにいるんだけど、どう？」などと言って、ことあるごとに温かい声をおかけくださる。ありがたい。件の渋谷西武もそのひとつだったのだ。丸物にいた、実名を挙げて恐縮ながら宮内勝男さんという方が沼津西武から渋谷店の食品部長となってやってきた時にお声かけ頂いた。その時有楽町西武が有楽町マリオンとして鳴り物入りでオープンしたが、こちらにもしばし後にご紹介頂き出店が叶った。さらには池袋店ともご縁ができ、晴れて西武の本丸に出店することができた。この感激もまた格別であった。自身の百貨店人生は池袋丸物と有楽町そごうと三越及び伊勢丹の派遣販売員から始まったが、その有楽町にも戻ってこられ、今また池袋にも帰ってこられた。何だか太平洋に放たれた稚魚が、はるばる大海原を泳ぎまわって、生まれ故郷に戻ってきたような感覚だ。〝あ〜、やっと古巣に戻ってきたぁ〟と。

なお、商いの傍ら物書き業にも手を染めていた私は、遠藤周作先生や尾崎秀樹先生、早乙女貢先生等とも親交を深めていた。そんなこともあってか、日本ペンクラブや文藝家協会等いろいろな会合では辻井喬（堤清二）先生ともいつもご一緒させて頂いていた。そして、規模は比べ物にならないが、実業と文化活動を両立させているということでは、相通じるものがあるゆえか、いつの間にか、ごくお親しくさせていただく間柄となっていった。だからというわけでは決してないが、西武の快進撃に伴って、私どものお店もあちこちに出店させていただく機会を得ていった。

お叱り覚悟の直訴

そんなこんなですっかり西武百貨店にお世話になっていたある時、日本橋の高島屋さんからお声が掛かった。その頃は売り上げの八割方が西武に依存し、心のどこかにいささかの不安を抱えていた。西武とうまくいっている今はいいが、もし波長が合わなくなり、お取引が叶わなくなったら、うちはどうなる？　小さな所帯ながらも、経営者に安住の時はない。そんな時に頂いたお話である。兄弟やスタッフ全員から猛反対を受けた。「社長、何言ってんですか。西武さんにこんなにお世話になっているのに、そんな不義理をして逆鱗に触れでもしたらどうするんですか」。もっともな話だ。ただ、相手が高島屋でしかも日本橋店だ。これをお断りするのは、どうにも忍びない。意を決して西武の懇意にさせていただいている片岡克己さんという商品本部長さんにご相談しに行くことにした。同行をためらうスタッフを、オフィスのある池袋サンシャイン六〇の下で待たせ、片岡さんのデスクに向かった。「おー、吉田さん、ようこそ。今日は何か？」

「いつもお世話になっております。えー、実はさるところからお誘いをいただいて、どうしたものかと。いや、こんなに西武様に御世話になりながら、不義理を致すわけにもまいらずと……」

と、段々声が小さくなっていった。

「ほー、よそ様からお誘いのお話が？　で、どちら様から？」

「はい、あのー、高島屋さんで」

「おー、高島屋さん。で、高島屋さんのどちらのお店から？」

「に、に、日本橋店……」

と、ますます声が小さくなっていく。

「日本橋の高島屋さん？　そりゃぁすばらしい。おやりなさいよ、吉田さん。この世界では、なんと言っても三越さんと高島屋さんは別格です。今私どもも盛んにやっていますが、こうした老舗さんには学ぶところがたくさんあります。その高島屋さんの、しかも日本橋店でしょう？　東京本店ですよ。よかったじゃないですか。なにも私どもに遠慮することなどありません。存分におやりなさい。そこでの評価が高まれば、私どものところにもその評価はきっと跳ね返ってきます。わざわざそんなことを言いに来てくださったんですか。いやいや恐れ入りました。こちらこそ今後ともこれまで以上に宜しくお願いします」

「ホントですか、よろしいんですか。ありがとうございます、ありがとうございます」。額を机にこすり付けんばかりに身を折り曲げ、目はうるうる、足はワナワナ。心の中では両手を合わせつつ、一方では内心〝やったー〟と快哉を叫んだ。すぐに下に降り、待ってるスタッフに両手を上げて頭の上で丸のサインをつくり、そのままその足で高島屋さんにお伺いしてお話をお受けする旨のお返事をさせて頂いた。ただ、普通に考えたら、これだけ面倒を見ていただいているにも拘わらず、他店に出店となれば、お怒りにならない方が不思議だ。ホントに偉い方は、もとより人間としての出来が違うようだ。実を申すと、もし仮に片岡本部長からお叱りを受けたら、即その足でお断りにお伺いする腹積もりでもいた。あちら様にしたら取るに足らない些事かもしれぬが、当方にしたら背水の陣にして、まさに白装束での嘆願である。それにしても、自分のところで育てた店子がよそ様の評価を受け、それをわがことのように喜び、且つその引き合いにエールまで送ってくださるとは、何たるお心の広さ。こんな方がどこにおられようと、心底感涙にむせんだ。この片岡さんとはその後も長くお付き合いをさせて頂いたが、その西武にもいろいろなことがあり、同氏は後年同社を去ることになってしまった。が、そんな同氏がもし残ってくれていたら、西武百貨店にもまた違う展開があったかもしれないとのお話を、その後同業他社の方からうかがったことがある。

嘆願再び

ところで、先の話には続きがある。暫くたった頃、今度は日本橋の三越本店から出店のお話を賜ったのだ。もちろんスタッフはまたまた猛反対。「社長、高島屋さんの一件であんなに怖い思いをしたのに、またですか？　もうやめましょうよ。欲張りすぎです。もう十分じゃないですか。バチがあたりますよ」。しかしながら、今度は日本におけるデパートメントストアの発祥の日本橋の三越本店だ。もちろん高島屋さんもすばらしいが、どちらにせよ、スゴロクでいえば上がり。商人としてはパスするわけにはいかない。誰が何と言おうと、何としても出店させていただきたい。皆の制止を振り切って高島屋さんの日本橋店に出向いた。

「おー、社長。いつもご苦労様。ところで今日は？」

「はい、あのぉ、ちょっとお話をお聞きいただきたいことがありまして」

「ふむふむ、なんでしょう」

「実はさるところからお誘いのお話がありまして……」

「ほー、さるところねぇ。まさかお隣じゃないでしょうね」

「あ、いや、はい、えー、そのお隣からでして」

またしても声が小さくなっていったが、そうそう甘えは通じない。この度はしっかりお小言を賜り、只々平身低頭。結果、何とかお認めは頂けたのだが、小さな身体をさらに縮めた。もっともこれが普通の対応で、今までがうまくいき過ぎたのだ。考えるまでもなく、わがままを通そうとした当方に無理があるのはあきらかで、高島屋さんには申し開きのしようがない。それにつけても、双方ともがこの業界のリーディングカンパニーであり、そのプライドと強烈なライバル心に圧倒される思いであった。そうした強さが両店を今日に至らしめたのであろう。〝うーん、さすがは天下の高島屋さん〟と、その自負の高さに改めて感銘を受ける。また、それほどまでにプライドが持てるということに、同じ働く男としてある種のうらやましさをも感じた。ちなみにその後同店との関係修復にはいささかの時間を要したが、今ではそうしたわだかまりは双方ともに全くなく、否、これ迄以上に真摯に商いをさせていただいている。ありがたいことこの上もない。

ちなみに三越本店とのそもそもの縁は、私の学生時代で駆け出しの頃の催事であった。あれからずいぶんと時がたってしまったが、その三越にもやっと帰ってくることができた。

すべてはご縁？

今度は三越の新宿店からお誘いの声が掛かった。渋谷にも池袋にも日本橋にも拠点ができたが、新宿については未だ空白区であった。以前小田急と京王の両百貨店からお話をいただきながら力及ばず、撤退の憂き目を見て後そのままになっていたのだ。そこへのお話だけにありがたく受けさせていただいた。店長をされていた村越立志郎さんが私にこうおっしゃった。「何で吉田さんのところにお声掛けさせていただいたか分りますか」「はぁ……」「あちらに出ておられないからですよ、あの戦艦大和に」「戦艦大和って、ああ、伊勢丹さんですか」「そう、だから心して励んで下さいね、お願いしますよ」「もちろんですとも」。

ご紹介し忘れたが、この村越立志郎さんという方は、三越というよりは百貨店の食品業界最後のバイヤーとまでいわれた方で、食品畑一筋から役員になり、店長にまで上り詰めた傑物である。そうした点では、後々お親しくさせて頂いた、西武百貨店の社長に上り詰めた山崎光雄さんを思わせるところがある。その村越さんだが、調理士や製菓衛生師はもとよりフグの免許まで取得し、外から見ただけで最高級の霜降り牛を言い当てるという。私もそうした企画のテレビ番組を見て、鳥肌が立ったことを記憶している。すぐに電話を入れたら「えっ吉田さん、見てくれてたの?」と無邪気に喜んでくれた。「いやぁ、実を言うと、俺も心配で心配で。一応自信がないわけじゃないけどさぁ。肉なんて切って見なきゃわかんないしねぇ」なんて心のうちを正直に吐露してくれた。選んだそれにナイフが入る。一瞬不安そうな村越さんの横顔がアップされ、次いで見事な霜降りが現れたときに、その村越さんの顔にさぁーッと紅がさしていった。その瞬間を見逃さなかったカメラワークもすばらしかった。その村越さんからこう言われちゃあ、守るしかない。当時伊勢丹には、小中高を通じて同級生だった親友が総務の重責を担っており、同じくその学校の二年後輩が副店長、大学のクラスメイトが紳士服の統括部長をしているなど、仲間うちがたくさんいた。その皆から「あちこち展開してるのに、どうしてうちには入らないの?」と訝しがられた。「いやぁ、実はこっちに入ってないからってことで、あちらからお誘いいただいちゃったもんで。ごめんごめん」なんて言い訳をしていた。ところがその後、操を立てた三越新宿店が百貨店をやめて業態変更をし、さらにはライバル同士であったその三越と伊勢丹が一緒になっちゃった。で、気付いたらかつての同級生たちもリタイアし、いつのまにか伊勢丹とのつながりもどこかに行ってしまった。筋を通すべきであったか、不義理をしてでも商いを優先すべきだったのか。このたびは筋を通したがために、ご縁が遠ざかってしまったようだ。その間、クイーンズ伊勢丹の河村保男社長とともに伊勢丹の新人教育を仰せつかるほど親しい間柄になっていたにもかかわらず……。ちなみにその河村氏とは、当時食の世界でその名を馳せていた〝隠れ丸物〟の遠藤正春氏共々、池袋西武からそちらに移られた食のエキスパートである。でもねぇ、あの純で熱い村越さんからああ言われちゃあ。ま、しょうがない、これもまた人生か。伊勢丹さん?　ご縁があればそのうちにといつも願ってはいるのだが、さて。

ところで、あっちには出るなよと言われて言いつけを守り、両方の芽が摘まれてしまったのが東京新宿なら、双方に出させていただく結果になったのが大阪梅田。ある時その大阪の雄・阪急百貨店からお誘いを頂いた。名誉な話である。しかしながらそのころの私どもには、製販ともに未熟でお応えするだけの体制にはなかった。〃ではとりあえず催事の形で、商品を送っていただければ、後は百貨店側で何とかします〃との熱心なお誘いにほだされ、ともかくもお取引が始まった。東京のパティシエの店の初出店ということの珍しさも手伝ってか、そこそこの成績を収めさせていただくことができた。と、今度は本格的なアプローチを受ける。「うちだけのために大阪出店というのも大変でしょうから、どうぞ灘波なり阿倍野なりのよそ様にもご出店下さってけっこうです。その代わり梅田地区に関しては私どもだけになさって下さい」と。つまり高島屋や近鉄はかまわないが、お隣の阪神だけは遠慮してくれ、とのことだ。そこまでいわれてお断りもできない。このお話を改めてありがたくお受けさせていただいた。阪急と阪神のライバル心はそれほどまでに強いものがあった。ゆえに双方ともが頑張って、梅田地区を盛り上げていったのだ。ところが、こともあろうにそのライバル同士が、ある日突然合併を発表し、ひとつの会社になってしまった。しばし後、阪急で私どもを可愛がって下さった方が阪神に移動され、私どもをお招きくださった。阪急に操を立てた手前、終生阪神とはご縁がないものとあきらめていたが、世の中何が起こるかわからない。なお後年、やはりどちらかにということで、阪神の方は心残しながらお休みさせていただくことにはなったが、こちらもまたいつの日か復縁叶えば……。すんなり結べる時もあれば、なかなかどうしてそうでない時も。そう、人の行くところすべてはご縁、商いもまた。

東西の雄とのご縁

東西ともに雄なる百貨店はたくさんあるが、そのうちのひとつが、たとえば西なら近鉄百貨店か。同店も広く展開しているが、かつて東京にもそのうちのひとつたるお店が吉祥寺にあった。本体とは別会社だったようで、そこの社長をされていた田中太郎さんという方が、お供も連れずたったお一人で、私どものおんぼろ事務所を訪ねてこられた。あの地区は商店街が盛況で、何処の百貨店もご苦労されている。近鉄も例外ではないようで、なんとかしなければとしておとりになられた行動のようだ。私ども如きに白羽の矢を立てられたのは身に余る光栄だが、それ以上に社長自らが出向かれての直談判とはまことに恐縮の至りで、誰がお断りなどできようか。それより何より田中太郎さんという方のお人柄に一目ぼれをしてしまった。お偉い方にもかかわらず、忌憚無く胸のうちをさらけ出し、窮状を訴えられたその実直さに心打たれ、一も二もなくお引き受けさせていただいた。そこからお付き合いが深まっていったのだが、度毎に頂くお手紙がまたすごい。まるで巻物のようにご立派で、時代劇の世界にタイムスリップしたような気になってしまう。それがご縁となり、田中さんが本部に帰られ、近鉄百貨店本体の社長になられた後も親しくお付き合い賜り、いつの間にかお取引も同社全店に広がっていった。小さなご縁も大切に育むといつか大きく開花するという見本のように……。

近鉄百貨店が関西の有力な雄なら、東急百貨店はまぎれもなく関東の雄。こちらとは私どもが独立して早々よりお誘いを受け、勇んで出店させていただいた経緯がある。ただ、その意気込みもものかは既述した如く、あえなく敗退の憂き目を見た苦い経験も持つ。なにしろ東横のれん街といえば、今日あまたある名店街や老舗街なるものの発祥であり、その本家本元である。この超名門からのお誘いとあらば、食品を生業とする者なら誰だって舞い上がる。さりながらそこでの惨敗となると、期待が大きかった分ダメージも計り知れない。雌伏三〇有余年。その東横のれん街から再びお呼びがかかったのだ。天下の名門だけに、一度繋がりが切れたらもう二度とご縁はないだろうと思っていたところへの再度のお声掛かりである。神様は見捨てることなく、機の熟すのをじっとお待ち下さっていたようだ。あちこちに出させていただけるということは、それなりのご評価を得ているということにもなろうかと思う。が、それでも、東横のれん街に名を連ねさせていただけるということは、それにも増して並外れた名誉なことなのだ。今の若い営業部員にそのことの重大さを説いても、どれほど分ってもらえるか少々心もとなくもなるが、復縁なった時にはひとり密かに祝杯を挙げた。それも一度敗退してのカムバックだけに、想いもひとしおである。そう、商いはすべからく想い入れなのだ。そして気付いたら、他の多くの百貨店様とのお取引も叶い、北は北海道から南は沖縄に至るまでの、まま空白はあるにせよ、曲がりなりにもナショナルブランドの端くれに名を連ねるまでに広がっていった。ともあれこうして私のお菓子屋人生は、レストランや喫茶店への卸しから始まり、食品スーパー、百貨店へと確実にステップを踏んでいった。もちろんそれなりの曲折は経ながらも……。

ネバーギブアップ・ブライダル産業その他にトライ

小なりといえども会社を預かる身にとっては、気の休まる時は瞬時もない。どんなに尽くしても心配ごとの種は尽きない。西武に可愛がって頂き、販路を広げていった時は、西武だけに依存していていいものか。西武との間に何かあったらどうしようと、他店にも出させていただいた。その他店にも広げさせて頂いたら、今度は百貨店だけに頼っていていいのだろうかと、次々気に病んでくる。そんな不安が的中した。百貨店業界が行き詰まりを見せ始めたのだ。その時また、かつての経験が頭をかすめた。以前父の会社にいた時のことだった。その会社は何軒かに暖簾分けをしていたが、そのことがネックとなって大苦戦を強いられていた。たとえばある百貨店に同じ店名のA社が出れば他は出られない。ひとつの百貨店に幾つもの同じブランドはいらないのだ。その百貨店の名店街ブームに乗って、いち早くA社とB社が競うように出店していき、父の会社はすっかり出遅れてしまっていた。手をこまねいていてもしかたがない。他社の取りこぼした地方百貨店を訪ね歩く一方で、ホテル結婚式場に目を付けた。先行する他社にとっても、ここはまだ空白区であった。世の中も高度成長期の真っ只中で、人生の晴れ舞台たる結婚式もどんどんエスカレートし豪華になっていった。一組の披露宴では両家合わせて一〇〇人ずつの計二〇〇人の宴会も珍しくなく、その人数分の引き出物や引き菓子のオーダーが入る。大安吉日ともなれば、ひとつの式場で一〇組も二〇組もの結婚式が行われる。それが全式場ともなれば、相当な数の需要となる。今様の言葉で言えば〝おいしい〟マーケットである。榮太樓総本舗さんと塩瀬総本家さんという先行する老舗二社の仲間入りをさせて頂き、彼らにご紹介いただいたりこちらで得た情報を彼らにお伝えしながら、一軒ずつお取引のお願いに訪ねまわった。ほぼゼロからのスタートであったが、頑張った分だけ数字が上がり、気が付いたら父の会社の売り上げの過半数を占めるまでになっていた。その会社も結局は倒産の憂き目を見ることになるのだが、このことによっていささかの延命ができた実感はある。

本題に戻ろう。百貨店マーケットにブレーキがかかってきた今、以前頑張った経験を持つブライダルマーケットが思い浮かんだのだ。かつてのつながりからいくつかのお取引先は押さえていたが、百貨店政策に奔走していて、正直手が回っていなかった。が、その商いの面白みもノウハウも十分知っている。そのジャンルの方々もだいぶ担当者が入れ替わっていたが、改めて新市場の開拓に勤しんだ。「おー、吉田さん、久しぶりだねぇ。そう、独立したの？　それはよかった」といって大歓迎はしてくれたものの、いざお取引となると、そう簡単に話は進まない。それでも粘り強く通いつめたり、また西武鉄道に入っているクラスメートに頼み込んでプリンスホテル系のすべてとお取引をするまでにこぎつけたりと、徐々にお取引先も増え、何とか商いの柱の一つにまで育て上げることができた。ところがその後、少子化の影響をまともに受け、このマーケットも縮小の一途をたどることになる。ならば他の分野にも目を向けねば。商いに停滞は許されない。

いつかは銀座へ

さまざま商いでもがいているうちに、世の中の状況も変化をきたしてくる。東京には渋谷、新宿、池袋、銀座、赤坂、六本木等、いくつもの繁華街がある。その中でも他所と比べて比較的おとなしく、品もあるとされてきた渋谷に縁を持ち、一号店を出させて頂いたが、いつしかその風向きも変わってきた。やれコギャルの街だ、犯罪の温床だと、イメージが一変してしまった。私のお店の前にもそうした子たちがたむろし、店内に入ってお茶を飲んでくれるでもなく、しゃがんで缶コーヒーを飲んでは、いつまでも騒ぎはしゃいでいる。これでは、今までいらしてくださったお客様の足が遠のくのも仕方のないこと。またこればかりは一業者の努力ではどうにもならないことで、自店発祥の地として当地を愛してきた身にとっては悲しみの極みである。コギャルさんもかわいいし、ガングロちゃんもおもしろいが商いとなったら話は別で、赤字に転落した店を、打つべき有効な手立てを見出せぬまま、いつまでも放置するわけにはいかない。何かしら別に活路を見出さねばと思い、悶々とする日々が続いた。

そんな折、さるところから、あろうことか天下の銀座に空き店舗ありのお話が伝わってきた。〝これだ、自分が求めてきたのはこれ、銀座への出店だ！〟。初めて自分の心の奥底に潜み、眠り続けていた夢に気付かされた。銀座に生き銀座で死んでいった父の夢を引き継ぐ者として、そこへの出店は究極の目標であり、ひとつの物語の完成でもある。場所は中央区銀座一－二－三。〝ギンザ・アン・ドゥー・トゥロワ〟で、中央通りの京橋寄りの一階店舗である。

　早速その話を手繰り寄せ、デベロッパーさんの元に伺った。大家さんは東京高速道路株式会社。都合三回の厳正な面接を受け、その都度必死の思いでこちらの夢を語らせていただいた。いわく、〝銀座通りはパリで言えば花のシャンゼリゼ、ニューヨークならブロードウェイ、ロンドンならリージェント・ストリート〟と。そしてお菓子屋と花屋はそんな街における、欠くべからざる文化にして云々かんぬん。それこそ顔を引きつらせて熱弁をふるわせていただいた。これでダメならそれも運命と、半ば開き直ってお返事を待った。後日再度面接のご連絡を受け、期待半分覚悟半分でお伺いした。両脇に役員さんやスタッフを何人も並ばせた先方の社長が、開口一番「お宅様に決めさせていただきました」と。瞬間頭が真っ白になった。「あ、ありがとうございます」

ブールミッシュ銀座店

　後は言葉にならない。

「吉田さん、実はね、僕は君の大先輩なんですよ。君は暁星で野村先生にフランス語を習ったでしょう」

「え、野村先生って、あの野村二郎先生ですか、筑波大の教授になられた。はい、習いました。今でも私の人生の師として、親しくお付き合いをさせていただいております。で、その先生と何か？」

「うん、その野村君と僕は同級生なんですよ、戦時中の大変な時だったけど。もちろん審査は厳正にさせていただきましたが、決まった後にいろいろ調べさせていただいたら、そんなことが分かってきてね。これも縁なんですねぇ。こんなところで先輩後輩が、それも仲良しだった同級生の教え子さんと結びつくなんて、驚いたもんだ。どこかで誰かが仕組んだとしか思えないよ。いやぁ不思議なもんだ。これからも宜しくお願いしますよ。末永くね」

もちろんまっ先にその人生の師にご連絡申し上げ、ことのほかお喜びいただいた。思い出すに、失意のうちに渡仏した折、心細さも手伝ってか、「先生に習ったフランス語が通じません」とお手紙を差し上げたところ、「時が解決します」とのお返事をいただいた記憶がある。それで無事問題が解決されたかどうかは分からないが、ともあれ今はこうして何とかなっている。しかも肝心要の勝負時に、影ながらしっかりと背中を押してくださっていたようだ。ありがたいことこの上ない。どうやら私の人生は人様から借りばっかりができ、今や返済不能の債務超過に陥っているようだ。

こうして自店誕生の地・渋谷を後にし、東京都中央区銀座一－二－三、〃ギンザ・アン・ドゥー・トゥロワ〃にブールミッシュの本店移設が決まった。何千回何万回口にしてきた渋谷ブールミッシュと決別するのは、身を切られるように辛いが、それがあったればこそ、次の夢に繋がったのだ。銀座に生きた父、喜んでくれてるかなぁ。

商いは無限？

こうして晴れて世界に冠たる銀座に出店できた。しかも中央通りの一階路面店。小さな店だが、ダイヤモンドにもまごう貴重店である。とても叶うとは思わなかった夢のひとつが、ご先祖様や大先輩や恩師等みなさまのお陰を持って、何とか実現できた。

さて、これからどうする。百貨店は様々な道が開けた。昔とった杵柄で、ホテル結婚式場にもシフトができた。その後である。そんなこんなで改めてマーケットを俯瞰すると、駅や空港があるが、未だご縁を頂くまでに至っていないところも少なくない。ディズニーランドやＵＳＪに代表されるアミューズメント関連も同様だ。さらには、くまなく展開していくコンビニエンス・ストアや次々と立ち上がっていく巨大なモール、量販店等々空白区はまだまだある。改めての路面店の展開や、ひょっとしてフランチャイズなんて手法も？　いや、日本が飽和になったら海外もあるさ、などと身の程もわきまえず夢だけは果てしなく広がっていく。私どもが貢献できる場はまだたくさんある。加えてこれからは無店舗販売だとネット事業にも着手した。ただ、すべてが順風と言うわけにはいかず、その度毎に新しい局面が生じる。たとえばブライダル関連では、引き菓子の急な数の変更や、当たり前だが掛け紙の文字等には細心の注意が必要となり、駅ビル関連ではギフトよりデイリー商材が中心となる。ただ、同じ駅でもターミナルとなるとお土産需要。またネット受注は、細かな個別の対応と迅速なサービスが基本となる。その都度そうしたことに即した新しい体制とシステムを作り、それらをクリアするごとに、会社はいっぱしの体裁を整え骨太になっていく。しかしながら、突き進むばかりではなく、ひと時立ち止まって内容の充実を図ることも必要か。ただ、商いの道に終わりはない。ひとつ壁を乗り越えるとまた次の壁が立ちはだかってくる。あまり口にすべきことでもないが、人並みに生じた親族間のゴタゴタや内紛、信頼していたスタッフの突然の変心や造反騒動も持ち上がり、小さな社内が大きく揺れ動いたことも幾たび。そしてその都度、自らの非才と徳のなさを嘆き悔やみつつ、折れそうになる心と身体を奮い立たせ、ともかくも一歩でも前へと足を踏み出していった。そして今に至り、今後に展望を開く。

そう、まだやるべきことは山ほどありそうだ。

C'est la vie!（セ・ラ・ヴィ）〝それが人生さ！〟

前項で触れた如く、商いに携わっていると実にいろいろなことに遭遇する。顧みるに開業早々の第一次オイルショック以降様々な試練を受け、休む間もなく阪神淡路大震災や東日本大震災といった一〇〇年に一度、あるいは一〇〇〇年に一度といわれる大災害や、リーマンショックといった諸問題が次々と襲い掛かってきた。加えて、人生の伴侶の急逝、日本を含む世界同時不況等々。神様は乗り越えられない試練は与えないとはいうが、これだけ試練が続くと、流石に〝神様、しばしお待ちを〟とも言いたくなる。さりながら容赦はない。はてさて、次はいかなる試練が……。そんなことが常に頭から離れない。お菓子屋とはいささかなりと人様のお役に立ってはいると思う反面、試練がくるたび、つくづく因果な商売と思わぬでもない。

令和二年に入って早々、新しい病の流行で世の中が騒然としてきた。最初の頃はそれほどでもなく、常のごとくに少々気になっていた程度であったが、そのうち見る見る大ごとになっていった。病名はCOVID-19こと新型コロナウイルス。

この手のものでは近年にもマーズ（MERS）と呼ばれる中東呼吸器症候群やサーズ（SARS）という重症急性呼吸器症候群といった新しい病気が流行り、大騒ぎとなった。それ以前はエボラ出血熱やエイズ、香港風邪等々……。

今さらこれらを解説してみたり、評論家ぶるつもりなど毛頭ないが、それにしてもこの度のものは想像を超える手強さだ。

確かに地球も狭くなってきたのだろう。どこかで何かが起こると、良きにつけ悪しきにつけ、またたく間に世界の隅々まで波及する。前者なら好ましいが、後者となるとたまらない。昔からこうした禍はよくあったようで、コレラやペスト、あるいは天然痘にせよ、感染症が大流行して人類が苦しめられてきた歴史は教えられてきた。

われわれの前の世代、否、筆者の少年期頃までは結核がそれに相当したか。とにかくそれに罹ることは死を意味していた。私の父もそれに侵され、長いこと療養生活を余儀なくされていた。それがため、巷間言われるところの療養俳句なるものが生まれたようで、只々仰臥安静の身には、この最短詩形が体力を使わない最適の文学だったようだ。

話がそれたが、既述の如く新型コロナウイルスに伴って、様々な語がメディアを賑わした。ざっと挙げてもクラスターやパンデミック、ロックダウン、ＰＣＲ検査、抗原検査、飛沫感染、三密、ソーシャルディスタンス、テレワーク、リモート会議、緊急事態宣言、巣篭り需要、オンライン飲み会、リアル飲み会、さらには自粛警察、ウィズコロナ等々、枚挙にいとまがない。加えて〝マンボー〟こと蔓延防止等重点措置。さらに新型のオミクロン株、そのまた新種、さらに今度は猿痘と果てしがない。これ以上挙げると紙数が尽きてしまいそうだ。この流れは、今この原稿をしたためている令和四年の半ばを過ぎても、未だ尽きることなく続いている。困ったものだ。いったいいつになったら収束するものやら。

せめてこの後は、社会をこよなく明るくする語が流行って欲しい。何となれば商いを生業とする者にとって、この種のパニックが一番怖い。消費マインドが冷え込んではすべてがお手上げで、なす術がない。

止まなかった雨はないとはいえ、一日も早く世の中が明るい空気に包まれることを願って止まない。が、それはさておき、長らく日本経済を牽引し、私どもも軸足を置いてきた百貨店業界も、人口の減少を機に厳しい対応を迫られて久しく時を刻むが、このコロナ禍で社会の仕組みそのものが変化を余儀なくされていく。まさに多事多難である。一寸ならぬ一瞬先は闇か。

さて、改めてそうした諸々を含めた来し方を顧みるに、ごく稀にワクワクしたこともないではないが、概ねいつもあくせくし、ヤキモキし、ハラハラ、ドキドキの連続であったか。

例えばここまで多くの紙幅を割いてきた販売面での曲折もさりながら、他方の製造面についても以下の如くの容易からざる道のりであった。既述の如く独立開業一号店の渋谷の店の、わずか五坪の工場とも呼べないお勝手ほどのところから始まり、早々に都立大学駅前に一五坪の工場付き店舗を開設して移転。次いで意を決して多摩川を渡り溝口に転出。それもほどなく手狭になって、同じ溝口の駅を挟んだ反対側に引っ越したり、それをまた川崎市の黒川という工業団地内に移転するなど、なかなか落ち着き場所を定め得なかった。加えて大阪支店を設けたり、大阪・枚方市の工業団地に大阪工場を作るなど、まさしく流転・彷徨の旅であった。そのためとは申せ、ご先祖から引き継いだ生地《せいち》を手放してさまざま工面したりと、事業の動きにあわせての移転や新設を繰り返していった。まるでヤドカリが身体に合わせて殻を移し替えていく如くである。お菓子屋に限ることなく、よろず製造販売業は、設備投資が先か販路開拓が先か、常に苦渋の選択を迫られるもの。どちらに偏っても、またタイミングが噛み合わなくてもスムーズにことは運ばない。そしてそれらを予測してのシステムの充足、人材の確保等々。なかなかに手強い業態である。同じような過程を踏んでこられた先行する各社のご苦労は察して余りあるものがある。

ところで〝過ぎたことは振り返らない〟などという、人様の潔い話をよく耳にするが、正直申すと、私に限っては顧みざるを得ないことばかりのような気がする。ここに至るまでに脱ぎ捨ててきたものの何と多かったことか。前へ進むためとは言え、悔やむこと、心残すことは数え切れぬほどあり、ために心は常に苛まれる。半面、様々な方から受けた心厚き御恩もまた数知れず……。

ただ、そうした喜怒哀楽に富む多くの事柄が、商いのエキサイティングなところといえばいえようが、なかなか生半可な道ではない。どうやら商人の家に生を受け、その端くれとして生きる筆者にとって、〃安寧〃という言葉は終生そぐわないようだ。山を越えれば更なる山が聳え、ここぞという時に計ったように奈落の底に。さりながら、稀には心和ませてもらえたこともないではないが……。フランス語にはこんな言葉がある。C'est la vie!（セ・ラ・ヴィ）、〃それが人生さ！〃

ならばこの先も腹をくくって歩を進めていくとするか。与えられた宿命《さだめ》のひとつひとつを、こよなく愛《いと》おしみつつ、且つ些かなりと楽しみながら。そう、C'est la vie!（セ・ラ・ヴィ）

第二章　甘き彩り

既述した如く、両親ともが甘い物屋というお菓子の世界に生まれ、ひたすらその道に沿って歩んではきたが、その実私は幼い頃より何にでも興味を持ち、首を突っ込む性分のようだった。

顧みるにその道すがら、オーナーパティシエにしてタレント、物書き、俳人、大学教授等々いろいろな分野に手を染め、一方では災害支援や社会活動に身を投じてもきた。この度は、いわれるところの甘き生業に軸足を置きつつも、その来し方をさまざまに彩ってきた、それらのことにいささかの拙筆を運んでみたい。

電波&映像の世界

テレビデビュー

マダム・ヨシコ・イシイ、改めてご紹介申し上げるまでもないわが国シャンソン界の草分けであり、至宝である。残念ながら二〇一〇年七月一七日、ご自身が終生情熱を傾けていたパリ祭の三日後にこの世を去られた。ゆえにこそ、この分野での永遠の女王でもある。

女王様というと、いかにも近寄り難い方と思われようがとんでもない。シャンソンもお菓子もフランスを本場としているが、そのフランス留学も含めた人生すべての大先輩にもかかわらず、いつも変わらず私どもと同じ目線で接して下さった。当然のことながら、こちらの頭は下がりっぱなしである。

その石井好子先生と初めてお目にかかったのは、私がパリから帰り、ささやかなお店を開いてほどなくの一九七四年。一月一五日の成人の日をテーマにしたＮＨＫの「今日の料理」という番組で、クロカンブッシュというフランス独特の飾り菓子を手掛けた時だ。その折の司会と進行役を務めてくださったのが石井好子先生である。〝テレビ初出演〟で緊張しきっている私を、先ずは懐深く受け止め、心を解きほぐしつつ巧みに話を引き出してくれた。そのお陰をもって収録は滞りなく終えることができた。

オンエア当日は、今のようにビデオもＣＤもＤＶＤもなく、またコードを差し込めばそのまま録音できるシステ

Tout en travaillant, il s'entretenait avec Mme Yoshiko Eshii, qui est une grande chanteuse de chansons françaises, et parlait de la pâtisserie en France et des organisations syndicales professionnelles. Cette émission qui a vivement intéressé les télespectateurs nippons, doit être suivie d'une seconde, au cours de laquelle M. Kikujiro Yoshida traitera de l'exercice de la profession en France, ainsi que des écoles professionnelles.

Ce jeune et talentueux pâtissier a l'intention de poursuivre ses efforts pour encourager les relations amicales entre la France et le Japon. Qu'il en soit ici très vivement remercié.

テレビ初出演ＮＨＫの「今日の料理」、司会は石井好子先生

ムさえ一般化されていなかったため、テープレコーダーをテレビの前に向け、家内とともに息を殺して録音した。無事終わった時、思わずふたりして「オワッター!」の言葉が口を衝いて出た。そして続いて「フーッ」と深く一息ついた後、張り詰めていた身体中の力が一気に抜けていったのを憶えている。後でテープを聞いたら、その「オワッター!」に加えて「フーッ」までもがしっかり録音されていた。

収録が日常となり、オンエアさえ見ぬままのことが多い昨今では考えられぬほどに、あの頃はすべてが新鮮だった。

ところで驚くべきは、その数十年前の共演以来、お亡くなりになる直前まで、あの石井先生が私如きに変わることなく、それどころかますます優しくお付き合いを深めて下さったことだ。私ももちろん、パリ祭やチャリティーショーをはじめとする各種のリサイタルやイベントに、おいしいものをたくさん携えて応援に駆けつけた。

舞台はいつも、御大マダム・ヨシコの登場でクライマックスを迎える。あたりを払い、余人を圧する貫禄は、まさしく女王様である。名曲の「パダン、パダン」も「かもめ」も「ヌムキテパ（行かないで）」も、唄うたびに新たな命が吹き込まれ、聞き手の魂を揺さぶる。溢れそうになる熱いものを必死でこらえ、手が痛くなるのも忘れて拍手を送り続ける。

それにつけても気に掛かることがある。筆者の嗜んでいる俳句の世界に優るとも劣らぬほど進んでいるのがシャンソン界の高齢化だ。我らが御大も懸命に後進をお育てのようだが、他業界ながら気のもめることである。かてて加えて、観客の年齢層の高さにも気圧される。たとえば恒例のパリ祭の時などは、渋谷駅からNHKホールまでの道のりを、中高年が延々と列をなして歩を運んでいる。それも皆さん思いっきりのオシャレをして嬉々として。

〝ん？　これはこれでいいのかな〟と、つい思ったりもするが……。

話がついシャンソンの方に飛んでしまったが、ともあれその世界の女王様とご一緒させていただいたのが、不肖・私めのテレビ・ラジオ等電波媒体へのデビューであった。

その後、たとえば料理番組では、テレビ東京の「レッツ！　ケーキ」やテレビ神奈川の「バラとケーキトーク」等いくつものレギュラー番組を持たせていただいたが、特に前者の「レッツ！　ケーキ」はちょっと大変だった。正味二分半の間に配合を述べ、お菓子を作りながら、その間にそのお菓子のいわれや逸話も紹介し、完成まで持っていかねばならない。しかも予算が限られているとあって後での編集はな

テレビ神奈川レギュラー番組「バラとケーキトーク」で親友・土屋品子（現・衆議院議員）さんをゲストに迎えて

く、すべてが一発勝負。とちったら最初からやり直し。かてて加えて月曜から金曜までの週五日、業界用語でいう〝月金《げっきん》の帯〟。一回につき一週間分の五回撮りをするのだが、どうしても所用や出張が重なる時などは、翌週あるいは翌々週の分まで撮り溜めすることになる。多い時には一日二〇本撮ったこともあった。あの当時は日本料理の土井勝さんあたりも同じようなことをなさっておられたという。私にあっては、あの番組以来すっかり早口になり、オンエア後いつも家族から「自分だけ分かってるつもりでも、あんな早口じゃ、誰もわかんないよ」「そうそう、大体昔っからパパは自分勝手だったからね」と、話はいつもあらぬ方に……。ただそのお陰か、秒単位がすっかり身につき、たとえば〝ここで十秒コメントを〟などといわれれば、ほぼぴったり十秒で収めることができるようになった。またその後も何本もレギュラーを持たせていただいたが、不思議なことにその間はただの一度も風邪ひとつひかないことだ。が、終わったとたんに、体調を崩して熱を出したり寝込んだりしてしまう。やっぱり緊張の糸が切れて気が緩んでしまうのか。「キューピー三分クッキング」という、ギネスブックに載るほどの世界一の長寿番組に、都合六年間、毎週土曜日に出演させていただいたことがあったが、その時もなんと六年もの間風邪ひとつひくことなく務めさせていただいた。当時でいえば一生の十分の一にもなる長さである。でもやっぱり一区切りつけたとたんに、きちんと体調が乱れた。

その後時を重ね、出演番組は料理のみならず様々な分野に及び、都合千本超の番組を数えるまでになっている。が、そうしたことのすべての始まりが、かく言うＮＨＫの、石井好子先生にお助けいただいた「今日の料理」の出演であった。

この道幾筋

不肖私、本業の甘い物屋を営みながら、いろいろなところに首を突っ込んでいる。一業一徹とかこの道一筋何十年を良しとする、わが国特有の価値観の中にあっては、いささか恥じらうところもないではないが、そのいろいろのうちのひとつが電波媒体である。既述した如くの料理番組から始まり、バラエティー、クイズ、ドラマ、ドキュメンタリー等々、テレビ、ラジオを問わず、多くの番組と関わりを持たせて頂いてきた。演じる一方、時には裏方に回ったり仕掛けたり……。そうした中でＮＨＫとの縁も浅からぬものがあるようで、そもそものマスコミデビューも、前項の如く同局の「今日の料理」であったが、以来折々お声を掛けていただき、いつしか様々な連続ドラマ等にも……。

あれは二〇〇七年の前半であったか。そのＮＨＫの朝の連続テレビ小説「どんど晴れ」の収録に追われていた。同局のオーディションの難関を突破された比嘉愛未さん演じるところの主人公の父親が、かつてフランスで修業したパティシエという設定で、まさしく私の人生をオーバーラップさせたストーリーである。いきおい気合も入り、連日渋谷の同局の一〇五《イチマルゴ》スタジオに詰めていた。ちなみに比嘉愛未さんの相手役の内田朝陽君は私の関わる学校の卒業生で、彼の好演も光っていた。

最初の設定が一九八〇年ということ故、懇意にしているショーケース屋さんにご無理をお願いし、その当時のものを探してもらい、中のお菓子もプライスカードもその頃のものを作って揃えた。場面が現在に変わると急ぎショーケースはもとよりその中身もプライスカードも今様のものに差し換えた。そしてそのプライスカードには、一応念のため小さな文字でアレルギー表示の記載も忘れずに行った。画面ではまず見えないとは思うが、最近のハイビジョンは鮮明ゆえ、アップになったときにひょっとして映らないとも限らない。そうした時に公共放送がアレルギー表示をしていなかったとなると問題だ、などとそんなところにまで気を遣った。そしてリハーサル。カメラが主人公を追いながら店内をパーンした時、ハッとした。営業許可証が壁にかかっていない。慌てて止めてもらって訳を話した。「あっそうなんですか。分かりました。見本でもあればすぐに作りますが」。急ぎ私どもの店に掛けてあったもののコピーをファックスで送信してもらうと、ものの五分もたたぬうちにそっくりのものが額に入れられて飾られた。NHKの美術は何でもできる。

そんなこんなでドタバタしながら撮影が進んでいく。母親役の森昌子さんの演技がすばらしい。たとえばリハーサルを三回やれば三回ともカメラさんまで泣かせてしまう。もちろん固唾を飲んで見守るメイクさんや私どもも、こみ上げる熱いものをこらえるのに必死となる。その一瞬スタジオ中が彼女の演技に引き込まれてしまうのだ。小中高を通しての同級生にして親友の中村吉右衛門君にこのことを話したら、「そうなんだよ、歌手の人って、一曲の中ですべてを表現しなければならないから、その感情移入ってすごいんだよ」といっていた。私の書いた台詞を、私をだぶらせた父親役の大杉漣さんが、これまた感情を込めていう。

「そりゃあ夏美の言うように材料や配合も大事だ。だけどな、お菓子っていうのは夢なんだ。作り手や食べる人、みんなの夢、それがお菓子なんだ」

　思いつくままに書かせていただいた台詞にもかかわらず、一言一句間違えてはならじと、一生懸命復唱し、練習してくださる姿勢に身の縮む思いがする。そして本番は、演じている役者さん以上に心が張り詰め、身体が凍りつく。この緊張感がたまらない。電波媒体は人を取り込む計り知れない魅力を持つ世界だ。そんな合い間に、筆者はせわしなくも活字の魔力とも手を結び、他の拙著とも並行して『お菓子な歳時記』や、俳人でもあった父・北舟子に筆を及ば

NHK朝の連続テレビ小説「どんど晴れ」監修

せた拙句集『父の後ろ姿』などを編み上げた。

ドラマも無事打ち上げ、ＮＨＫの橋本元一会長の「吉田さん、このところ朝ドラ、少々落としててねぇ。かつての「おはなはん」や「おしん」とまではいかなくても、せめて二〇パーセント近くはとりたいんだが……」といわれていた目標を久々にクリアすることが叶った。まずは面目を保ち、これで一息つけると思いきや、神様はこちらのお手透き状態を見逃さなかった。「ちりとてちん」の次の「瞳」からのオファーである。榮倉奈々さん演じるヒロインがヒップホップダンサーを目指す物語で、その下町応援団の木の実ナナさんや西田敏行さんたちとともにお菓子も登場する。望むところと鋭意協力。順調に撮影が進み出す。そこへフジテレビの同じく四月からの連ドラ「絶対彼氏」への協力と監修の要請が入る。私どもの店をモデルにしたお菓子屋が舞台とあらば是非もない。

さらにはこの後、ＮＨＫの朝ドラの方は、「瞳」に続いて多部未華子さんの「つばさ」、井上真央さんの「おひさま」、吉高由里子さんの「花子とアン」と関わりが続いていく。大河ドラマの近いところでは、「青天を衝け」の中で徳川慶喜が口にする当時のフランスのビスケットの再現のお手伝いなども……。ところであのビスケットだが、当時の配合や製法を検証し、でき得る限り忠実に再現したもので、結構おいしく仕立てあがった。慶喜公もきっと気に入ってくださったものと確信している。さして話題にも上らず、誰の気にも止まらなかったようだが、番組を支える側はそんなところにも心を配っている。

スイーツ軍団

前項でも少し触れたが、フジテレビの「絶対彼氏」も、監修とご協力をさせていただいた中では記憶に残る番組だった。何となれば、私どもの店をモデルとしたお菓子屋が舞台のドラマであったゆえに。

フジテレビ連続ドラマ「絶対彼氏」監修

キャストは速水もこみちさん、相武紗季さん、水嶋ヒロさんといった人気メンバーで、なかなか力が入っている。
ドラマの舞台となる「アサモト洋菓子店」の本店は、銀座一丁目にある私どもの営んでいる「ブールミッシュ本店」を使ってそれ用に仕立てた。しかしながらお客様に対して営業を止めるわけにもいかずと苦慮していたら、朝の六時から収録に入り八時には終わるという段取りを組んで下さった。六時前にはスタッフの方々が来て、店のあちこちに用意してきたパネルを張り、ブールミッシュの文字を隠していく。〝あ〜、オレの店がなくなっちゃう〟と思う間もなく、水嶋ヒロさんや相武紗季さんがやってきて収録開始。そして予定通り八時には終了。バタバタっと片付けて、ものの一五分もたたぬうちに元通りのうちの店に戻る。銀座の朝は遅いゆえ、通行人も少なく、気付く人も多くはなかったようだ。

伺うに水嶋ヒロさんは子供時分をスイスのチューリッヒで過ごし、後に帰国して仮面ライダーの一員となり、この道に入ったという。なぜか仮面ライダーは、今時のイケメン君たちの登竜門になっているようだ。その仮面ライダーになどなれるべくもないが、私も一時期同じスイスで製菓修業をしていたことから、話が弾んで楽しく仕事をさせていただいた。その後彼はさらに様々なドラマの主役を演じ、著作『KAGEROU』で大ヒットを飛ばすなど、活字の世界でも大活躍していく。

ところで、同番組中のお菓子の展示会の場面等では、我がスイーツ軍団が大活躍をする。私どもの営業や企画スタッフが、総出でそうしたシーンを支えてくれるのだ。いわば自前調達のエキストラである。

なお、こうしたことは私どもにあっては、しょっちゅうというわけではないにせよ、ままあることで、テレビ東京の人気ドラマ「多摩南署たたき上げ刑事・近松丙吉最後のメッセージ」などでも、無理をいってうちのパートのお母さん方にも多数ご出演願った。

〝社長の頼みじゃしょうがないわね〟などといいながら、それでも皆さん喜んで、しかもここ一番のお化粧をして出てくださった。さりながらしっかり分かるほど映らなかった方も大勢いらして、いつもながら申し訳ない思いをした。

クイズの裏側

「すいませーん、またちょっとお邪魔していいですか」

クイズ番組のネタに詰まった時などに、よくこんなお電話がかかってくる。

クリスマスやバレンタインといった、お菓子に耳目の集まる時に、担当者としては当然それに関連した問題が欲しくなる。

あれはテレビ朝日の「クイズ雑学王」だったか。

「バレンタインに合わせた問題、何かいいのないすかねぇ」

そこで頭を突き合せながら、いろいろ一緒に考える。あれもダメ、これもつまらないと思い悩むうちに、こんな問題を思いついた。

「チョコレートの原料はカカオで、原産地は南米といわれています。ではこのカカオを最初に発見した人は誰でしょう」

歴史にお詳しい方なら、カカオの原産地は南米アステカ。で、そのアステカを破ったのはスペインの将軍エルナン・コルテス。そして彼は原住民の飲んでいたショコラトルと呼ばれる苦い飲み物をスペインに持ち帰った。これが今日のチョコレートの語源になった。なんてことがしっかり頭の中に入っている。よって答えとしてはさほど迷うことなくエルナン・コルテス、または英語式でフェルナンド・コルテスの名が浮かぶ。

一方そんなところまで知らない人は、〝南米？　そこに最初に到達したのはコロンブスだよなぁ〟なんてことでコロンブスと答える。正解は後者のコロンブス。彼は幻の国インドを目指して何回か渡航しているが、その四回目の一五〇二年七月三〇日にニカラグアに着いている。そしてそこでカカオ豆が貨幣の代わりを果たしたり、飲み物になっていることを知るが、彼はその貴重さも分からぬままに通りすぎている。もし彼が煙草ではなくこちらの方に目を向け、持ち帰るなどしていたら、新大陸発見の他にもうひとつの勲章が与えられるところであった。が、ともあれ彼が第一発見者ではある。これなどは歴史に自信のある方にはお気の毒だが、ぼんやりとしか分かっていない人の方が正解を射止めてしまう。いわゆる引っ掛け問題だ。

「いいね、いいね、いいっすねぇ。これでいきましょう。いや助かりました」、な～んていって帰っていく。

同じくテレビ朝日系の「クイズ・ガリ勉」の担当者からこんなお電話を頂く。

「すいません、電話で恐縮なんですが、ちょっと監修してください。〝毎月二二日はショートケーキの日〟これでいいですよね」

「え？　そうなの？　オレ、そんなの知らないけどなぁ。でも何で？」

「えー、知らないんですかぁ。カレンダーを見ると、二二日の上が一五日だから、イチゴを上に戴く日ってんでショートケーキの日。何でも最近関西の方で言われ始めてるんだそうで……」

「あっそう。へぇー、なるほどねぇ、面白い、通しちゃおうよ」

なんてことでそのままオンエアされてしまった。後日、業界の理事会で私の向い側におられた理事さんが、

「過日テレビのクイズ番組でこんな問題が出されていましたが、業界にとっても悪いことではないので、ひとつどうでしょう、真剣に取り上げて検討してみては？」

などと発言された。

「すみません、あれを通したのは実は私でして」と小さな声で白状したが、その後、業界ではホントに真剣に検討して下さった。あんなイージーな気持ちで問題を通しちゃってよかったのかなぁと、今でも少し気に病んでいる。

それからしばらくして、また先般と同じ番組から
「先生、こんなのはどうでしょう。三月一四日はパイの日！」

「ん？　それも知らないなぁ。三月一四日はホワイトデーなら分かるけど、それがパイの日ねぇ。でもまたどうして？」

「三・一四は円周率でパイだから。なんでも大阪の方で広まり始めているらしいですよ」

〝円周率でパイ？　誰が考えたんだ、そんなこと。〟といいたかったが、あんまり面白かったのでこれも通してしまった。大阪は私の知らないことがどんどん出てくるミステリーゾーンだ。なお、これについては業界人はなんの反応も示さなかった。むしろこちらの方を取り上げてくれるくらいのユーモアがあったら、この業界ももっとさばけてくるかも知れないのだが。

　ＮＨＫの「クイズ日本人の質問」ではこんな問題が。テーマはウェディングケーキ。三段重ねにしたケーキを台車に乗せて私が登場。例によって知った風なことをしゃべる。まずウェディングケーキのそもそもの定番は三段重ねと説明。下の土台となっている大きなケーキは当日結婚式に参列して下さったお客様に切り分けてお配りするもの。二段目はその日ご都合がつかず出席できなかった方々に後ほど差し上げるためのもの。では一番上のものは？　これがその日のクエスチョン。答えは一年後にふたりで食べるためのもの。ここで参加者一同が「エーッ一年後？　ケーキがそんなにもつの？」となる。そう、もつんです。ケーキの中身は、お酒にたっぷり漬けたフルーツがぎっしり。アルコールは防腐剤ともなる。これをシュガーペーストでしっかり覆う。砂糖もご存知の如く防腐の働きを持っている。これを冷暗所に保管しておけば、一年後でもちゃーんと食べられる、とご説明申し上げると、一同またまた納得。問題はおふたりの仲が一年もつかどうか、なんてことは口が裂けてもいえないが。

ところで、この三段式のウェディングケーキで、日本で最初に結婚式を挙げられたのは誰だろう。

巷間伝えられているのは、一九六〇年一二月二日の石原裕次郎さんと北原三枝さん。さすがにスーパースターの影響は大きく、これを契機としてその後はどんどんエスカレートし、はては梯子を掛けて作るようなものまで現れた。ちなみに私が確認したところでは、横綱北の湖さんの時のもので、帝国ホテルで高さ五メートルのものを作っていた。後日歌手の五木ひろしさんのがそれを上回って日本一になったとか。それはさておき、私もそうした説にのっとり収録時に、石原裕次郎さんご夫妻の折のことについてコメントをさせていただいた。ところがその後しばらくして、スイーツ界の大先輩の森山サチ子先生がこんなことをおっしゃった。

「実は私は昭和三〇（一九五五）年一二月二五日に結婚したんだけど、その時は確か三段重ねのものでしたよ」。〝ウソー〟と思ったが、その折のお写真を見せていただいたら、確かに三段に作られている。裕次郎さん北原三枝さんより五年も早くに、そのスタイルのお菓子で披露宴をなされていたのだ。さすがにスイーツ界の大御所だけのことはある。それにしても私は公共の電波で、知らなかったとはいえ、ウソをついてしまったことになる。そして訂正するリベンジの機会を未だに持てないままでいる。だが、ホントのホントはそれよりもっと早くになされた方がおられるかも知れない。そんなに真剣に早い者探しをするほどのことでもないのかも知れないが。

それにしてもこのお菓子は三段にとどまらず、ひと時ほどではないにせよ、高みを目指す傾向にいつもある。それは〝限りなき天への接近は神への接近である〟との思想が、このお菓子の根底にあるがゆえにか。

神代につなぐ

二〇一〇年の冬に入る頃、次のＮＨＫの朝ドラ「おひさま」への協力のお話を頂いた。朝の連続テレビ小説としては、第一作の「娘と私」から数えて八四作目にして、このシリーズの放送開始から五〇年目となる記念作品という。

ドラマ設定は信州安曇野と松本で、激動の昭和を生きた女性の半生を描いたもの。主人公は井上真央さんで、同地の飴屋さんを舞台にストーリーが展開していく。斉木しげるさん演じる飴屋のご主人と奥さん役の渡辺えりさんのからみが笑わせたりホロっとさせたりでドラマを盛り上げる。

なお、飴というのはご存知の通り、砂糖を高温で煮詰めていく作業があったり、またそれを延ばして整形したりと、多少の危険や手際のよさが要求されてくる。そんなところに私どものお役に立てる場面が生じてくる。

ところでこのお店のモデルとなった舞台が松本市にある。屋号は新橋屋。昔ながらの手作りの飴屋さんで、ＮＨＫのスタッフと一度見に行こうということになった。あいにく私はスケジュールの都合で伺えず、代わりに私どものスタッフに行ってもらった。

「お疲れさま。で、どうだった？」

「それが何か変わっているんです。ふつう飴を煮るといったら僕たちは飴細工でも何でもグラニュー糖なりを使ってますけど、そうじゃなくって米を使って麦芽を入れて……」

その報告を聞いて驚いた。

実は飴という語の初見は、日本書記の第三巻で、それによると神武天皇が戊午《つちのえうま》の年九月（伝承に基いての推量によれば紀元前六六二年頃）、大和の丹生川のほとりで、神を祀る際のくだりに、「吾れ今、当に八十平瓮を以て、水無くして飴を造らん。飴成らば則ち吾れ必ず鋒刃の威を仮らずして天下を平げん。乃ち飴を造る。飴即ち自ずから成る」とある。不遜ながら現代語に置き換えさせていただくと、「私は今、多数の平瓦を用いて水を使わずに飴を作ってみよう。もしそのようなことができたなら、きっと武器を使うことなしに天下を平らげることだってできるだろう。よって飴を造ろう。それができれば自らも成功する」となる。しかしながらその飴がどんなものであったかは詳らかではない。『倭名類聚鈔《わみょうるいじゅしょう》』略して『倭名《わみょう》抄《しょう》』に、「説文に云う。飴は音怡《い》、和名で阿米、米蘖《もやし》を煎じるものなり」とあるところから推して、当時のこれもやはり米蘖（米を発芽させたもの）を使って、でんぷんを糖に変えて作られていたものではないかと考えられている。なお、この米蘖は後年麦芽に置き換えられていく。また同時期の『延喜式』を見てみると、もう少しはっきりした様子が見て取れる。そして表記自体も飴の他に餳、阿米、糖と豊かになってくると同時に、作り方も具体的に記されている。次いでながらご紹介すると、まずもち米、粳米《うるちまい》、を砕いて煮詰め、麦芽を加えて冷湯を入れ、布で漉して作っていたという。今日の飴は、一般的には同じ植物でも、砂糖きびや砂糖大根から抽出した砂糖を加工して作るが、その代わりにお米を使っているところがミソ。やはり日本はよろずお米に始まる文化圏なのだ。

さて、新橋屋さんの飴だが、なんとまさしく今においてなお、昔とほぼ同じ手法で作っているのだ。ちなみにその製法で作った飴を舐めさせていただいた。何とも表現できぬその優しい甘さに心打たれた。それは日本人の持つ心の優しさとでもいったらいいか。伺うに同店は創業百五十年ほどという立派な老舗だが、その手法は驚くなかれ、たどれば神武天皇の時代に遡る。日本はすごい。たかが飴と侮るなかれ。この報告を受けて後、これまでにも増して、心してこのドラマに取り掛からせていただいた。

ところで、ＮＨＫの心打たれるところは、朝の連ドラや大河ドラマのような長丁場のものの場合、その収録期間中に、主役級の方が誕生日を迎えると、スタッフ全員でそれを祝うことだ。しかも本人には知らせず、本番中に突然それを行うという、いわばサプライズバースデー。当然ご当人はびっくりしてしまう。はじめは事態がつかめず、きょとんとし、次いでそれが冗談めかしているがホントのお祝いと分かって感激してくれる。サプライズであるがゆえにその感動も倍加するというわけだ。今までにもこの朝ドラに限っていえば、「どんど晴れ」の比嘉愛未さんは、花嫁姿で状況的にも感極まっている場面でこれをやられた。「本番ヨーイ、五秒前、四、三、二、……」でスタート、となったとたんに、突然♪ハッピーバースデー、トゥーユーの音楽が鳴り、コックコート姿の私がキャンドルに火を灯したバースデーケーキを乗せた台車を押しながら登場する。〝え、何？〟と言った顔のあと、つい涙がポロポロ。こんなシチュエーションを作られては、土台泣くなというほうが無理というもの。全員が揃って泣かせようとたくらんでいるのだから。なお、この時は収録が押せ押せで、ついには二四時を回ってしまったため、正確には一日遅れのお誕生祝いになってしまったが。

次の「瞳」の榮倉奈々さんの二十歳のバースデーも同様に、思わず……。「つばさ」の多部未華子さんの同じく二十歳の時に至っては、「えー、みんな知ってたの？　知らなかったのは私だけー？　でもウレシー！」といって号泣してくださった。NHKスタッフ全員の仕掛け方も上手だったが、これだけ喜んで下さるとは、作り手冥利に尽きるというものだ。

そこで「おひさま」の井上真央さんだが、セーラー服姿での授業風景の場面で、例によって「本番ヨーイ、五秒前、四、三、……」緊張した瞬間、♪ハッピーバースデー、トゥーユー。一瞬〝アレッ〟という顔をされたその次、ここで感激？と思ったら、何と「なーんかあると思ったんだぁ。これかぁ」とアッケラカン。さすがに子役からのたたき上げは違う。やられたのは私を含めたスタッフ一同の方だった。役者さんもスタッフも長い期間を通してこんなことを積み上げていくうちに徐々に打ち解け、いつの間にかすっかり強い絆で結ばれていく。ひとつの番組はひとつの家族を作るといわれる所以である。

そういえば、これまで幾つの番組でどんな方々のお祝いをしてきただろう。

ざっと思い返すに、大河ドラマの「天地人」の直江兼続役の妻夫木聡さん。彼については、映画「悪人」での最優秀主演男優賞と三〇歳とを兼ねた誕生会でも作って差し上げた。スタンバイしている六本木のレストランにお届けして感動した。さぞやたくさんの方が見えられて盛大にと思ったら、ほんの七、八人程のささやかな会で、しかもそのメンバーがドラマでお世話になっているメイクさんやキエモン（消えるものの略で、ドラマの中で必要な料理のこと）専任のオバチャンたちだったのだ。彼の優しい人柄がそのまま出ている誕生会で、こちらが感激させていただいた。その他、同じく「天地人」の豊臣秀吉役をされた笹野高史さんや大国実頼役の小泉孝太郎さん、上杉景勝役の北村一輝さん、徳川家康役の松方弘樹さん、「おひさま」の渡辺えりさん、向田邦子作「胡桃の部屋」の井川遥さん、「平清盛」で清盛役の松山ケンイチさん、シチュエーションは違うが「どんど晴れ」でご縁をいただいた大杉漣さんエトセトラ。皆さんその都度一様に大感激してくださる。NHKも粋な計らいをする。

サイゴンのよしみ

電波媒体ではないが、映像分野の映画の話。村上春樹さんの作品『ノルウェイの森』の映画化の話をどこかで知ったが、自分に関わりができようとは露ほども思わなかった。しかしながら、ある時ひょんなことからお手伝いをさせていただくことになり、東京世田谷区の砧《きぬた》スタジオに伺った。ちょっと繊細で気難しそうなベトナム系フランス人のトラン・アン・ユン監督を紹介された。「アンシャンテ・ムッスュー（よろしく）」と手を差し伸べると、〝ん？フランス語をしゃべるの？〟という顔になり、急に空気が和らいだ。実は私、一九六三年、大学一年の時、サイゴン（現・ホーチミン市）にある親友の家に転がり込んでお世話になっていたことがある。トンキン湾事件直後でベトナム戦争が始まったあたりの頃だ。その親友・松下光興君の父君の松下光廣氏は、当時サイゴンに本社を置き、カンボジアのプノンペンやタイのバンコックをはじめ東南アジア全域に支店網を広げ、各地の文化向上に多大な貢献をされた大南公司という会社を経営されていた。加えて、ベトナム独立の父とも称されているすばらしい方だ。私の逗留させていただいた家にも、常に政府高官の方々がいらしていた。そんな話をちらっと彼に話したら、「ムッシューもサイゴンに？　私がサイゴンを離れたのは、その一年後の一九六四年。そう、その頃サイゴンに？」

映画「ノルウェイの森」に撮影協力

そんなやり取りがあってすっかり意気投合してしまった。彼が脱出したのは一二歳の時で、お母さんとともにフランスに渡り、国籍も取得した後、一九九三年に「青いパパイヤの香り」でカンヌ国際映画祭新人賞、九四年にセザール賞新人賞、九五年「シクロ」でベネツィア国際映画祭グランプリを受章している。各作品を見るに、フランスに渡って後も心はやはり祖国にあるようだ。

その彼の注文は〝この場面は一九六〇年代だから今風のケーキじゃなくて、その時代のものを。それから一流店のものじゃなくて、地域密着型のごく普通のお菓子屋さんで買ってきたバースデーケーキを〃というものだった。ちょうど私の修業時代とフィットするからその辺はよく分かる。彼の希望通りに、六〇年代風にマジパン細工を使い、細い線絞りを施し、わざと少々最先端風でないように、でもちょっとかわいらしく準備させていただいた。一目見て一発ＯＫ。現場スタッフいわく、いつもは気難しくてとても一発ＯＫなんて出ないんだがといっていた。ただ、概ねは彼の手足となっている奥さんのご機嫌によるそうなのだが、今回はそのマダムも一言もいわずにすべてノープロブレム。

さて後日、映画の試写会のチケットが三枚届いた。私どもの女性スタッフに「こんなものを戴いたけど誰か行く？」といったらそのうちのふたりが「行きたーい」と手を挙げた。

試写が始まって驚いた。恥ずかしながら私、それまでその本を未だ読んでいなかったのだが、始まったのっけから激しい場面で、活字にするをはばかる危ない台詞が飛び交う。思わず固まってしまったが、となりの彼女たちももっと固まっているようだ。生つばひとつ飲み込めない。「社長ったら、あんな場面で生つば飲み込んでんのよ」なんて後でいわれてもかなわない。

最後の字幕に協力者として自分の名前と社名を確認後、一応何食わぬ顔をして外に出たが、どうにも居心地が悪い。身内や親しい人と映画に行く時は、作品はよく選ばないと……。

和魂洋才の空白区

ある時「グレーテルのかまど」や「美の壷」とともに「月刊やさい通信」の収録も飛び込んできて少々慌しい時があった。オファーをいただくのはうれしい限りだが、重なる時はなぜか重なるもので、準備する方はややこしくなる。どれがレモンパイで、どれがモンブランで、クリスマスケーキはどこだっけ？　ん？「八重の桜」の新島八重さんが食べたかもしれないチーズケーキはいつの「グレーテル」？と少々混乱をきたしてくる。NHKもそれだけ食文化に力を入れてくれているということ。有り難いと思わなくてはいけない。

さて、その「月刊やさい通信」でさつまいもを取り上げることになった。そしてその流れの中でそれを使ったスイートポテトも。

実は私、述べた如くに父方も母方もお菓子屋の家系で、今の生業はいわば家業といったもの。

そこで今回のスイートポテトだが、これについては母方の祖父の作といわれている。なお、それをスイートポテトと呼んだか否かは詳らかではないが。さつまいもを使ったそれらしいものが作られたのは明治二〇年で、東京銀座の米津凮月堂とされている。当初は芋料理と呼んでいたらしいのだが、それをお菓子らしくまとめあげたのが、どうやらそこで製造の総帥をしていた私の祖父の門林弥太郎ということのようだ。

当時は洋風の文化が一気に流れ込み、受け入れる方も大変だったことが推察される。お菓子もそうしたもののひとつだが、当時の職人さんたちもいろいろ考えたらしい。和風の素材を使って洋風の技術で何かできないものだろうか。なんてことで思いついたのが、この度のテーマとなったさつまいも。九里四里《くりより》うまい十三里などといわれるごとく、こんなに美味なものがある。そこでこの裏ごしにバターや卵を加えて練ってみた。この辺は餡練りの要領でお手のもの。こうしてできたのが、いわれるところのスイートポテトという。当時の菓子職人、パティシエたちによる和魂洋才の逸品といえよう。

ところで、これが生まれた当初は、果たしてどんなものだったのだろう。して、その名称はいつ頃から？　このたびの番組はその検証である。求められた私は私なりに推量をめぐらせてみた。当主米津恒次郎は明治一八年に洋行し、帰国は明治二三年ゆえ、店主不在中のできごとだ。そして帰ってきた後、同店のお菓子や料理はさらに洋風に進化を遂げていく。いわばその前の段階ゆえ、未だはっきりと洋菓子らしくはなっていなかったのではないか。いろいろと考えた挙句、ともかくもさつまいもをバターと卵を使って、それらしく煉り上げてみた。で、これをどんな形に？　今のようにタルトやタルトレット型は無かったはずゆえ、よく和菓子や料理の詰め物に使う経木《きょうぎ》に詰めてみた。あるいはこんなことをしたのかもしれないと思い、焼いた芋をくり抜いて、その皮をそのまま容器として使い、中に煉った芋のペーストを詰めてみた。まず形としてはこんなところだろうが、いずれにしてもそれは菓子とも料理ともつかぬものだったと推量する。芋料理といわれた所以である。そしてこれが次第に菓子らしくまとまっていき名前もスイートポテトに……。ではそれはいつ頃からか。おそらく大正に入るか入らないかのあたりではないか。何となれば、明治二九年に同店に入店した門林弥太郎が一人前の職長（シェフ）として活躍し始めたのもその頃ゆえに。そこへ担当ディレクターさんから連絡が入った。「ありました、ありました。吉田さんの言うとおり」と。それを裏付ける資料を見つけたというのだ。彼は連日国会図書館に通い、マイクロフィルムからその頃の新聞を捜していたところ、大正三年一一月二一日の報知新聞の七面に、ベイクド・スイートポテトの名でその作り方を記した記事を見つけたのだ。それによると、帝国劇場の楽屋で女優（おそらく松井須磨子と思われる）に好んで差し入れされるものとして紹介されており、芋料理の一種というのだ。また形は推測通り、芋の皮をケースに見立てて練り上げた芋のペーストを盛ったものという。そしてその上面に卵黄を塗ってもう一度オーブンに入れて焼き、それにベイクド・スイートポテトの名を付している。それが今日いうところのスイートポテトへのプロセスだったようだ。ひとつの番組とそれに関わるプロデューサーやわれわれの執念といおうか、情念によって、ささやかだが、ひとつの空白が埋まった。もちろんその再現にあたっては、祖父に敬意を表しつつ心して演じさせていただいた。

神の知恵を借りて

数ある中で、キューピー三分クッキングはギネスブックに載る世界最長寿番組という。NHKの「今日の料理」よりわずかに早く始まったというが、それはさておき、その双方が果たしてきた日本の食文化への貢献度は計り知れないものがある。

私などはテレビ初出演が「今日の料理」だっただけに、タンタカタカタカ、タンタンタンの音楽を聴いただけで心が躍ってくる。またその一方で「キューピー三分」のタラッタタタ、タラッタタタの音楽を聴いても心が浮き立ってくる。

CBC（中部日本放送）毎週土曜日レギュラー出演のQP三分クッキング

何となれば、かくいう私、以前縁あってCBC（中部日本放送）系の「キューピー三分クッキング」で六年間、毎週土曜日のレギュラーを務めさせていただいた。CBCとはTBSの系列局だ。ちなみに東京ではNTV（日本テレビ）系列で、同じ名を戴いた番組がそれぞれ異なる内容で、別々のネットを通じて全国にオンエアされている。聞くところによると、以前は各地の放送局がそれぞれの地の食材を使って、独自に同名の番組を作っていたとか。その後全国で同じ食材の入手が可能となる流通の発達などがあって、制作局も集約されていき、今日の二局体制に絞られていった由。

　それはともかく、世界最長寿というそんな大切な番組に、当時の人生の十分の一ほどを関わる栄誉に浴させていただいたことは、製菓人、調理人としてまことに幸せなことと重く受け止めている。

　さて、三分クッキングとはいうものの、今は正味六分半で構成されている。ただ、当初はホントに正味三分だったようだ。ところでこの六分半というのが実に絶妙なのだ。見ている方の緊張感の持続可能な範囲でもある。これ以上長いとだらけるし、短いと物足りなさを覚える。一方演じる方にとっては、ひとつの生地、ひとつのクリーム、ひとつの仕上げで、時間的にもちょうどいい。だがたとえ週一回にせよ何年も続けていると、やりやすいものはあらかた先にやってしまう。手が込んでもかまわないならどんなものでもできるが、たとえば生地が二種類でクリームも別々のものを、なんていうと見ている方が何だか分からなくなってしまう。そこで仕掛ける方はいろいろと悩むことになる。そしてその悩みの先に思いもよらぬすばらしい発見が待っている。それにしても神様はなかなかすぐにアイデアのひらめきを与えては下さらない。悩んで悩んで悩み切ったその先に、〝こんなのはどう？〟との天の啓示が……。どうせならもう少しすんなりとお示しくだされば、と願う調理人は私だけではあらぬはず。

こうして授かったひらめきのひとつがこんなテイスト。夏ならばババヴァロワやゼリー、ムースの類が常套手段だが、それも大方やってしまった。そうだ、同じババヴァロワでもプラリネ風味にしてみようと思いついた。プラリネとはアーモンドと砂糖を練ったペーストで、上等なピーナッツバターだと思ってもらえばいい。だがこれをきちんと説明するのに二〇秒はとられてしまう。困った。ならば日本はアーモンドならぬ大豆の文化ゆえにその粉末、すなわちきな粉はどうだろうと、きな粉バヴァロワを作ってみた。なかなかいける。だがこれだとカラメルソースよりは何てったって黒蜜の方が似つかわしい。そうすると葛切りも欲しくなる。なんてことで、できあがったのが、「きな粉バヴァロワの葛切り添え」。絶品にして好評を得た。

続いて和テイストにも一歩踏み込んでみる。夏ならばわさび風味はどうだろう。そんなことで手掛けたのが「わさびのムース」。自分でいうのも何だが、悪くはなかった。いや、なかなかのものだった。オンエアされた後の評判もまずまずで、少なからず反響もあったやに記憶している。そこでこれをそのままにしてしまうのももったいないと、日本橋三越本店の私どものお店で、期間限定で売り出したところ、毎日完売。作り手として売り手としてうれしい限りで、担当バイヤーさんにも喜んでいただけた。

ところで、ここだけの話だが、このデザートに遊び心でほんの数滴お醤油をたらしてみた。

すばらしい。やはり和の食材には和の調味料が合うのだ。ただ、口に含んだ瞬間、脳裡に忽然とマグロが浮かんでくる。いえ、ホントに。そのあたりがまたモノ作りの面白さでもある。

それにしても日本人には、わさび、醤油、イコールまぐろの刷り込みがしかとなされているらしい。

後日、CBCから「キューピー三分クッキング五〇周年記念特番」出演のご依頼をいただき、思い出トークということで、こんなことを話させていただいた。当時の「わさびのムース」同様、このオンエアもご好評をいただけた。

ところで、お菓子は毎週土曜日だったのだが、お昼前のこの時間帯というのは、NHKも含め各局どこも大体横並びの三%台。どうせやるなら他局に劣らぬようにと、面白おかしく説明したり適度に冗談を言って盛り上げてみたりと、ことさら張り切った。局側も直前の番組で次のコーナーの〝前振り〟をしてくださった。結果、それらが功を奏してか視聴率も五%、六%、八%と見る見る上がり、ある日会社にファックスが入った（当時は未だメールがなかった）。〝パンパカパーン、ついに一〇%突破。やりました〟。受けた私も思わず飛び上がって喜んだ。局側も同様だったようで、同局の皆さん全員にご褒美が配られた。それが何と私どものお菓子のセット。わざわざご用意いただいたようで、CBCも粋な計らいをしてくださる。ありがたいことこの上もないが、それくらい関わるスタッフが心をひとつにして取り組んでいたのだ。この記録は、おそらく未だ破られていないのではないか。数ある中でも、特に記憶に残る番組のひとつである。

真夜中のパン屋さん

二〇一二年の一一月頃だったか、久々にＮＨＫのドラマ番組班からご連絡をいただいた。その頃同局では他の番組の収録が続き、ドラマからはちょっと離れていた。

翌年四月から始まるＢＳプレミアムの連続ドラマ「真夜中のパン屋さん」への協力のご依頼である。もとよりドラマは嫌いじゃない。いや、むしろ大好きといった方がいい。そういえば近頃のＢＳプレミアムのドラマは評判が高いし、第一充実している。

伺うに、当時若い人たちの間でベストセラーになっていた同名の小説のテレビドラマ化だという。主演はジャニーズの人気者のタッキーこと滝沢秀明さんと関ジャニジュニア（当時）の桐山照史さん、そして土屋太鳳さん。ほぼこの三人を中心とし、その周りにニューハーフや変なお客さん役の人たちを絡ませて、面白く展開していくという。題名通りに真

ＮＨＫ連続ドラマ「真夜中のパン屋さん」収録風景

夜中だけ店を開くパン屋さんで、滝沢さん演じる主人公の暮林陽介が同名の「ブランジュリー・クレバヤシ」のオーナー。桐山さん演じる柳弘基がその店のシェフで、パリ帰りのバリバリ職人。土屋太鳳さんは、陽介の亡くなった奥さんの腹違いの妹という、ちょっと複雑な役柄だ。監督が自らその本を読んで惚れ込み、ドラマ化を実現させたというだけあって、顔あわせの段階から力が入っている。また毎回異なるパンが登場してストーリーを引き立てるため、パン業界にとっては喜ばしいドラマといえよう。何となれば見ているだけで、それを食べたくなってしまうからだ。収録場所は通常なら渋谷のNHKのいずれかのスタジオだろうが、あいにく大河と朝の連続テレビ小説でふさがっており、横浜市にある緑山スタジオという。

　さて、そのスタジオ内のセットだが、担当者にはパン屋さんの作業場がどうなっていて、どんな機器類が必要なのかわからないところも少なからずある。まずはそのあたりからのお手伝いとなる。あらかた準備はされていたが、足りないものがあれば私どもの工場より随時調達。次いでパン作りだ。パン屋さんのドラマゆえ、それが作れないと話は進まなくなる。パリ帰りのバリバリシェフを演じる桐山照史さんの特訓を、私どものお菓子教室「ブールミッシュ製菓アカデミー」で行うことになった。同教室の大矢周さんという専任講師の直接指導のもとに始まったが、正直皆がびっくりした。一、二回教わるとその次にはもうコツを掴んでしまうのだ。イーストで発酵したブニュブニュのパン生地など、生まれてこのかた触ったこともないはずのジャニーズ君が、それを手に取り、麺台の上で難なく丸めていく。プロは両手を同時に使ってふたついっぺんに丸めるのだがと教えると、それも何回目かにはみごとにこなす。当初は危ぶみ、彼と似た手を持つうちのスタッフを探して、いざとなったら替え玉を、などとも考えていたのだが、その心配も杞憂に終わる。ちなみにその後の本番にあっても、私に託されて書いた台詞の一部の「なぁにが、〝このクロワッサン、パリのとおんなじね〟だ。冗談じゃねぇよ。オレのは日本人の口にあうように、ワザワザ生地の折り数を増して、噛み応えをよくしたり、外はパリパリ、中はしっとりとか、いろいろ工夫をこらしてんだよ」なんて場面も、いかにもプロらしく演じて一発ＯＫ。彼の素直さと真剣さがすべてをクリアさせていく。

彼の手さばきの心配がほとんどなくなってきた頃、滝沢さんが加わってきた。彼ははたして？　桐山君いわく、「タッキーなら大丈夫。ホント、何でもできちゃうんだから」。そして製菓アカデミーにきて、実際にやってみた。危惧する気持ちはすぐに吹き飛ぶ。ほんの数回でホントにちゃんとできてしまうのだ。ジャニーズの大看板を背負う第一人者ともなると、やはりどこかが違うようだ。

さて、年末から撮影に入った。スタジオスタートは一二月二五日。何とクリスマスである。

われわれ製菓人にとっては、一二月に入ってのお歳暮商戦と、それに続くクリスマス、次いで年末年始商戦、バレンタイン、ホワイトデーと、一二月〜三月まではたて続けに大型商戦が連なり、息つく間もない超繁忙期である。それをこの収録日程は見事にかぶせてきている。舞台裏は修羅場となるが、請け負った連ドラにはそれにも増して大きな責任がある。そこへ強力な助っ人を天が差し向けてくれた。懇意にさせていただいているタカギベーカリーさんという大手製パン会社が、自社の技術指導員を回してくれたのだ。彼と私どもの技術開発シェフ君の手を借りて、この難局をどうにか乗り切った。

そして最終回、クルーの皆さんのご配慮もあり、うちのスタッフとともに私も出演させていただいた。パン屋さん開店一周年を祝って大勢のお客さんが店内に押しかけるシーンがあり、その一員として。ところがカメラのひとつが私を後ろから狙っていることに気付いてハッとした。後日オンエアされたそれを見たら、たくさんの頭の中で、案の定探すまでもなく一番薄いのがすぐに目に入った。〝あ〜やっぱり〟。かといってあそこはコック帽を冠って出るようなシチュエーションでもなかったし。

そんなこんなで、三月のホワイトデーを迎える頃にやっとアップした。彼らにとっても私たちにとっても長い戦いのひとつを終えることができた。しかしそれも束の間、それぞれにまた次の戦いが始まる。私たちは本来の製菓業方々別の番組に。タッキーは新橋演舞場での滝沢演舞場に……。

ところでこのマヨパンこと「真夜中のパン屋さん」だが、歴代のBSドラマの中では最高視聴率をマークすることができたという。この世界ではホントかウソか分からぬが、私がからむと視聴率が上がるという話があるそうな。実のところは私がではなく、〃お菓子がからむと〃なのだろうが、それはさておき、お世辞だろうとデマだろうと、良かれと思うことは信じたい。お陰様でその折もそのデマ？を裏切らないで済んだ。そしてそのかいあってか、翌年から地上波での再放送が決まった。ドラマは見るのも楽しいが関わるのはもっと楽しい。

ラジオ深夜便

テレビにもたくさん出させていただいたが、ラジオからもけっこうお声を掛けていただく。そんな中でも、幾度にも渡るＮＨＫの「ラジオ深夜便」への出演が印象深い。

最初のお声掛かりは一九九九年の七月で、四回に分けてのものであった。深夜便のタイトルの如く、真夜中から明け方にかけての生放送で、タイトルは「洋菓子と私」。一回目は修業時代、二回目はお菓子と流行、三回目はお菓子と文化、四回目はケーキに懸ける夢。

台本もなく司会の方もおられず、一人で長時間おしゃべりをするという、なかなか度胸のいる番組であった。ただ、一度始まると、勝手気ままに自分のペースでお話ができるので、心配するほどのこともなく、まま無事終えることができた。

それから四年置いた二〇〇三年三月は、「サンデートーク・和か洋か、平成お菓子談義」と称した題名で、虎屋文庫の中山圭子先生との競演であった。中山先生は、知らぬ方はおられぬほどにご高名な、和菓子界きってのオーソリティーである。特に南蛮菓子といわれた織豊時代から江戸時代に掛けてのお菓子文化を語らせたら、右に出る方はおられないほどにお詳しい、まさに歩く百科事典のような先生である。こんな方とご一緒させていただけただけでも光栄の至りである。ちなみに洋菓子を語る人はたくさんおられ、筆者などはそのうちの一人、ただのワン・ノブ・ゼムに過ぎないが……。

さて、それからだいぶ経っての二〇一一年四月。久しぶりの出演である。なおこの度は、迎康子さんというこの番組の名アナウンサーが司会をしてくださるとのことで、心強いことこの上ない。丁度この直前に『流離《さすらい》』と言う題名の、自分としての第四句集を上梓したばかりで、僭越ながらお送り申し上げげたら、早速にお声を掛けてくださった。ありがたいことである。

「さて、吉田さん。このたび出された本ですが、〝りゅうり〟と書いて……?」

「ハイ、さすらいと読みます」と私。思わず〝小林旭さん主演の映画・渡り鳥シリーズのタイトルみたいですが〟などと言いかけたが、そんなうわついた言葉は、即座に呑み込んだ。

それにつけても、分かっていながら敢えて問うてくださる、リスナーに親切な切り出しである。さすが迎さん。この一言を伺って、〝あっ今日はもう大丈夫〟と安堵した。

イントロは、本のタイトルにまつわる俳句の話。次いでお菓子文化について。さらには、このコロナ禍における、シングルマザーに対する支援活動から、三・一一の東日本大震災の折の、支援活動にまで話が広がった。

話の途中、その時の状況が脳裡に浮かび、迂闊にも思わず熱いものが込み上げ、言葉に詰まってしまった。歳とともに涙腺がゆるんできて、我ながら情けない。さりながら、後で思うに、単なる駄句集の話から始まって、ごく自然と流れをここまで持ってこられる話術というか司会術には、衷心より感嘆敬服。またその編集もすばらしい。問われるままに取りとめもなくしたおしゃべりも、聞き手の想像力を掻きたてるべく、寸分の無駄もなく、きちっとおまとめくださるお力とご苦労に、改めて感謝した。一人での勝手なおしゃべりも気楽で悪くはないが、司会の方の技量が番組のすべてを作り上げていることを、この度は改めてしかと教わった。加えて「ラジオ深夜便」が、長寿にして同局の看板番組たる所以を、随所に垣間見ることもできた。直接的に何でも伝えられるテレビのすばらしさを否定するものではないが、ラジオには、他のツールでは出せない良さがある。そのことを十二分に生かしているのが同番組だ。

文筆の世界

物書きデビュー

「吉田さんは、あちこちによくいろんなものを書いてるようだけど、いったいいつ頃から書いてるの？」などと、よく人から聞かれる。いつ頃から？　さぁて、どうだろう。小学校の頃から正直なところ作文は下手で苦手で、いやで仕方がなかった。第一字は汚いし、漢字は間違いだらけ、発想も貧困、構成もなってない。早い話がその方面は、誰から見ても落ちこぼれ状態であった。また人前でしゃべるのも大の苦手で、壇上に立っただけで心臓の音は高鳴り、耳まで真っ赤になる、いわゆる赤面小心対人恐怖症のような状態であった。それが今では厚かましくも人様の前であることないこと平気でしゃべっているし、寸暇を惜しんでは机に向かい昔は原稿、今はぎごちなくパソコンを打っている。人はいつの間にか変わるものらしい。

顧みるに、確かフランスに行った時、寂しさのあまりか、日本洋菓子協会発行の『ガトー』という機関誌に、フランス通信のようなことを書いては送っていた覚えがある。おそらくどこかで祖国と繋がっていたい気持ちがあったのだろう。今と違ってその頃は、フランスなどは日本から見たらまさに地の果て。そんなところに一人でやってきて、身も心もくじけそうになっていた頃のことだ。

ただ、まとまったものを書いたのは帰国独立後で、全日本洋菓子工業会という業界団体からお誘いを受け、そこで発行している『ＰＣＧ』という機関誌に、「ヨーロッパ修業記・軌跡」のタイトルで筆を執ったのが最初と記憶している。いつぞや本棚を整理していて、その頃の連載を読み直した。驚いた。文は稚拙だが、一行一文からは溢れる情熱がビンビンと伝わってくる。独立して程ない時故三〇歳ぐらいの頃か。自分の文章なのに、まるで他人事のように、若いってすばらしいと改めて感じ入ってしまった。今は？　そう、その当時と比べると、確かに文章はこなれてはいるが、勢いという点では、遥かに及ばない。またその頃は未だあちらに行ったことがない方が多かったことにもよろうが、まま評判は悪くはなかったようだ。一年の連載が終わると、続けて『フランス菓子散歩』『お菓子の祖先たち』等次々と連載依頼が舞い込んできて、おまけにフランスの *la pâtisserie française illustrée*（『ラ・パティスリー・フランセーズ・イリュストレ』）や *le boulanger pâtisserie*（『ル・ブランジェ・パティスリー』）といった業界誌にまで "Nouvelles du Japon"（「ヌーヴェル・デュ・ジャポン」：日本ニュースの意）のタイトルで連載が始まった。

その一方で、お店の特徴を出すべく飴細工で作品を作っては、店内に飾り、雑誌やテレビの取材でも求めに応じて手掛けていた。その時、ふと、〝そうだ、飴細工の本を出せないかなぁ。こうしたものを作る人は未だ日本にはいないし〃などと、大それたことを考え出した。当時、食の分野専門の出版社といえば、誰しもが先ず頭に浮かべるのは柴田書店であった。早速住所を調べて同社に伺ったところ、まったくの飛び込みにもかかわらず、社長の柴田孝子氏が編集長氏と共にお会いくださった。〃お菓子とは文化で、あちらではこういうものが職人の技量を測るひとつの尺度にもなっている云々〃と一生懸命その必要性を説いた。が、ふと見ると編集長さんが〃おやめなさい〃というように、社長の袖を引っ張っている。如何に食の分野のオーソリティーたる出版社とて、売れそうにないものを安易に引き受けることはできかねる、ということであろう。その時、

「でも、面白そうじゃない。フランスから帰ってきた若い人が、こうしたものを書きたい、出したいっていうんだから、応援してあげましょうよ」と、言ってくださった。その言葉を受けた編集長さんは〃そうですか？　私は知りませんよ〃というようなお顔をされていたが。

ともあれ柴田孝子社長のこの一言が私の背中を押してくださり、その一存で私の物書き人生が始まった。いきなり飛び込んできた見ず知らずの若造にもかかわらず、温かい対応をしてくださった柴田社長に恥をかかせてはならじと、精魂込めて作品作りに没頭し、何とかそれらしく仕上げた。パリのトロニア師に教わったバラや、師の十八番の不死鳥、スイスのコバ製菓学校で習った各種の花々や花かご等々。『製菓技術教本・あめ細工』として出来上

がってきた時には、感激なんてものではない。本なんてとんでもない別世界の人が出すものだと思っていたのが、自分のような一介の製菓人でも、自分の本が出版できた。まるで天にも昇るような気持ちになったものだ。床に入っても、ためつすがめつ眺めては片時も離さず、一晩中寝付けなかった。家内もそれを神棚に上げて喜んでくれた。今のように新しい感覚や微細に対応できる器具や道具もなかった時代、一般のお菓子屋さんの目には新鮮なものに映ったようで、伺うに書店の受けもよく、その後毎年版を重ね、都合十数年にわたって毎年増刷がなされた。

天の差配か、空白区を次々に

結果よければすべてよしか、柴田書店の編集長さんのご機嫌もすこぶる良くなり、翌年には、同シリーズとして『チョコレート菓子』を出させてくれた。それまでの日本では、お菓子屋さんというと、いわゆるケーキ屋さんで、生菓子はあるが、あちらのようなチョコレートは未だほとんど扱われていなかった時代である。珍しさが手伝ってか、これも飛ぶように売れ、この本とセットでの全国講習会なども行われ、その後のチョコレートブームに繋がり、折からのバレンタイン狂想曲の仕掛け人とまで言われるようになっていった。面映いことこの上ない。

ところで日本という国は、何かと決め打ちされることが少なくない。たとえば飴細工が売れると「飴細工の吉田菊次郎」、チョコレート菓子の本が売れると「チョコレートの吉田菊次郎」というように。ありがたいことではあるが、製菓人としては〝ちょっと待った、それだけじゃない〟と言いたくもなる。そこで次には同シリーズとして『パティスリー』を出させていただいた。これでやっとオールランドプレイヤーとしてお認めいただけるようになった。そして加えてこの世界はアートであり、その道をさらに深めんと『洋菓子の工芸技法』を上梓させていただいた。

そうこうするうちに、国内事情もどんどん変化をきたしてきた。生活様式も豊かになってきたのだ。お台所はシステムキッチンになり、今まではとても無理だと思われてきたお菓子作りも、各ご家庭での製作が可能となってきた。週刊誌等からの取材や原稿依頼も増え、その分野をリードする中央公論社や婦人誌から出版のお話も次々と舞い込んできた。先のプロ向きをもっと分かりやすく、配合の単位も小さくして作りやすくご紹介することに努め、求められるままに『母と子のケーキブック』や『クッキーブック』、『作って贈るチョコレート』などを手掛けていく。一般の方々の吸収する速度も速い。あっという間に家庭でのお菓子作りの波が世間を席捲。作り方は大体分かった。次はそれらのスイーツのいわれ、逸話、故事来歴だと、求める矛先がその先に進む。それに応えんと、その種の本『おかしな話』や

『お菓子物語』などに筆先が向かう。さらにそれらをつなげ、『洋菓子の世界史』ができあがる。必然的にその〝日本史〟版も欲しくなる。加えて家庭向きの『洋菓子作りの器具と材料』なる手引書も書くことになる。辞書の世界のオーソリティーたる白水社からは、入り乱れる用語を整理すべく『仏英独＝和・洋菓子用語辞典』のお話が起こる。ただ出来上がってみると引き手側の不便も表面化してくる。たとえばアントルメという語を引く時、大方の日本人はAから引いてしまい、なかなか見つけることができない。アントルメはentremetsでEから始まるからだ。そこで〝あいうえお〟順の事典が必要となり、主婦の友社から『洋菓子事典』なる、いわゆる百科事典を著すことになる。すると今度は、それらに付す語の入り乱れから各国語の対訳が求められ、『仏英独和・製菓用語対訳辞典』や『日仏英独伊西……』『日中韓仏英独……』を出すこととなる。こうして作る方の分野が一段落すると、海外旅行ブームに則り、JTB主催による〝吉田菊次郎のお菓子で巡る世界の旅〟なるツアーが企画され、都合一七年にわたり甘き文化を求めて世界中を旅することになり、その紀行文、いわゆる旅ものたる『ヨーロッパお菓子漫遊記』や『お菓子な旅』『お菓子に逢いたい』『ちょっと遠出のお菓子漫遊記』等を上梓。さらには『食べ歩きパリ』といったガイドブックも。加えて物語風に綴った『童話の中のお菓子たち』とか『お菓子で巡る冒険』『世界のフェスティバル＆スイーツ』『映画の中のお菓子たち』等々でお菓子好きのファン層の幅を広げる役割を担うことになる。またその間、それらのいくつかは、台湾や中国、韓国といった国々で翻訳出版されていった。書き手というのは、国の内外を問わず、ひとりでも多くの方にお読みいただきたいと常日頃から思っているゆえ、海外からのこうした引き合いは、まことにうれしい話である。なお、その合い間を縫って、製菓業界やフード業界のガイドブックや教科書、検定本の類、あるいはマーケットの分野を小説として記した『デパートB1物語』や、もうひとつの顔である俳人としての句集なども何冊か出させていただいた。そして気付いたら、共著あわせて何と一六〇余冊にもなっていた。プロ向きの製菓技術教本に始まり、家庭向きの製菓ハウツー書、料理書、食文化、エピソード集、用語集、辞事典、歴史物、旅物、エッセイ、小説、ガイドブック、教科書、加えて駄句集等々、数だけ数えるとたいそうに思えるが、実はそうしたことはたいした問題ではない。いうまでもなく物書きとは、どれほど書いたかではなく何を書いたかが問われる仕事である。では代表作は？　その時々で必要と思われるもののいくつかは出せたにしても、後の世に残るものとなると、さて。とたんに心もとなくなってくる。

それにつけても顧みるに、自らの意思というより、どうもその多くが何か見えぬ意志の働きによって書かされている節もないではない。たとえばひと仕事終わると、ハイ、次はこれ。ん？　それ終わった？　じゃぁ今度はこれと、こちらのお手透き状態を見計らったように、次々と仕事が与えられる。そしていつしか、この分野における不足のエリアを埋め続けて、今に至ったように思えるのだ。確かに他の世界と比すに、技術的にも文化的にも、明確化もしくは明文化に関しては諸々遅れていたジャンルではあった。そうしたことのひとつひとつを埋める役割を、どうも私は担わされてきたような気がする。〝物書きなんて土台そのような職業〟と言ってしまえばそれまでだが、どうだろう。筆者いささかの考え過ぎであろうか。

辻井喬（堤清二）先生とのご縁

何かのご縁をもって、伊藤桂一先生や早乙女貢先生のご推薦を賜り、一九九〇年に日本ペンクラブに入会させていただいた。今にして思うに、この時が私にとっての改めての文壇デビューといえようか。当時は尊敬すべき、また敬愛すべき遠藤周作先生が同会の会長をされており、早乙女貢先生や尾崎秀樹先生等が要職を務めておられた。食の分野からの入会は珍しかったと見え、入った早々より皆さんにかわいがっていただいた。私としては、のっけから文壇のそうそうたるメンバーの方々と親しく接しさせていただけることに望外の喜びを感じていた。ペンの日の集いの折、ふと見ると西武セゾングループの総帥の堤清二代表がおられた。ペンネームは辻井喬先生。私にとっては憧れの的であると同時に、畏れ多い存在である。何しろ私どもはその西武百貨店の各店にテナントとして入れさせていただいており、言ってみればこちらは店子であちらは大家さん。もちろん丁重にご挨拶をさせていただいた。お話をしてみると、あまりの気さくさに驚いた。「あ、そう。うちのお店に入ってくれてるの？　それはそれは、ありがとうございます」。逆にお礼を言われて恐縮することしきり。やはりお偉い方は違うものと、恐れ入った次第。それからは私のいた丸物が西武の傘下に入った時に、屋上の木の橋を渡って堤社長のお話を拝聴したことや、パリから帰って後、隠れ丸物といわれた人たちに助けられて、今は西武百貨店のあちこちでお世話になっていることなど、いろんな話をさせていただいた。加えて辻井喬先生のご著書の愛読者であることなども。その後、すっかり仲良くなり、会合の度にお目にかかるのが楽しみになった。堤さんも、ご自身実業家にして作家という立場にあって、規模は全く違うにせよ、同じように商いをしながら物書きを仕事としている私に、ひときわ心を開いて接してくださった。そして文壇のパーティーに来られる時には、髪はわざとか、ちょっとボサボサにし、肩の辺りにはこれも敢えてかフケなどを落として現れる。そして見目麗しきコンパニオンのお嬢さんに相手に「あなたとは、こう

日本ペンクラブ・ペンの日で辻井喬（堤清二）先生と

いう場じゃないところでお会いしたいねぇ」などと軽口をたたいておられた。隣にいた私は思わず耳を疑った。「先生、先生、そんなことおっしゃってよろしいんですか？」「吉田さん、ここは会社じゃないからさぁ……」。〝う〜ん、見事な使い分け〟とひたすら感心。なお、堤さんもいろいろなものを書く傍ら、立派な俳人でもあられる。ご著書『命あまさず——小説石田波郷』（角川春樹事務所刊）の中で、私の父・北舟子のことについて書かれていた一節を見つけて飛び上がるほど喜んだことを覚えている。また氏の俳句に関する本の中で北舟子が角川源義氏訪うくだりなども記されている。そのことに触れたら、「えー、じゃぁ吉田さんはあの北舟子さんのご子息だったの？　あぁ、そう、それは奇遇だ、世間は狭いなぁ」といってしばらく目を閉じておられた。商いとは別のステージで私は堤さんと繋がっていたわけである。ホントに世間は狭いもの。どこで誰とどう繋がっているか分からない。だから人生は面白い。

我らが遠藤周作会長

申した如く、私がペンクラブに入会した時は、かの遠藤周作先生が会長を務めておられた。人というのは、自分とは畑違いの者に興味を持つものらしい。遠藤先生のような日本を代表するような純文学者と、駄文で禄を食む私のような者とでは、ステージが違いすぎる。が、唯一つながりがあるとすれば、私の筆及ばす歴史物の範疇ぐらいか。拙著の中で、鎖国時代の隠れキリシタンや転び伴天連について筆を運んでいるものがあるが、不明なところも少なくない。そんな時には遠藤先生のご著書が大いに参考になる。そんなことをお話ししたら、「そう、僕の本でもそんなところで役に立っているの」といいながら、「吉田君、後で僕の銀行口座、教えておくからよろしくね……」といってニヤッとされた。あのいたずらっぽい笑顔がたまらない。

こんなこともあった。日本人として初めてヨーロッパに渡った、日本人名不詳のベルナルドについて調べていた折、先生の書かれたものの中に、「ポルトガルのコインブラの地に、彼の墓を発見したが、石碑は既に風化して刻まれた文字も判読不可能であった」と。後日私は「吉田菊次郎のお菓子で巡る世界の旅」で、ツアーを引きつれそのコインブラを訪ねた。小高い山の上に立つカテドラルの中の床の下の合わせ墓に眠っていることを突き止め、ツアーの皆してお参りをさせていただいた。後日先生にそのことをご報告したが、先生のおっしゃられていた石碑はどこにも、とも。「吉田君、君は物書きとしては未だ未熟だ。文学的な表現というものがあるんだよ。勉強が足りんなぁ」。〝う〜ん、物書き道は奥が深い！〟

またこんなことも。遠藤先生のことになると、思い出が尽きない。年に一度の「ペンの日」というパーティーでは、協賛各社からいろいろな景品が寄せられる。もちろん私どもからも毎回銘菓セットを幾つも協賛させて頂いている。ある年の会で、一等賞に見た目にも豪華なスクーターが寄せられ、ひな壇にドーンと飾られていた。

ご挨拶に立たれた遠藤会長が言った。

「今年の商品は豪華だが、でもねぇ、こんなもの誰が当たるか初めっから決まってんですよ。そうインチキ。皆さん、期待なんかしちゃダメですよ〜！」

会も半ばにして抽選会が始まった。下位の方から発表があり、いよいよ最後の一等賞の発表。「一等賞は〇〇番、〇〇番！」

日本ペンクラブ、遠藤周作会長ほか皆さんと

「あっ、あ〜、ボ、ボクだ〜！」

遠藤先生が奇声を発せられた。一同、唖然。それまで、「あんなのはインチキだよ。僕なんかに当たるわけがないだろ。君も無理。だって初めっから決まってんだから、そうですよ、当たり前じゃないですか、スポンサー様のご意向で」と、あたり憚らず言って回っていたが、それが何としたことか、そのご当人に当っちゃった。まさに神様のいたずらか。壇上に上げられた先生、困った、困った。

「えー、謹んで前言を訂正します。この抽選会は神に誓って、実に何とも公明正大、公平の極みでありまして、ムニャムニャムニャ」

会場の全員から、割れんばかりの拍手喝采。

遠藤先生の行くところ、常に笑いが一杯であった。その後、そのスクーターがどうなったかは詳らかではない。遠藤先生が得意げに乗り回しているという話も聞いたことがないし。

さらにはこんなことも。新聞紙上を賑わしたことゆえ、ご存知の方も多かろうと思うが、氏のご自宅が空き巣に入られて、机の引き出しか手文庫だかにしまっておいた数千万円が盗まれてしまった。翌日先生は新聞にコメントを述べられた。正確な文言は忘れたが、大体こんな内容だったと記憶している。「泥棒君に告ぐ。病気の女房や病弱な子供に使うのだったら許す。ただし競馬や賭け事に使うのだったら、せめて半分返してくれ」と。

その直後のペンクラブの会合では、話題がそのことで持ち切り。「センセー、何でまたそんな大金をご自宅に?」「何に使うおつもりだったんです?」「で、返ってきたんですか、あの半分」

センセー、返す言葉もなくすっかりしょげ返り、問いかける人に向かって手を差し出しては、

「あ〜、かわいそうなシュウちゃんにお恵みを……」

ともあれあの頃の文壇は、何でか和気あいあいとして、楽しかった。

いや、別に今がつまらないというわけではないのだが。

加速する〝時〟

また春が巡ってきた。そんな爛漫の折のペンクラブの集まりに、たまさか人気者の先生方が幾人かお見えになられた。少し離れた奥の方では、瀬戸内寂聴先生が若い女性に囲まれている。茶目っ気たっぷりの明るい調子で、取り囲むお嬢さんたちを相手に、女性の立場に立つ恋愛観などについて艶っぽくお話をされていた。先生の周りにはいつも笑顔が絶えない。こんなご住職の法話なら、いつまでも聞いていたいと誰しもが思う。

入り口の方にまた別の人だかりができた。森繁久弥先生がいらしてくださったのだ。そしてこちらもまた例によっての艶話で周りをなごませ、煙に巻いている。どこまでがホントで、どこからが冗談か分からないところがいい。またそんなことは誰も気にせず、皆さんそのたくまざる話術に聞き入っている。お話に一区切りついたところでふと先生がこんなことをつぶやいた。

日本ペンクラブ・瀬戸内寂聴先生と

「そういえば、私はまだ九〇回ほどしか桜を見ていない」

まだ？　さすがにすごいことをおっしゃられる。〝もう〟ではなく〝まだ〟と。常になお先を見据えんとするそのお姿に、我ら凡人ただ恐れ入るのみ。それにつけても月日のたつのは速い。商人ゆえの悲しき性にもよろうが、二月も三月も瞬きする間に飛び去って、すぐに新年度の四月を迎える。先人の言葉とはいえ、二月は逃げる、三月は去るとは言いえて妙。妙にして真。そして家業の商品企画は、その頃すでに御中元はおろか御歳暮も通り越して、早くもバレンタインに手がかかろうとしている。商人とは別のもうひとりの自分としては、〝おいおい、ちょっと待ってくれよ〟と言いたいところだが、時の流れに容赦はない。加えてそれが時とともに、ますますもって速くなる。どなたとお話をしても、みなさん一様に同じことをおっしゃる。

日本ペンクラブ・森繁久弥先生、早乙女貢先生、尾崎秀樹先生と

　ある時知恵者の小針光昭君という大学の同級生が教えてくれた。実はこれは数学的に証明できると。たとえば十歳の子の一年は当人にとっての人生の十分の一、六十歳の人の一年はご自身の人生の六十分の一。すなわち後者にあっては、十歳の子の六倍の速さで時は過ぎていくのだという。それが真に数学的か否かはさておき、なるほど言われてみ

れば確かにそのようだ。子供の頃の夏休みは永遠にあるんじゃないかと思えるほど長かった。今はひと夏などあっという間に通りすぎてしまう。何の夏休みのみならず、秋も冬も。そして迎えた次の春さえも。時は何人に対しても待ってはくれない。何気なく過ごしているこの一日も一瞬にして過去のものとなる。そう思うとほんの束の間さえもたまらなくいとおしい気がしてこよう。そんな飛び去り行かんとする刹那の状況や、心に映る一場面をしかと捉えて、その中に自分の心を投影させながら言の葉に紡いで残す。その手法のひとつがかくいう十七文字の俳句の世界。言われるまでもなく分かっているのだが、これが何とも手強い。何だって残そうとする間もあればこそ、日々の雑事に追われて気付けば彼方にかすんでいる。否、気付かぬうちにと言った方が正しいか。ところで桜の方はって？　ハイ、未だ七十余回ほどしか……。しかるに度毎に何句も詠み止めぬまま常の如く朧なる方へ。雑事にかまける自らに反省しきり！

俳句の世界

南北抄

いつの間にか、私の人生の一部と化している俳句との関わりについては、まず俳人としても生きてきた父・平次郎（北舟子）についてより述べなければなるまい。

なお、そんな俳句デビューの頃のことについては、私めの第一句集『父の後ろ姿』の中で次のように記している。

物書きとしてはままやってはきたが、まさか自分が南舟子《なんしゅうし》と名のる俳人になろうとは思ってもみなかった。そしてふとしたきっかけで足踏み入れたその道が、いつの間にかすっかり生活の一部になっている。ところで父・北舟子は六一歳で旅立ったが、今の時代、この年齢ではどう見ても早逝の部類に入ろう。それだけに本人としてはやり残したことがだいぶあったようだ。富士山頂に建立した句碑の件もそのひとつといえる。彫り上げたそれを山頂に上げるのを待たずに先を急いだ。句碑については、句友の伊藤霜楓氏の計らいでみごと山頂に設置できた（後述）。句集『雪割灯』またしかり、来し方の一区切りのつもりで編み上げ、親友石田波郷氏からまえがき（絶筆）を、加藤楸邨師からは跋文を戴きながら、これまた待つこと能わず、親友の森澄雄氏が編集の労をお取り下さり、無事陽の目を見ることが叶った。

こうしたことに手を差し伸べてくださった多くの方々に、遅まきながら息子として衷心より深く謝意を表させていただく。

さて、私と俳句との関わりだが、そもそもをたどるに俳人北舟子の直接の影響もさることながら、北舟子が親しくさせていただいた加藤楸邨さんや石田波郷さん、銀座仲間の灘萬

（現・なだ万）の楠本憲吉さん、近所に住んでおられた西東三鬼さんたちを通しての接触に行き着こうか。

また学生時代よりよく角川書店の角川源義さんや大泉学園の森澄雄さん宅に、原稿や書類を届けたり、掛け軸のやりとりなど、折に触れお使いにやらされてもいた。日本ペンクラブや日本文藝家協会でご一緒させていただいている辻井喬先生は、『命あまさず――小説石田波郷』（角川春樹事務所刊）の中などでも、北舟子についてよくお書きくださっているが、そうした俳句に関するご著書の中で、北舟子が角川源義氏を訪うくだりなども記されている。今思うにあのあたりのことなども、ひょっとして委細は知らされぬままに私も手伝わされていたのかも知れぬ。

なお、後年大岡信氏にお目にかかった折、ひと時北舟子のことに話が及んだ。それからほどなくして朝日新聞の〝折々のうた〟に、父の句「田草取る会津娘の語尾のない」が紹介された。ずいぶん前に「すぐ失くす赤い羽根とは思へども」が天声人語に取り上げられて以来の、朝日新聞への久々の登場と思う。おそらく当人はあちらの世界で大喜びをし、旧友大岡信氏に感謝していたに違いない。あれも思うに、俳人北舟子に心及ばせていただくべく、父が私をして大岡氏に会わせしめたものではなかったか。どうも父はいつの間にか私の中に入り込み、私を通して〝その後〟の人生を送っているのではないかと思われる節がある。

ところで遺句集となった『雪割灯』のタイトルだが、この語を初めて季語に取り入れたのは自分だとして、生前大いに悦にいっていたものだ。そしてその名を冠した句集が編まれたのが、北舟子六一歳の時。ちなみに第一句集をまとめた私は、六二歳（二〇〇七年当時）。この一年遅れの時間差に、私なりの配慮の一端をお汲み取りいただけたら幸甚である。何となればだいぶ遅れてこの道に手を染めた身が、先代より年若くしてその種のものを編むというのもおこがましい限り。また同年というのもまだ気が引ける。まぁ一歩下がったこのあたりで納得願えればという、息子なりのいささかの気遣いである。

ともあれ父の年も越えたし、また本書によって北舟子の人となりを改めて世に紹介することも叶った。加えて家業である甘い物屋も満足はいかないまでも何とか恰好だけはついてきた。さすれば、もうそろそろ〝その後の人生〟から解き放たれてもいい頃か。ならばこの後は、自由自適に自らの人生を……。実はこれこそがもっとも難しそうだが。

ん？　待てよ、今まで父がしてきたのは自分の人生のその後などではなく、ひょっとして息子である私の人生の後押しだったのでは。家業においては度毎に手を差し伸べ、俳句の世界を歩まんとすれば、自らのネットワークを駆使して直ちにそれなりの道をつける。たとえ幾つになろうとも親にとっては子供は子供ということか。

もうひとつのプロジェクトX

〽カゼノナカノスーバルー、スナノナカノギーンガー……

中年オジサン族必見番組のひとつ、ご存知NHKの「プロジェクトX」のテーマソングである。残念ながら放送が終わって久しく時を刻むが、この歌が流れるとそれだけで胸は高鳴り、ビール片手にテレビの前に陣取り、画面に見入っては只々感嘆。事にあたりそれを成し得たヒーローやヒロインに対するインタビューのあたりにさしかかるや、目頭にわかに熱くなり、家族に悟られぬよう何気ない素振りで、流れ落ちるものを指先でぬぐっていたものだ。あれはきっと誰しもが、場面は違えど大なり小なり似たような状況を体験していたからなのだろう。そしてそれをそれぞれの人生と重ね合わせていたのでは……。

舞台は異なるが、わが家にも実のところ印象深いこんな私的プロジェクトXがあった。いつだったか句誌『寒雷』の中で次のような拙句を発表させていただいた。

　　初富士に一礼頂に父の句碑

その後、何人かの方々からお言葉を寄せられた。

「父君の句碑があの山頂に？　そりゃぁすごい」

そして、たいがいがその後に、

「でもそんなところに勝手に建てちゃっていいの？」

のひと言が続く。もっともなご質問と思う。よってこのたびはそのあたりのいきさつについて、少々紙幅をお借りすることとする。

まずは『寒雷』同人にして敬愛すべき、伊藤霜楓氏との関わりからお話しさせていただきたい。

実はこれも全く私事で恐縮だが、同氏には終生頭の上がらぬことがある。

あれは私が小学校四年生の頃だったか。楸邨夫人の加藤知世子さんと私の母と私の三人が、同氏のご案内を得て富士山に登らせていただいたことがある。折からの台風接近で大荒れとなる中、全員がロープで数珠つなぎという緊迫した登攀となったが、意外と元気に頂上には着いた。が、測候所に入ったとたんに気が緩んだか、言われるところの高山病にかかりぐったりとなってしまった。そして一泊二日、ついにそこから一歩も外に出ることかなわず。帰路は何と情けないことに、霜楓氏に背負われての下山。「もう大丈夫だろう」と降ろされた八合目では、あの気分の悪さがウソのように消えていた。高山病のやっかいさと不思議さを初めて知った次第だが、思うに同氏はこれまでにもたくさんの方の面倒をこうして見てこられたのであろう。以来御大は私の顔を見るたびに、

「何だって俺は君をおんぶしてたんだからな、ガッハッハッ」

「ウヘェー、その節はひとかたならぬごやっかいに……」

と、ただひたすらひれ伏すごとくに恐れ入るばかり。齢重ねて今日に至るもお返しする術なお持てず、さりとてあの巨体をおんぶするなど、とてもじゃないができっこない。唯一できることがあるとするなら、同氏の下《しも》の世話あたりか。過日そんな話をしたら、

「冗談じゃないよ、菊次郎君にオレのあらぬところなど見られてたまるか」

正直申して、私も好んでそんなところなど見たくはない。そんなわけで昔受けたご恩は未だ積み残されたままとなっている。

失礼、今はその話ではなく、句碑の件であった。本筋に戻そう。

当時山頂の測候所に勤務されていたかくいう霜楓氏の記憶と記録によると、そもそもは昭和四十六年九月二十四日の秋分の日に発端を持つという。よろずアバウトに見られがちな同氏だが、どうして案外几帳面なところも持ち合わせている。もっともそうでなければ三十三年と八ヶ月もの長きにわたっての測候所勤務もできはすまい。大胆にして細心かつ密なることを求められるのが山頂での勤めと拝察する。

さて、その霜楓氏の書かれたものと父から聞き及んだところを併せてみると、事情以下の如きである。

台風の通過を待つべく太郎坊の避難所で一夜を過ごした山口誓子・波津女ご夫妻、同行の医師の岡井省二氏、不肖私の父・吉田北舟子、伊藤霜楓氏の五人は、翌朝身支度を整えて同所を出発。霜楓氏のいささかの職権の有効利用と献身的なフォローを得て、台風一過で見事に晴れ上がった富士の山頂に向った。

到着するやいなや霜楓氏を除く四人はたちまちのうちに、私もかかった高山病に苛まれた。だがそこは名にし負うわがままな？俳人たち。是が非でもと、ヨレヨレの身体にも拘わらずお鉢巡りを所望する。霜楓氏はやむなく高齢の誓子氏を背負うが、かつての小学生の私と違い、さしもの偉丈夫もかなりのところ応えた由。かてて加えて、途中幾度にも及ぶ嘔吐や排泄等に手間取り、ひと巡りに何と三時間を要したという。

ただ、その背にあっても片時も句帖を離さなかったという木口小平もかくやの執念に、流石は大家とひたすら感銘を憶えたとか。私もかの折、学習ノートでも手にしていたら、〝ふむ、見どころのある奴〟などと思われ、少しは違った印象を持たれたかもしれないが、今となってはせんない話である。

続いて翌年六月二十四日。今度は何としても雪富士の上に立ちたいとのたってのリクエストで、再び同じメンバーが打ち揃い、富士の再登頂を果たす。

その折、北舟子の提案で、その山頂に句碑を建立せんと画策する。だいたいそんな突拍子もないことを企てるのは、この北舟子をおいて他には見当らない。

　思うに、いかにそこそこの俳人、作家といえども碑を建てる機会などそうそうあるものではない。ましてや富士のてっぺんなどは不遜の極み、おこがましい限りである。さりながらわが国を代表する俳人のひとりたる誓子氏のものとあれば、一応の大義名分は立つ。幸いなことに、いや当たり前だが碑には表と裏がある。ならばせっかくゆえ、その反対側の面には各々の句を刻ませていただこうではないか。さすれば誰はばかることなく、最高峰の頂にそれぞれの名を記すこともできよう。

　おそらくはこんなところだったのではないか。たとえ遊び心としても、これ以上の洒落っけもあるまい。いかにも北舟子あたりの考えそうなことだ。当の誓子氏また、自らの句碑が立つとなれば拒む理由なく、むしろうれしい限りと一も二もなく賛同。他の面々もそれが叶えば望外の喜びと大いに盛り上がったようだ。ちなみに俳壇を担うもう一方の雄たる加藤楸邨氏は、対照的にそうしたことはあまり好まれなかったようだが、これはあくまでもおふた方の持って生まれた性格や生き方の違いによるところと思われる。それぞれの備える異なるポリシーを、ともによしと尊重したい。

　ともあれそんなこんなで話はどんどんと膨れ上がっていった。そしてひとたびことが決まるや、行動派の面目躍如、実行に移すのもまたすこぶる早い。

片面には、というより正面というべき面には、

下界まで断崖富士の壁に立つ　　　　誓子

そしてもう一方の面には

大沢崩れ覗きてすくむ登山靴　　　　北舟子
大氷柱富士の火口に届かざる　　　　波津女
天の川落ちて人の世の灯につづく　　霜楓

の三句を刻むことにした。

仕掛け人として片棒を担いだ霜楓氏の〝天の川……〟の句は、所属する『寒雷』誌にて楸邨師より初めて巻頭に取り上げていただく栄誉を得たという、ご自身にとってももっとも感慨深い一句とのこと。なればそれはこよなくすばらしい記念になったことと拝察申し上げる。

誓子、波津女ご夫妻の句についてのエピソードは聞いていないが、北舟子にあっては、今だから申すと、当初は全く別の句を心積もりしていた。何となれば、隣で私に墨をすらせな

がら
　頂上の富士の極みはわが極み
の文字を、何度も書き直していたのだ。が、そのうちに何を思ったか、ふっと筆を置いてしまった。

「うーん、やっぱりやめとくか」

　怪訝な顔で訝しがる私に、

「この我が極みってのがなぁ、どうにも自慢っぽくていけねぇや」

　生来の神田っ子ゆえの、いつもながらのべらんめぇ口調でこう言った。

　胸部外科手術で片肺となった身としては、常人でも楽ではないあの山を力の限りを尽くして登り切り、その胸中を忌憚なく〝わが極み〟として詠んだのだが、そうした作り手の事情をあずかり知らぬ他人には、この表現がどのように映るかを慮ったようだ。

　作品とは作者の手から離れた瞬間から、読み手の鑑賞にゆだねられるものである、とは常々自らも言っていた。ましてや碑に刻まれ長きにわたって残るとなれば、後々に至る様々のことにまで思いが及んだことだろう。結果、前記の句に落ち着いた。

　ところで最初の「そんなところに勝手に句碑を建てていいのか」の問いであるが、もちろんどう考えても、そう簡単に許されることとは思い難い。ことに当時は、否、今もなお続いているのかも知れないが、山頂は浅間神社のものか国の帰属かの論争がなされていた。事実、実行に移す段になるやそうしたことに直面し、せっかくの計画も宙に浮き、頓挫の危機にさらされた。しかしながらいつの世にも知恵者というのはいるものである。

たまさかその時測候所の所長をしていた中島博氏の、名案というよりは妙案ともいうべき裁量で問題は一気に解決を見た。その裁量とは次のごときものであった。

〝神社の主張に従うとするなら、山頂はそこのものといえばいえよう。ただし測候所自体はあくまでも国のものである。したがってそれが建つ地は自ずと日本国の管理下に置かれたる国有地ということになる。しからばその句碑とやらを、双方の境界を示す目印となすこととしよう。つまるところこれは当測候所の門柱のごときものと解する〟

まさに大岡越前守もかくやの名裁定であろう。而してめでたく一件落着。GOサインが出た。しからばとプロジェクト

富士山頂に建立した父・北舟子の句碑&設置作業

は即座に実行に移され、改めて段取りに則り事が運ばれていった。そんな折の昭和四十八年十月二十四日夜、肝心の発案者たる北舟子が、掘り上がった句碑を前に、富士に上げるを待たずに急逝した。突然襲われたクモ膜下出血によってであった。

できてしまったものは放ってておくわけにもいかない。一周忌前の明くる昭和四十九年八月二十日、再々の霜楓氏のご協力と計らいを得て、私と母と、依頼を受けてそれを手がけた石屋の、姓は違うが私と同じ名を持つ神戸菊次郎氏が、霜楓氏同行のもとにブルドーザーをもって一気にそれを頂上に運び上げた。希薄な空気の中、高さ幅とも一メートルを優に越える一七五キロの根府川石の碑と、それを支える三五三キロという超重量級の台座の石の据え付けは、想像以上にたいへんな作業であった。それでも私は思いのたけを込めてロープを引いた。おそらく父もあちらから駆けつけて、一緒にロープを引いていたに違いない。こんな場面を見て、じっとしていられるような性分でないのは誰よりも知っている。

デコボコの岩場に足元をとられ、ロープを握る手がしびれる。薄い空気に息が弾みその息が切れ、めまいがして目がかすんだ。事情を知る測候所の所員や、先頃まで強力《ごうりき》と呼ばれていた運搬組合の山男たちが総出で手を貸してくれた。折から工事に来ていた関電工の男たちも進んで協力を申し出た。意気に感じて同行してくれた高齢の石屋の菊次郎氏が高山病ものかは、万端整えてきたセメントや砂、砂利等を一分の無駄もない動きで混ぜては捏ね、台座の位置が定まるやすばやく適量をそこへ流し込む。再び総がかりで台座を固定し、続いて句碑を持ち上げ、慎重に降ろしてふたつを組み合わせた。継ぎ目の隙間がセメントで手際よく埋められた。

どうせ建てるなら日本一の場所に建てようという、北舟子たちの夢が叶った瞬間だった。こうしてそれは測候所の脇の剣ヶ峰、まさしく句に詠まれた大沢崩れを望むお鉢巡りの登山道の一角に立てられたのだ。誰からともなく拍手が湧き起こった。リュックサックに詰めてきた缶ビールを開け、皆で乾杯をした。そしてすっくと立ち上がった碑の上からお神酒ならぬビールをかけ、入院中も看護婦（現・看護師）さん等の目を盗んでは吸っていた煙草に火をつけて供えた。

こうなると句碑だか墓碑だか分からなくなってくるが、その前で手を合わせると、とめどなく涙が頬を伝わって落ちた。隣で母が必死で声を押し殺していた。石屋の菊次郎氏は、節くれだったげんこつで、一、二度目をこするなり、一服つけて横を向き、そのまま無言で吸い続けた。事を成し遂げた歓びと責任を果たし終えた安堵感とがないまぜとなり、皆こみ上げるものを抑え切れなくなっていた。騒がしかった山男たちのおしゃべりもいつしか止み、いっとき静寂が句碑とその周りを包んだ。

それから十四年後の夏、私は家内と息子と娘を伴って富士に登った。もちろん父の、子供たちにとっては会うことのなかったおじいちゃんの、一世一代の句碑を見せるためだった。幼かった娘は残念ながら八合目でリタイアした。行けそうだとみて連れてきた私が甘かったと反省しきり。これが霜楓氏だったらおんぶしてでも登ったかもしれないが、私にはその体力はなかった。不憫だったが、その山小屋でしばし待つよう言い含めて歩を進めた。二歳年上の息子は妹の分までがんばり、へばり気味の私よりはるかに健脚でたくましく登り続けた。ようようにして頂上に辿り着いたが、次々と上がってくる登山者の中に妻の姿は見えなかった。途中心配して、残してきた娘のところへ戻ってしまったのか。ふたりに心を砕きつつしばらく待った後、とりあえずひと足先にと息子を測候所脇に連れて行った。ともかくも家族の一員に句碑を見せてやることができた。

「見てごらん、これがパパのお父さんの句碑だよ」

と言ったつもりだったが、最後の方は言葉にならなかった。十四年前と同じように上から缶ビールをかけ、煙草に火をつけて供え、親子で手を合わせた、汗と涙でグチャグチャの私の顔を見て、息子がそっと目線をはずした。その彼の目もまた、今にもこぼれそうに潤んでいた。

少し遅れて妻が、疲れも見せずにニコニコ顔で登ってきた。

「信じてもらえないと思うけど、アタシ今お父さんにつれてきてもらったのよ」

「えっお父さんって、俺の？」

「そう、亡くなったお父さん。ずっとアタシの前を歩いていて、時々もうすぐだよって言うみたいに振り返るような仕草をしてはまた歩き出すの」

「ウソだろう、そんなバカな」

「ううん、ウソじゃないのよ、それが。白い半そでのポロシャツを着て、茶色の皮のベルトと薄いグレーのズボン姿で……」

まさかと思っていた私は、この時初めてその話が信じられた。何となればその服装は、実際に父が夏になるとよくしていたものだった。しかも私たちの結婚後ほどなくして亡くなってしまった父のその恰好を、妻は全く知るよしもなかった。

〝そうか、オヤジさん、やっぱり来てくれてたのか、オレたちを迎えに〟

たまたまよく似た年恰好の人が同じようなものを着る。そしてそれをそのように思い込む。よくある話さ、と言われれば身も蓋もない。しかしながらこの世には、理屈では説明の付かないことが時として起こるらしいとも聞いている。

さて、その測候所だが、長年の役目を果たし終えたとして残念ながら後年閉鎖され、実際のプロジェクトXにも取り上げられたあの名物のドームも、今は跡形もなく撤去されてしまった。となればあの墓碑ならぬ句碑の運命は？
「ありゃあそう簡単にはなくならんよ。富士山が爆発でもせん限り」
霜楓氏の言葉を信じたい。その道のオーソリティの一言は何にも増して心強く聞こえる。それにつけてもあれ以来一度も上っていない。そろそろ改めて確認しに行きたいところだが、そんな気持ちとは裏腹に、作今は少々体力に自信が持てなくなってきている。でも未だ見る機会を持ち得ないままでいる娘や孫たちに、せめてひと目なりと見せるべく、いつの日か頑張って案内したいと思っている。

ところで私の住んでいるところからは、晴れた日には遠くに、手の平に乗るほどの小さな富士の頭が見える。また仕事上いつも利用する新幹線では、新富士駅の手前あたりにさしかかるや、目の前にあの雄大な富士山の全貌が現れる。その霊峰を眺める度に、〝ああ、あそこの、あのちょっと尖ったあのあたりに、多くの人の手と知恵を借りた、北舟子のやんちゃ魂の結晶みたいな例の句碑が……〟と、心の中で手を合わせている。拙句に詠んだ正月といわず、いつとはいわず。

〝それにしてもオヤジさん、とんでもないことを思いついて、えらいことをしてくれちゃったな。何たって富士山のテッペンだよ、あそこは。いいのかなぁ、ホントに。いやぁ、まいった、まいった〟

全国にオンエアされるほどに大仰なことではないにせよ、少なくともわが家にとっては、希代の大事件たる紛れもないプロジェクトXであった。早いもので、その北舟子が没して四九年が経った。そしてその立役者であった伊藤霜楓氏もとうに鬼籍に入られている。だが、あの句碑は変らず今もあの場所でしっかり立ち続けている。日本でもっとも厳しいとされる気象条件をものともせずに。そして明日もあさっても、来年もまたその先も、きっと、ずっと……。

〽ツバメヨー、タカイソラカラー、オシエテヨー、クヒノソノゴヲー……。

思い出の句

恐るべき君らの乳房夏来る

かつての風雲児・西東三鬼の代表句のひとつである。

その昔、葉山にあった私の実家から一〇〇メートル足らずのところに同氏が住んでいた。新興俳句の旗手にして、憂愁と硬骨の反権威主義、妖気のシュールレアリズム、はてはボードレールも持ち得ぬ東洋の虚無等々、昭和三七年に他界後今なお、彼に対する評価は枚挙にいとまがない。

個性が強烈であった分、対極の評価も少なからぬものがあったやに聞き及ぶが、言ってみればそれほどに豊かな多面性を持っていたということである。そして加えて、身辺いろいろと賑やかな俳人であった。そんな三鬼と父・北舟子とは、何かにつけ、行き来を常とした「サーさん」「ヨーさん」と呼び合う間柄で、俗に言う「刎頸の友」であった。そもそもがウマが合っていたことはもとよりだが、句作にあたっての表現手法の異なる点に互いに強く惹かれていた節も多分にあったようだ。確かに「水枕がばりと寒い海がある」や「広島や卵食う時口開く」、「中年や遠く実れる夜の桃」等にせよ、『寒雷』風とはいささか趣きを異にする。

さて、かような同氏の詠んだ幾多の句の中でも、私にとって特に印象深いのが冒頭に挙げた一句である。手元に残る色紙では、〝恐ろしき君等の乳房夏に入る〟となっており、何度か推敲を重ねた末に完成したものと思われる。

が、それはともかく、いかにも海の町葉山らしい句だ。ところでわが家ではこれはいたく不評であった。日頃の奔放な行状を知り過ぎた者にとっては、とても純粋な詩心で詠んだものとは思えなかったのだ。ことに年頃に差し掛かっていた姉などには、世にいう大家も不潔極まりないただのオジサンとしか映っていなかった。

過激な事物が溢れて少しのことでは驚かぬ昨今と違い、なべてに穏やかで慎ましかった時代である。あの見事なほどの自己に忠実な言行一致が、普通の家庭にそうすんなりと受け入れられるはずもない。いつも麻雀の相手をしたり、一緒に海に出向いてはさざえやあわびを採っていた私も、顔を合わせるたびに無遠慮に、〝その目つき、何とかならないかなぁ〟などとからかっては、あの愛すべきチョビ髭をゆがめさせていた。子供心にその目があの句を読んだことを知っていたからだ。こちらが海に潜っては一生懸命さざえのありかを教えようとしていた時に、当人の視線と心はどこにあったのか。思えばあの名句とやらの創作の一端を、私は知らずに担いでいたようだ。人の知らない同氏のことは、話し出したらきりがない。

そういえば先の麻雀の件も不思議な縁だ。西東三鬼、北舟子に加えて不肖南舟子。当時はそんなことは知るよしもないが、今にして思えばこれで東南西北《トンナンシャーペー》とメンツが揃う。

ところで冒頭の句だが、お断りしておくが、タイトルの如くあくまでも思い出の句ではあっても、けっして愛唱句というわけでは……。私には娘や息子も、孫たちもいる。三鬼氏の苦笑いが見えるようだが、パパとして、ジイジとしての立場もある。

俳人南舟子デビュー

古い話で恐縮だが、私が大学に入りたての頃、父の書棚に文藝年鑑を見つけ、何気なくページをめくってみたことがある。その中にうれしく且つ幾分気恥ずかしく父の名を見つけた。

〝吉田北舟子（俳人）、本名・平次郎、住所、職業に続いて『寒雷』同人、現代俳句協会会員〟とある。本業や家族に見せる顔とは別の、本人のみがもつ精神世界である。

既述したように、療養生活から俳句に足を踏み入れ、楸邨の『寒雷』立ち上げに尽力。そして後年、句集『雪割灯』を編んだその父も、他界してすでに久しく時を刻んでいる。友人に始まり、生涯の師と仰いだ楸邨も身罷った。

俳誌『寒雷』大会で金子兜太先生より南舟子の俳号を賜る

平成七年、その楸邨氏の三回忌の『寒雷』記念大会にお招きを受けた私に、金子兜太氏が言った。

「ほう、君が北舟子さんのご子息か。なに、俳句を始めた？　で、未だ俳号がないので何か付けてくれないかと？　そうか、うん、分かった。北舟子の息子だから南舟子、これがいい」

と、即座にその場で命名して下さった。

その時のことを、兜太師は私の句集のまえがきでこう述べている。

「この吉田菊次郎に初めて出会ったのは平成七年、私の俳句の師加藤楸邨先生の三回忌『寒雷』記念大会の時だった。気軽に声を掛けてきて、自分は北舟子の倅ですという。まったく久しぶりにその名を聞く思いだったので、私はしげしげとその倅を見ていた。なるほどこざっぱりした感じがよく似ていた。倅は私に率直に言う。私の俳号を頼みます、と。いささかあきれたが、北舟子の倅ならこれくらいの厚かましさは当然という思いがすぐにでてきて、その少しふっくらとした顔を眺めたとたんに、『南舟子』と湧いたのには、われながら驚いたのである。父北舟子に北風の歯切れあり、倅南舟子に白南風の趣きあり。片や北風にきつく小刻みに揺れる舟。こちら南風にゆっくり揺れる舟。南船北馬といった物言いから発したわけではない。倅の表情に納得の色があったのは、父と呼応できた思いがあったからだ、と私は勝手に喜んでいるのだが……」と。ありがたいことである。

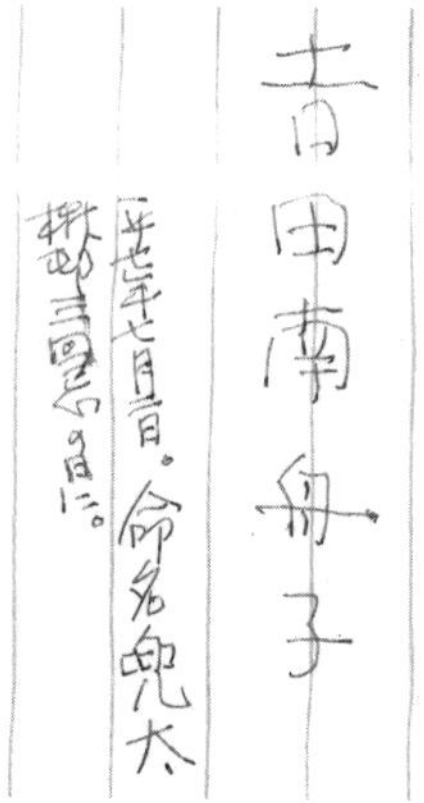

南舟子の命名書

私もいささか物書き業をやってきたが、実をいうと、俳句だけは父の世界にしてアンタッチャブルなものと、無意識に避けてきた嫌いがある。それが、『寒雷』掲載のための北舟子についての取材をお受けしたのを機に、ふっといとも簡単にそのつっかえ棒が取れてしまったのだ。どうやら避けてきたつもりが、いつの間にか私の中に住みついてしまっていたらしい。

変色して久しい当時の文藝年鑑と、最新のものとを並べてみる。四十数年経った今にして、少しだけ父の後ろ姿が見えてきたような気がする。

七夕句会

掲げたタイトルは、夜空を彩る天の川を眺めながらの、風雅とロマンをめでる句会というわけでは決してない。不肖私の定例句会への出席率が、年にほんの一回程度、すなわち七夕の如きもの。否、近頃はそれすらもさっぱり、という自嘲自戒を込めてのもの。いや、お恥ずかしい。伺う気持ちがないわけではないのだが、それが開かれる土曜と日曜に限って、なぜか自分の講演会や番組収録、冠婚葬祭等を含む諸事諸般と重なり、そのうち皆様にご迷惑をかけたくない気持ちの方が募り、自ずと足が遠のいてしまうことになる。

「正直言って無理でしょう、現役のうちは」

大先輩のお一人が、慰めとも励ましとも、諦めともつかぬこんなことを言ってくれた。

「でもさ、南舟子さん、一日一句だけでも作るように心がけていればいいんじゃない、さして気張らないでさ」

これが難しい。それができればだれも苦労はしない。〝一日一句、三日で三句、三句作って二句捨てる……〟。何だか昔流行った歌謡曲の歌詞のようだが、そのくらいでないと、人様に俳句をやっておりますともいえず、秀句と言わずとも人前でご披露してみっともなくない句のひとつも残せはしまい。

そんなこんなで句作ならぬ苦作を続けていると、今度は別の先輩からお便りを頂く。

「南舟子さんのこの間の句、なかなかのものでしたよ。ひょっとして、後になって来し方を振り返った時に、ご自身のターニングポイントとして位置付けられる句になるのではないか。そんな風に思いましたが」

などというおだての文面がしたためられている。ヨイショにしろ何にせよ、持ち上げられれば誰だって悪い気はしない。たとえそれが褒め殺しであろうとも。

それにしても不思議なほどタイミングがいい。顧みるにささやかな句歴にあって、その歩みにいささかの重さを感じる折々に、決まってどなたかが救いの手ともいえる温かいお言葉をかけてくださる。これはもしかして〝せっかく足を踏み入れた道なんだから大事にしなさいよ〟という天の啓示ではあるまいか。ふとした時に、少々大げさかも知れないが、そんな風に感じることもないではない。

実を言うと私は、物書きを生業のひとつとしながらも、一方ではひととき作詞に手を染め、次いで短歌をかすめて俳句に行き着いた。まあ、父が俳人であったことにもよろうが、結局は落ち着くところに落ち着いたとみるべきか。ならばこれもご縁と申すもの。よっしゃ、もう少し気張ってみるか。そんな思いでいつだか久方振りに句会へ出向いていった。

「あーら、南舟子さん、お久しぶり。よく来てくださったわねぇ」

「この間テレビ見たわよ、お元気？」

「今お茶入れますからね、このおせんべもいかが」

「ちょうどよかった、銀林晴生さんの出版記念会の件で相談したいことがあったのよ。実はね……」

などなど、あちこちからお声がかかり、並み居る織姫様たちが、この至らぬ彦星?を温かく迎えてくださる。ありがたいことこの上もない。

〝ああ、何とか続けてきてよかった〟と思える瞬間である。仕事を抜け出し、目下行方不明になっているという後ろめたさもしばし忘れて。

だが、次なる本番では一転奈落の底に突き落とされる。かように多くの人が集まり、それに準じて多くの句が出され、その概ねが何らかの形で選に入る中、ものの見事に私の句だけがはずされている。

〝うーん、なるほど、さすがは諸先輩〟

と、只々感服。改めて見渡すに、居並ぶはそれこそ俳句に命を掛けておられる方々ばかりである。私如き遊び心の不心得者の句が、そうそう簡単に選ばれると思う方が間違いというものか。

会派は異なるが、親しくさせていただいている諸先生の中に山崎光雄さんという方がおられた。西武百貨店の社長をされ、ベネッセの会長になられた有数の経済人である。人生の大先輩にして粋な俳人でもある同氏がいみじくもこう申された。

「難解をよしとする中にあって、吉田さんのは分かりやすくていいですね」

同氏は大変心やさしい方ゆえ、ナイーヴな私が傷つかぬよう、このようなソフトな言い方をしてくださったが、詰まるところもうひとひねりあれかしとのことと拝察する。いや、それどころか、出向く句会では、ふたひねり、みひねりぐらいないと同じ土俵に上げていただけぬ厳しささえ感じる。

ただ、あるとき、大御所のお一人がこんなことを申された。

「どんなに経験の浅い方でも、希にポンとすばらしい句ができちゃうことがある。これが俳句の恐いところでもあり、またおもしろいところでもあるんだなぁ。なにしろ十七文字しかない世界なんだから」

辛抱強く続けていれば、私如き者でもいつかはそんなまぐれの秀句なりが……。雲間から差す一条の光にも似たお言葉に思えた。

なお、懇意にさせていただいている今泉貞鳳さんから、こんなことを伺ったことがある。一龍斎貞鳳の名で講談師やタレントとして活躍され、後に政界に身を投じられた方で、粋にして洒脱な作風で知られた俳人でもある。

「吉田さん、俳句をやっていると人生が豊かになりますよ。たとえば歩いている道端に月見草かなんかがあったとしましょう。それまではせいぜい、〝おや、あんなところに花が咲いてるな〟と思うぐらいのもんで、下手すりゃその花にさえ気付かず通りすぎて行っちゃう。もっと鈍感なのは踏ん付けて行っちゃったり。ところが俳句を始めると、〝ん？　月見草か。これで何か一句できないかな〟なんて考えたりもする。どんな一木一草にも、風のひと吹きにも敏感になり、普通なら取るに足らないような些細なことにも感動を憶えるようになるんですよ」

言われてみれば、私もそんな味わい深い人生の、少なくとも入り口あたりには立っているようだ。

そうとあらば諸先生、諸先輩、織姫様がたのご指導宜しきを得て、めげずくじけず今少し、せめて人並みの精進などしてみるとするか。いつ出られるか分からない句会目指して……。

（注・かように度毎にさまざまな示唆を与えて下さっていた諸先輩や山崎光雄氏、今泉貞鳳さん等、皆さ

ん鬼籍に入られてしまった。合掌）

惜・『寒雷』終刊

平成三〇年に入り、私はふたつの大きな衝撃に見舞われた。後者については次項に記すが、初めの激震とは、私が身を置かせて頂いている俳誌『寒雷』の終刊のお知らせである。二〇一八年七月号（通巻九〇〇号）をもってその幕を閉じるというのだ。耳にした刹那身体が固まり、すべての動きが止まった。否、流れる時さえもが止まったように思えた。『寒雷』とは加藤楸邨が水原秋桜子の『馬酔木』より独立して、昭和一五（一九四〇）年の興した結社である。

同じく秋桜子門下にあり楸邨の盟友でもあった私の父・吉田北舟子は、当初からその旗揚げに参画し、『寒雷』の創刊に尽力。そしてその後も同誌の運営に深く関わりをもっていく。国中が困窮多難という時節柄、物心ともに入れ揚げて楸邨を支え、名幹事長として『寒雷』の発展に寄与。その後充実していった同結社は、金子兜太先生をはじめ、秋山牧車、安藤次男、伊藤霜楓、猪俣千代子、加藤知世子、銀林晴生、小檜山繁子、久保田月礼鈴子、原子公平、原子岱子、平塚司郎、古沢太穂、森澄雄、森田公司、横山薊苑、和知喜八等々、枚挙にいとまがないほどの多くの名作家、諸先生方を輩出した。俳句を嗜なまれる方ならたいがいがご存知の方々だ。平成五（一九九三）年楸邨亡き後は、次男の嫁たる加藤瑠璃子先生が選者を務めて同誌を引き継ぎいだ。名門にして俳壇の中核を担って余りある功績を残したその『寒雷』がこの世から消える。物事にはいつか終りがあるとは分かっていても、人は誰しもその状況がいつまでも続くものと思い込んで日々を送っている。それがなくなってしまう。心の中に何か言いようのない、そして埋めようもない大きな穴が開いたようだ。そういえば金子兜太先生も自らの興した『海程』を二〇一八年の九月をもって終刊とするといっておられた。時代が大きな節目を迎え、舞台が急速に転換しようとしている。それにつけても、俳誌の刊行を継続するということは、並大抵のことではないようだ。日々届けられる全国からの膨大な句を前に、一句一句その作り手と真剣に向き合い、それらのすべてに対し、全身全霊をもって選句を行っていく。瑠璃子先生いわく、気付けば夜が白んでいたことなども常態化していたという。長時間にわたって持続させる、そんな集中力に思いを及ばせるだけでも気が遠くなる。しかもそれを何十年にもわたって……。たかだか月に五句の投句を大変だと言っている身が恥ずかしい。それにしても手前ごとで恐縮ながら、父が創刊に携わり、息子の私がその終刊に立会う。たまたまの巡り会わせにせよ、不思議な縁を強く感じる。

さてこの後だが、再出発を期すべく、同人幹部の方々によって急ぎ後継誌の準備がなされ、内容はそのままに『暖響』の名をもって継続されることになった。引き継いでくださる方々のご厚意とご苦労に深く謝意を表するとともに、ここまでしかとつないできてくださった加藤瑠璃子先生と先生をサポートされてきた多くの方々に改めて厚く御礼申し上げる。

絶句　悼・金子兜太先生

そしてもうひとつ。『寒雷』終刊の報を受け、その動揺が収まりきらぬ中、私の心中に再び激震が走った。金子兜太師と大杉漣さんの相次ぐ訃報である。NHKの連ドラ等でご一緒した大杉漣さんについては別の機会に筆を運ばせていただくとして、ここでは兜太先生について記させていただく。同氏は父・吉田北舟子の盟友にして、『寒雷』の生んだ、誰しもが認める現代の俳壇の盟主。加えて不肖私、吉田南舟子の名付け親でもある。あまりに突然のことで言葉が出ない。ただ信じたくはなかった。何となれば『私はどうも死ぬ気がしない』などというタイトルの本を上梓し、変わらぬ健在ぶりを示して周囲を驚かせてはいたが、その一方では自ら興した俳誌『海程』の終刊を宣言していた。おそらく体力的にも限界を感じておられたのだろう。そして平成三〇年の正月。毎朝必ず目を通す朝日俳壇に、選者・金子兜太の名がないことに驚いた。目を疑ったが、何度見てもない。もしかして体調を崩されて今週はお休みか、などとも考えた。だが、その翌週もその次にもその名はなかった。さりとてわざわざご連絡申し上げ、ご様子を伺うわけにもいかない。気を揉みながらも日にちが経って月が替わり、そして二月二〇日のニュースを聞いた。「あっ」と声をあげ、家内と顔を見合わせ、互いに言葉を呑んだ。お送りはお身内で行い、お別れの会は後日とある。心の中で手を合わせ、言われる後日を待つことにした。ところがそれから程ない三月二日の夕刊を開いた時、お別れの会が同日行われたとする記事が目に飛び込んできた。しかもご立派な祭壇のお写真付きで。「まさか、えー、終わっちゃったの？」と再び言葉を失った。一番大切な方に対して礼を失してしまった。あれこれ考えても仕方がない。ともあれご自宅に伺おうと、その二日後の日曜日、アポも取らずに、家内とかわいがって頂いた娘との三人でご訪問させていただき、無事お線香を上げさせていただくことができた。ご子息ご夫妻いわく、このたびは『海程』の方々を中心としたもので、ちゃんとしたお別れ会は報道の通り後日にとの由。いつもの如き早や合点のおっちょこちょいを恥じたが、お陰でゆっくりとお別れをすることができた。伺うに、寄せられる毎週五千句にも及ぶ数の選句はさすがにきつかったようで、それでも指サックをはめて、次々と繰りながら懸命に作業に打ち込んでおられたとか。そしてその合い間に、私如きが句集のまえがきをお願いすれば、快く引き受けてもくださる。思わず、大変だったんですねぇ、と呟いた時、正面に飾られた、いかにも兜太先生らしい泰然自若としたお顔が、〝何の何の〟とばかりに、ちょこっとほころんでくれたような気がした。

教育活動

全国のお菓子教室&製菓学校

実は私、ひと頃教育者としての人生も悪くない、などとおのれの分もわきまえず、また柄にもなく思ったこともあった。その方面の方々のお耳にでも入ったら、〝教育現場なんて、そんなに甘い物じゃない〟とお叱りを受けそうだが……。ただ、そんな気持ちをどこかで捨て切れないでいたせいか、あるいはその想いが世間様にいくらか通じていたのか、気が付いたら、あちこちで知った風な顔をして、偉そうにしゃべっていたり、教壇に立って熱弁をふるったりしていた。いささかお恥ずかしい限りではあるが。

さて、人様にお教えするなどという大それたことのそもそもの始まりはどこからであったろうか。思い起こすにあれはパリから帰ってお店を開き、縁あって玉川高島屋ショッピングセンター内の明治屋さんとお取引が始まった頃か。デベロッパーの高島屋さんから、コミュニティークラブでサロン・ド・グルメという、お料理やお菓子の教室を開くが、ご協力願えないかとのお話を頂いた。あちらとしては、パリ帰りのパティシエということで過分なご評価をしてくださったようだ。あまたいる製菓人の中、私如きにお声掛け頂くとは身に余る光栄なお話と、ふたつ返事でお受けさせていただいた。それから延々一七年、次いで当時の食品部長さんが横浜の港南台店の店長に昇進された折、「吉田さん、私、今度あちらに行くので、この教室をそのまま港南台に持ってきてよ」とおっしゃられ、そこで七年。そしてその場所がなくなった時、懇意にしている中沢フーズという乳業メーカーさんが場所を提供して下さり、港南台高島屋・吉田菊次郎新橋教室としてまた七年、その後中沢教室に衣替えして一〇年。その生徒さんたちがブールミッシュ製菓アカデミーに移り、日本橋三越教室につながり、二〇二二年現在都合四五年、未だに続いている。お菓子教室としてはこれが最長か。

その他、あちこちの百貨店からお誘いを受け、三越、高島屋、西武、近鉄等々の各店をはじめ、およそ全国の百貨店のお教室で講師をつとめさせていただいた。加えて朝日カルチャーセンターやNHK文化センター等マスコミ系またしかり。

専門学校関係では、東京製菓学校、日本菓子専門学校、辻調理師専門学校、服部栄養専門学校、香川栄養学園、村川学園等枚挙にいとまがない。そしてそうしたところの何校かの教科書も作らせていただいている。

ところで、民間のカルチャーセンターは圧倒的に、というよりほとんどが女性の受講生で占められている。習い事の延長線上にあることを思えば、これは当然のことだろうが、実は専門学校も同様女性の進出が著しく、かつてとは様変わりの状況となっている。そして今や過半数どころか八割を越すほどまでになっており、男子生徒は圧倒的なマイノリティーにして貴重な存在となっている。彼らはいってみれば製菓業界の予備軍ゆえ、それがそのまま業界の現状でもある。よって、かつては力仕事も多く、汗臭い男の職場であった製菓工場も、今や華やかな職場となっていて、パティシエール（女性製菓人）の存在感は、どの企業においても大きなものとなっている。

考えてみれば、昔と違って機器類も発達し、力仕事に頼らなくても済む状況が整えば、お菓子作りに関しては、女性の備えるたおやかにして豊かな感性の活かしどころは随所にある。そうした人たちの後押しがいささかなりとできるとしたら、教え手冥利に尽きるというものだ。

スイーツクルーズ

お菓子教室といえば、こんなこともあった。大型客船内においてのお教室である。

クルージングの楽しみを挙げたら際限がないが、洋上における食事やティータイムなども数ある中での大きなファクターのひとつであろう。心配りの行き届いた朝食、昼食、優雅なディナー、くつろぎのアフタヌーンティーなど。そしてそこでは度ごとに心ときめくスイーツが、そのひとときをこよなく豊かなものにしてくれる。

さて、その役割の一端を担うべく受けたお話が、洋上の楽園と称される豪華客船〝ぱしふぃっくびーなす〃による「二〇一五アジア周遊クルーズ」への乗船であった。船旅は行程もその間過ごす一日も長い。その航海の間中乗船されたお客様を楽しませんと、様々な催しが企画される。元タカラジェンヌや劇団の俳優さんたちによる歌や演劇、各アーティストたちによるライブコンサート、マジックショー、あるいは将棋、パソコン、体操、お茶、アート&クラフト等々のお教室、加えて経済学セミナーやこの度のスイーツセミナーetc。実に盛りだくさんで、至れり尽くせりのおもてなしである。スケジュールの都合上全行程は無理

スイーツクルーズ（於・ぱしふぃっく・びーなす）

と、ベトナムのホーチミン市よりフライトで帰ってくることになったが、せめてその間は存分にお楽しみいただきたいとスタッフの方々も交えて作戦を練った。せっかくの周遊ゆえ巡航のルートに沿った国々のもの、あるいはその近くの美味を中心にとメニューを組み立てていく。「まずは大陸に沿っての南下ゆえ、スタートは中国のデザート菓子から行きましょうか。続いてはベトナムとかタイ、シンガポール……」「先生、アジア周遊クルーズとはいうものの、そればかりが続くと退屈されるかもしれませんから、途中洋菓子も適度に交えてはいかがでしょう」。なるほど専門職だけあって、お客様の心理をよく心得ておられる。「では

このあたりで大航海時代に想いを馳せて、大英帝国の銘菓を挟みましょうか。イギリスが出てきたらフランスも欲しいかな。あとは、そうねぇ、ここは太平洋ですから、その真ん中にある世界の楽園ハワイのお菓子もいいかもしれない」。そんなこんなで、限られた時間内におけるメニューの落とし込みがなされていった。

実際の乗ってみると、時間だけは十分すぎるほどにたっぷりある。せわしい現代にあって、何もすることがない時間というのが、実はホントの贅沢というものなのか。いろいろあるメニューの中でも、お菓子にまつわるトークショーにも、お菓子教室にもたくさんのお客様が参加してくださり、そのことを生業とする身にとってはまことにうれしい限りだ。リッチなマダムや熟年ご夫婦の方々が、ホントに熱心に耳をかたむけてくださる。「ふーん。このお菓子にはそんなエピソードがあったんですか」等々……。一片のお菓子が人の時間を豊かにしていることを実感するとともに、これまでのやってきたことがこんなにも喜ばれるのかと、ついつい張り切ってしまう。

ところで、自分の持ち時間が終わると、今度は何もすることがなくなる。困った。どうしたらいいのだろう。日頃よりせわしく生きてきた身が、途方に暮れる。こんな時、陸にいたらテレビでも見て時間をつぶすのだろうが、そのテレビがない。やむなく人様の講座を見て回る。これがなかなかに面白い。そうか、テレビがない生活っていうのも悪くはないか、な

ど と思ってしまう。テレビ等の仕事を生業の一部として生きている身にもかかわらず……。
日常と非日常の入れ替わりもたまには悪くない。

まさか東大や母校明大の教壇に

大学関係を顧みれば、都内・地方を問わずいろいろな大学からお呼びがかかり、度毎にそれぞれの講座を務めてきたが、自分ながら驚いたのが、東京大学のお招きを受けて、駒場の教壇に立った時だ。受験時に受けた大学を軒並み落とされ、拾っていただいた明治大学でも家業の傾きでまともに授業を受けられなかった身が、こんなところに立たせて頂いていいものか。そんな後ろめたさも手伝って、ことさら力を入れた授業をさせていただいた。講義のタイトルは「フードサービスとデザート文化」。

東京大学・授業風景

ところで、授業が始まっていささかとまどった。今までのいろいろな場と異なり、おしゃべりひとつなく、皆さんただ黙々とノートをとってくれている。さすが優秀、天下の東大生。公的資金を受けている人たちは違うなぁ、とひたすら感心したのだが、その一方で、いつもの如く軽口を叩いたり、つまらない冗談を言ってもまったく笑ってもらえない。言えば言うほど浮きそうだ。「今のは冗談だよ」と言うと、〝(冗談)〟などと書いている。〝おい、マジかよ〟、うーん、これは困った。どうやってこっちのペースに乗せようか。そこで思いついたのが、試食作戦。ただ聴講するより実際に見て味わった方が早いと、大学側のご了解を得て、研修用と称した試食用のデザートを教室に持ち込んだ。お菓子とあらば、商売柄会社に戻れば〝売るほど〟あり、このくらいのことは、消費者サービスと思えばなんでもない。このことがきっかけで授業もたちまちブレーク、一気にこちらのペースとあいなった。初めは五〇人ほどであったのが、回を追うごとに八〇人に、一〇〇人に、ついには教室に入りきれない程に受講生が集まった。教える側としてはうれしい限りだが、それより天下の東大が、いささかなりと「食文化」に目を向けてくれたことが、何よりうれしかった。これまでの、たかが食べ物たかが菓子という、どちらかというとマイナーに見られてきた感無きにしもあらずであったものに、やっと光が当ってきたという実感を得た。

こうした機会はそうそうあるものではないと、うちのスタッフに授業風景の写真を撮ってもらった。今日び、プライバシーの問題もあるゆえ、受講生の顔が写らないよう気を配りながら。帰り際にスタッフが言った。

「社長、この駒場の校門の出口でも撮りましょうよ」

「あ、そうねぇ、じゃぁ」で、パシャリ！

「東大から出てきたから、これで社長も〝東大出〟？」

「アホか！」

でもまあ、いい記念にはなった。

そうこうするうちに、今度は母校の明治大学からお声を掛けていただけた。東大ももちろんありがたいが、それが母校となるとうれしさも格別だ。出身学部の横井勝彦商学部長からの直々のお話で、吉田菊次郎の特別セミナーを設けて下さるという。これは張り切らざるを得まい。一、二年生が学ぶ、思い出深い和泉校舎に設けられた特別教室で行わせていただいたが、こちらはスイーツなしでも、毎回大入り満員の大盛況。やっぱり母校はありがたい。かつての落ちこぼれが、いみじくも母校のお役に立てている。ご恩返しというよりは、言ってみればろくに授業も受けなかった身の、遅まきながらの罪滅ぼしとでもいったところか。

母校明治大学商学部・特別講座授業風景

ところで、昨今我が明治大学はとみに評価が高まっているとか。喜ばしい限りだ。そういえば皆さん一様に賢そうな顔をされている。今の時代だったら、私などは到底拾ってもらえていなかったのではないか。そんな私が偉そうに教壇になど立ち、申し訳ない気持ちでいっぱいになる。優秀なる後輩諸君、至らぬ先輩の分まで頑張ってください。

あろうことか、大学教授に

大阪にある大手前大学からお問い合わせを頂いた。伺うに、同大学の総合文化学部に製菓科を創設するという。四年制の大学で初のお菓子科の由。で、それについて是非ともご協力を頂きたいと。面白い、望むところとふたつ返事でお受けしたいところだが、いかんせん場所が大阪。どうあっても毎日は無理だが、さてどうしよう。松井博司先生という教授がお骨折りくださり、

「週何回というのも大変でしょうから、月に一回来阪して頂いて集中講義というのはどうでしょう。朝九時から一二時半までの三時限通しということで。ただし常勤の教授となると、教授会なるものにも出席しなければなりませんが、客員教授ということでしたら、教授会も出なくてすみます。如何でしょう、こんなところで。あとの事務的なことや諸々はすべて私の方でお引き受けしますから」

新幹線の時刻表をみると、新横浜六時ちょうどの始発に乗れば八時一五分に新大阪。急ぎ

乗り換えて大学のある「さくら夙川駅」に八時五〇分。そこからやや急ぎ足で向かえば何とかギリギリで滑り込めるか。日本の新幹線の正確さを信じるしかない。

「もし新幹線が遅れでもしたら、その時はその時で考えましょう。学生にとっては、始業の遅れや休校は案外歓迎なんですよ。われわれだって、学生時代はそんなもんでしたから」

松井先生はたいそう話の分かる方のようだ。が、その裏には〝ここまで煮詰まった話ゆえ、今さら断られても困る。何としてでもお受けいただかねば〟の熱い思いも伝わってくる。そこまでされて渋るようでは、男がすたる。

「分かりました。お引き受けいたしましょう。こんな私でよろしければ」

大手前大学客員教授・授業風景

さて、それからは案の定少々大変だった。大阪行きについては、そちらにも自社の大阪営業所があり、通常でもいつも行き来しているので大したことはない。が、月に一度とはいえ、朝四時起きで乗る一番列車は少々きつい。しかも絶対に乗り遅れてはならず、且つタイトな乗り換え時間による毎回の緊張感もたまらない。が、そのうちにその緊張感も楽しめるようになっていった。慣れというのはすごいものだ。而して、今のところただの一度も授業に遅刻をしたことがない。いや、一度だけあったか、地震による京都駅での長時間の足止め。振り返ってもそれくらいのものだ。これもひとえに、世界に誇るＪＲ各社の正確無比な運行業務のお陰であろう。お受けして早や一〇年を越すが、感謝に堪えない。何だって、やろうと思えばできないことはないようだ。

『製菓衛生師』の教本改定

大手前大学の松井教授とはウマが合うというか、お付き合いをさせていただくうちに、俗に言う肝胆相照らす仲となり、いろいろなことでタッグを組ませていただいた。たとえば『製菓衛生師』の教科書の改訂。製菓衛生師とは、昭和四二年にできた資格制度である。その頃すでに調理師というものは作られていて、製菓もその一分野としてそこに含まれていた。しかしながら時代は変わる。お菓子も食の世界の一角を占める確かなジャンルである。よって、調理師とは別に、ひとつのジャンルとして独立して捉えよう、との趣旨によって作られたものである。ちょうど私が大学を出てトロイカというお菓子屋の東中野の工場に住み込みで修行に励んでいた時だった。さあ大変と、製菓業界は大騒ぎとなっていた。ひとつの職業としてしかと認められるのはありがたいことだが、正直いってその頃のお菓子職人といったら、まぁなんといったらいいのか、表現の不適切を承知で申し上げれば、巷間、一クラスに四〇人いたら三五番以下しか来ない業種などといわれていたくらいで、早い話がマイナーな存在だったのだ。そんな勘と経験が頼りの力仕事だったものが明文化され、それを教科書として用い行われる資格試験である。これからはこの職業につく者には、この資格は必携のものとなる。誰が見ても悪いことではない。が、学校を出てこの方、机に向かったことなどない職人さんたちは大いに戸惑った。そんな人たちも受かるべく作られた、最低限度の知識を盛り込んだものだった。結果、大方の人たちは無事合格を果たし、制度としてはまずまずのスタートを切ることができた。

著名な漫談家さんのフレーズではないが、〝あれから十年!〟。世の中はすっかり様変わりした。かつてマイナーだったこの職業は、今や花形として光が当てられるまでになった。たとえば小さなお子さんに「将来何になりたいの」と問いかけた時「僕はパティシエになりたい」「あなたは?」「私はパティシエールになりたい」と、小学生にしてすでにフランス語の男性名詞と女性名詞を使い分けるほどに認知された職業となっている。当然この業界の教科書たる『製菓衛生師教本』の中身も変える必要性が生じてくる。食品製造業としての基本的な事柄は不変にしても、現実にそぐわない部分も少なくない。たとえばかつてはさほどに気を使わずに行われていた作業も、今では厳禁とされることも少なくない。衛生面においては、基準を定めたＨＡＣＣＰ（ハサップ）やＩＳＯ等が常識とされている。また健康面におけるアレルギー物質や添加物等の諸表示、加えてカロリーや産地の明記等々、世の流れに沿った追記事項も昔日の比ではなく日々微細を穿って求められている。

「私もかねがねそう思っていたんですよ。なにしろ今七〇代半ば過ぎの私が、二二歳の時にできた教本ですからねぇ。変えるべきはしっかり変えて、今の時代に合わせなくちゃ」

「そうなんですよ、吉田さん。そんなわけで、とにかくできるところからでも手をつけましょう」

と、新大阪駅前のホテルを毎回のミーティング場所と定めて、松井先生を座長とし、東京都洋菓子協会会長を務めている、私の長年にわたる親友の大山栄蔵君や元会長の平井政次さん等にも呼び掛け、農水省の担当者のご来阪を仰ぎ、私も含めて粛々と改訂作業に取り組んだ。

お陰をもって、ようよう五〇年ぶりにスイーツ業界の教本が書き改められ、一〇〇%の満足はいかないまでも、まま今日の情勢にあったものを、世に出すことができた。

お役所サイドの方が言っておられたが、「一度決まったものを変えるというのは、なかなか大変なんですよ……」

ホントに大変だったが、やってやれないことはないということもよく分かった。そして後その改訂版、そのまた改訂版と、現状の変化や進展とかけ離れないうちに版を改め、こまめに対応を続けさせて頂いている。

イベント活動

世の中には様々なイベントがある。そしてその都度いろいろな形で関わりを持たせていただく機会を賜った。その企画立案から、直接的な参加、審査員、オブジェ作成での盛り上げ役エトセトラ。そんな中でも印象に残るいくつかに筆先を及ばせてみる。

クロカンブッシュを紹介・オリンピック・ブランデージ会長歓迎レセプション（一九七四年）＆中村吉右衛門君結婚式（一九七五年五月三〇日等）

フランスにはクロカンブッシュという飾り菓子がある。テレビ初出演の項でも述べたが、ヌガーで作った台座に一口サイズのシューを円錐状に積み上げて作る、同国独特のものだ。そしてそのてっぺんにはその目的に合ったものを載せて仕上げる。例えば結婚式であったらその人形を、あるイベントであったらそれに見合ったオブジェをという具合に。私がパリで仕事に就いた時に初めて感動を覚えたもので、以来折々にこれを手掛けてきた。帰国し自店開店早々慌ただしい中に私は結婚式を挙げたが、もちろんウェディングケーキにはこれを作って披露宴を行った。当日式場の通用口から自分でそれを運び込み、着替えて表から入ってセッティングをし、いよいよケーキ入刀となった時、ハッとした。用意しておいたナイフを入れる場所がない。前後を間違えてセットしてしまったかと思い、瞬間全身から汗が噴き出した。その時係りの方がさっと歩み寄り、「もう一段上です」と教えてくれた。上がらないと思っても上がっていたようだ。〝何しろ初めてのこと〟ゆえ。お恥ずかしい。

ま、そんな個人的なイベント？はさておき、印象深いお話を二つばかり。開業翌年の一九七四年に日本体育協会（現・日本スポーツ協会）から連絡を受けた。ＩＯＣ（国際オリンピック委員会）のブランデージ会長がお見えになるので、東京オリンピック開催の折のお礼も兼ね、岸記念体育館で歓迎レセプションを行うが、その時会場を飾るクロカンブッシュを、とのご依頼である。飛び上がって喜んだ。関係者の方がフランスのこの飾り菓子を知ってくれていたのが何よりうれしかったのだ。大きな台座の上にそれを載せ、正面を五輪のマークで飾った。体協の方から感謝とお褒めの言葉を賜ったが、感謝しなければならないのはこちらの方だ。私にとっては格別に思い入れ深い、そんなお菓

筆者の結婚式とクロカンブッシュのウェディングケーキ（仏誌掲載記事）

子のご依頼を賜ったのだから。

　また子供時分から仲の良かったクラスメートの中村吉右衛門君が、ふらっと店に訪ねてこられ、「吉田、俺、今度結婚することになったんだけどさぁ、ついてはウェディングケーキを頼めるかなぁ」と言ってくれた。これもまた格別にうれしかった。張り切って高さ二メートルを超すものを作ったが、運び出すのが大変で、一度作ったものを分解してホテルオークラで改めて組み立てた。筆者思うに、結婚披露宴にはホテル製の立派なウェディングケーキがセットになっているものだが、それを使わずにあえてわざわざ依頼に来てくれたようだ。そのあたりに何ともいいようのない友情を感じる。さてその後だが、あちこちのホテルからクロカンブッシュのご依頼をいただくようになった。そして今では、この飾り菓子もすっかり市民権を得るまでになった。そんな思い入れの深いクロカンブッシュは、現在当社のマークの中にしっかり収まっている。

中村吉右衛門のウェディングケーキ（雑誌・明星の掲載記事）

日韓親善・韓国縦断洋菓子講習会（一九八九年一〇月一日〜、一九九一年四月六日〜）

コマ・ジャパンという会社がある。オランダのコマ社とタイアップして、急速冷凍庫の普及に尽力されている会社だ。お菓子の世界にあってこの設備は今や不可欠になっているが、同社は日本に続いてお隣の韓国にもこの便利さの紹介に努めている。ただ、同社のすばらしさは、そうした機械類の商いだけではなく、お菓子の持つ文化性までも含んで、日韓の交流に力を注いでいる点だ。その一環として、日本で着目され始めているチョコレートやヌーヴェル・パティスリー（新しいお菓子）の潮流をも紹介する企画を立てた。そのお手伝いをとのご依頼に、両国の親善のお役に立つならと、一も二もなくお受けさせていただいた。初回は「ソウル、光州、釜山の韓国縦断洋菓子講習会」。これが大盛況で、詰めかけた製菓業の方々の熱意がそのまま伝わり、勢いこちらもいつになく力が入ってくる。我々が忘れかけていた〝より高みを目指すエネルギー〟を思い起こさせてくれる。好評につき続編も企画され、

韓国縦断洋菓子講習会

「ソウル、釜山最新洋菓子講習会」が実施された。こちらも前回にも増して盛り上がり、同国の製菓業のレベルアップにいささかの貢献ができたものと、僭越ながら自負している。お陰であちらにたくさんの知己ができ、当方のその後の人生も豊かなものとなった。ちなみにその時にお世話人を買って出てくださった權湘凡（コン・サンブン）氏は、しばし後韓国洋菓子協会の会長になり、アシスタントを務めてくれた徐正雄（ソオ・ジョンウォン）さんは、權（コン）さんの後を継いで同会の会長となられた。また手足となって動いてくださった鄭侖溶（チョン・ユンヨン）さんは製菓学校の校長となられ、技術者の養成に力を注いでおられる。彼らとの交流は今も続いている。かつてフランスやスイスで学んだことが、いくらかでも両国親善のお役に立てたことが何よりうれしい。その後はかつての私たちのように、同国からもたくさんの製菓技術者たちがヨーロッパへと旅立っていった。そして今や世界大会などでは、韓国は日本のすばらしいライバルとなるまでになっている。

ハッピーバースデー三八歳ゴジラ（一九九二年一一月三日）

イベント活動の諸々については、いろいろありすぎて取り上げ始めたら際限がなく、それだけで紙幅が尽きてしまいそうなので、印象深いものをかいつまんでご紹介していこう。

怪獣映画の走りで大ヒットしたゴジラの誕生三八歳のバースデーケーキのご依頼を受けたこ

とがある。当時の新聞を見たら、次のような記事が載っていた。「一九五四年一一月三日に映画「ゴジラ」が初めて公開されたのを記念して、「ゴジラの日」が設定されたこの日、東京渋谷の百貨店でバースデーイベントが行われ。高さ二メートルのゴジラのぬいぐるみが登場すると、周囲には三〇〇人を超す人だかり。用意された一・五メートル、直径八〇センチのジャンボケーキを前にゴジラが「ガオーッ」と喜びの雄たけびをあげると、「こわいよー」と子供が泣き出す一幕もあった」と。そのジャンボケーキが、私どもでご依頼を受けて作ったものである。思い起こすに、あまりアーティスティックになどならず、分かりやすいものをとのことであった。諾して、一抱えでは収まらない程の大きな台座を何段にも積み重ね、その上に咆哮するゴジラを載せ、何とか指定された場所にお納めさせていただいたが、運ぶのにだいぶ難儀をしたことを覚えている。言われたとおりにあまり凝らず、ままそれなりに分かりやすく作ったそのゴジラ・イベントの模様が、既述のごとくに翌日の新聞に大きく取り上げられていた。こんなに大きなニュースになるなら、細部にわたるまで

ハッピーバースデー38歳ゴジラ

ゴジラが38歳になった。1954年（昭29）の11月3日に映画「ゴジラ」が初めて公開されたのを記念して「ゴジラの日」に設定されたこの日、東京・渋谷の百貨店でバースデーイベントが行われた。高さ約2mのゴジラの縫いぐるみが登場すると、周囲には300人を超す人だかり。用意された高さ1.5m、直径80cmのジャンボケーキを前にゴジラが「ガオー」と喜びの雄たけびを上げると「こわいよ～」と子供が泣き出す一幕もあった。12月12日に19作目となる「ゴジラVSモスラ」（東宝系）が公開されるが、この日はモスラを操る双子の美人にふんした今村恵子（19）、大沢さやか（19）がゲスト出演。「モスラの歌」（11月4日発売）を披露した。

ケーキは1.5メートル

ハッピーバースデー 38 歳ゴジラのバースデーケーキ（日刊スポーツ掲載記事）

もっとデリケートに手掛けておけばよかったかな、作り手には作り手としての見栄っていうものがある。なんてことも頭をよぎったが、主催者側によるとあれで十分とのことだった。ところで、なぜ三五なり四〇という切りのいい数字ではなく、中途半端な三八歳だったのか、その辺りについては、「ゴジラの日」が設定されたこの日から遡り、改めてカウントしてみたらたまたま三八歳だった、ということだったのだろう。してみると、この拙文を書いている二〇二二年は生誕して六八年。還暦も過ぎ、定年も延長してほどなく古希を迎えることになるようだ。

全国菓子大博覧会のお手伝い・第二二回金沢菓子博他（一九九四年四月二三〜五月一五日、以後毎回）

お菓子の世界では、明治四四（一九一一）年に第一回菓子飴大品評会が開催された。全国の製菓業者が一同に会しての一大催しで、ほぼ四年ごとに開かれている。そしてこれは昭和一〇（一九三五）年の第一〇回大会より、全国菓子大博覧会と名を変えて今日に続いている。この由緒ある第二二回大会が一九九四年四月二三日から五月一五日まで、金沢市で開催となった。その折私は「世界の菓子文化ゾーン」及び「全体の監修」のご依頼を受けた。縁あってこの職業を生業とする身にとっては、これ以上の名誉はない。心してお受けさせていただいた。なお、菓子博については度毎に関わらせて頂いているが、同回はそれまでとは異なり、ことのほか盛り上がりを見せた。関わりを持つ者としては、これほどうれしいことはない。いきおい気合も入り、まかされた文化ゾーンもほぼ思い通りに完成を見た。全体感もいうことなし。ＮＨＫ特番の実況中継も入る。そしてそのコメンテイターも務めさせていただいた。タイトルは「人はお菓子に夢を見る」。その番組は思う以上に反響を呼び、その後海外からもお問い合わせをいただいたが、ドキッとすることもないではなかった。放送禁止用語だ。お菓子の名称などにあっては、昔からそのように名付けられているものがいくつもあり、そんなことに話題が振られたらどうしようと本番中にそのことに思いが至り、冷や汗が出たことを今も記憶している。なお、その次の第二三回の岩手菓子博においては、これにも増して、「テーマ館」や「お菓子教室」、並びに「全体の監修」を務めさせていただいた。こちらも東北という人口のハンデもものかは、五〇万人以上の入場者を記録し、大盛況を呈し、正直、ほっと胸をなでおろした。ところでお菓子には大きく分けて和菓子と洋菓子があり、この回より「和」に関してはその道のオーソリティーの虎屋文庫の先生が、「洋」に関しては不肖私が務めるようになった。そしてその後もこの流れは引き継がれ、以降の各大会はほぼすべてそのようになっていく。虎屋さんについてはどなたも納得がいこうが、もう一方がこの私でいいのだろうか。責任は重大である。毎回気持ちも新たに、心して取り組んでいる。

サロン・ド・ショコラの仕掛人・第一回の立ち上げ（二〇〇〇年二月一一〜一三日）

さるフランス系の企画会社から、今フランスで大ブレイクしている「サロン・デュ・ショコラ」というチョコレートの祭典があり、それを日本でも行いたいが是非お力を、とのご依頼を受けた。あちらで諸々教わりお世話になった身としては、ここはひと肌脱がざるを得まいと二つ返事でお受けさせていただいた。場所は有楽町近くの東京フォーラムで会期は三日間。第一回ということもあり、すべてが手探り状態であったが、チョコレートに関する様々なものの展示や各種のプレゼンテーション等いろいろな企画に参加させていただき、相談に乗らせていただいた。何か呼び物になるアトラクションも欲しいとなり、中央にステージを作り、そこで私がチョコレートに関するクイズなどで盛り上げようということになった。親友で日新化工というチョコレート会社の社長をしている大瀧博久氏に相談に伺った。体調を崩され入院中という彼の病室を訪ねたら、「吉田さん、いいのがある。俺がメキシコに行った時に手に入れたんだけど、液体のチョコレートを混ぜる容器。これねぇ、混ぜる棒に羽が付いててさぁ、これで混ぜる時にショコショコってい

第一回サロン・ド・ショコラでの“ショコラ”の名の元?の撹拌器（大瀧博久氏所蔵）

う音が出て、それがショコラとなりチョコレートの語源になったんだって」「うんうん、俺もその話、聞いたことがある。そんな説があるって。面白いねぇ。これでクイズ問題作ろう」。なんてことで、彼が手に入れたその容器を彼の会社から預かり、当日ステージでそんなことを含むいくつかの問題を出すクイズショーを行った。そのイベントはお蔭様で大盛況を呈したが、当の大滝君はその数日後に帰天されてしまった。思えばそれが、チョコレートに生きた彼の最後の仕事になってしまった。私は彼のその手仕舞いの仕事のお手伝いをさせていただいたことになる。

さて、このイベントは採算が取れなかったということで次年度は見送り、その翌年からは、主催者が伊勢丹となって復活し、以降大盛況のうちに今に続いている。ただ、仕切り直し以降なぜか私どもにお声掛かりがなくなったのが残念といえば残念。あのイベントの端緒を開いたのは実は私だったんだが……。ま、主催者がどこにせよ、チョコレート文化が花開くのはすばらしいことと、天の大瀧君とともに喜びたい。

パティシエブームの火つけ役・第一回スイーツ・パティシエ展（二〇〇〇年一〇月二七日～一一月二日、以降各地で）

今は業態変更してなくなってしまったが、新宿三越で第一回の「スイーツ・パティシエ展」が行われた。同店の店長の村越立志郎さんは、本書の第一章の百貨店の項でも述べた如くに、百貨店業界の食品関連の最後のバイヤーとも言われた方で、食品部長時代は調理師から製菓衛生師、果てはフグ調理の免状まで取得するというディプロムコレクターでもあった。同じフィールドということで、ことのほかお親しくさせていただいていたが、その同氏からの依頼でご相談を受け、パティシエ展なるものをやろうじゃないか、ということになった。パティシエという言葉が、ようやく人々の口の端に登り始めてはきたが、まだ今ほど市民権を得ていない頃のことである。

スイーツ・パティシエ展（於・新宿三越）

むろん異存のあるわけはない。むしろこちらからお願いしてでも進めさせていただきたいお話である。私はその催事の中で、何ができるかを考えた。そして設営された会場内に、私が修行時代よりなけなしのお金を使って集めてきた和洋菓子に関する古書文献や諸資料、王侯貴族の食卓を彩ったであろう食器類を展示するコーナーを作っていただいた。並べ終わってから改めて見るに、手前みそで恐縮ながらほれぼれするほどのちょっとしたミュージアムである。これまで会社内でも、自宅においても邪魔者扱いにされてきたものもまんざらではないと、一人悦に入っていた。また会場内には講習会場もしつらえ、家庭でもできるお菓子作りの実演やトークショーで、いらしてくださったお客様に喜んでいただいた。また三越側も新聞や電車の中刷り広告を打つなど、集客に力を注いでくれた。結果は大成功。この盛況ぶりを見て、翌年春には横浜三越が同様の企画で「スイーツパティシエ展・お菓子のすべて・ケーキ実演教室＆ミニ講座」を、同年秋にはまた新宿三越にて「第二回スイーツ・パティシエ展」を、そして続いて「第三回〜」、「第四回〜」、さらには札幌三越で「第一回グルメのスイーツ共演三越フードフェスタ・トーク＆実演・吉田菊次郎セレクトのプロの小道具展」、あるいはＪＲ名古屋高島屋では、「ワールド・スイーツミュージアム・トーク＆お菓子の資料館」等々、同様の催しが全国で相次いで行われるようになった。その都度、ガラクタ扱いされていた私の宝物も本来？の扱いを受けるようになっていった。そしてそのことがすべてとは思わないが、いつしか〝パティシエブーム〟なるものが世の中を席巻していった。こうした催事の実現に力を注いでくださった各百貨店の担当者の方々に、紙面を借りて改めて熱く御礼申し上げたい。

東京ドーム・究極のスウィーツアート（二〇〇三年二月八日〜、以後毎回）

毎年東京ドームで、バレンタインデーの近辺に高円宮様のご来臨を賜り、「テーブルウェア・フェスティバル」が開催される。私がその催しとご縁を持つようになったのは二〇〇三年からで、テーブルウェア界のリーダーである落合なお子先生からのお誘いによるものである。会場は東京ドームで、その催事を盛り上げるべく、力をお貸し願いたいとの由。開催期間がちょうどバレンタインデーに重なるため、それに沿った形で、チョコレートショーを行う企画でまとまった。当日会場内に設営された中央ステージが私の仕事場だ。

かつて私どもの製作スタッフで、その後出世し、今では製菓学校の校長を務めている三浦秀一君に呼び掛け、掛け合い漫才よろしくふたりで楽しいデモンストレーションを行うことにした。題して「究極のスイーツアート」。彼とは昔『洋菓子の工芸技法』なる製菓技術書などを作ったことがあり、ひさびさの共演である。当日は彼も気合が入っていたようで、すばらしい実技を披露してくれた。もっとも校長を務めているくらいゆえ、うまくて当たり前かもしれないが、それにしても立派に成長した今の姿を見るにつけ、かつてのいたずらっ子時代を知る者にとっては、感慨深いものがある。

テーブルウェア・フェスティバルで三浦秀一君と共演（於・東京ドーム）

ところでここは東京ドーム、野球場である。ふとバックスクリーンを見ると、なんと私と彼の名前が大きく映し出されている。

〝おー、すごい〟と感激。〝清原ホームラン！〟などの文字が描かれる大型画面いっぱいに、自分たちの名前が書かれているのだ。慌てて私どものスタッフに目配せをし、写真に納めてもらった。東京ドームというロケーション、師弟の共演、バックスクリーンに映された名前等々、この感激の極みの病みつきになり、以降、毎年このイベントのお誘いが待ち遠しくなった。なお、いつだかの同イベントでトークショーの企画があり、私の出番は黒柳徹子さんの次となったことがある。うまい！　さすがに天下の黒柳徹子さん。その巧まざる話術に、会場の皆さんが思わず引き込まれてしまう。後に控えた私もつい聞き入ってしまった。万雷の拍手の後が私である。これはプレッシャーがかかる。いつになく私も力が入って、一生懸命に務めさせていただいた。結果一人も席を立たすことなく、何とかおしゃべりタイムを終えることができた。受けたかどうかは分からないが……。

愛・地球博ガーナデー・クイズショー（二〇〇五年五月三日、二〇〇五年六月三〇日）

二〇〇五年に名古屋で万博が行われた。名付けて「愛・地球博」。こうした大きなイベントにどんな形にせよ参加できたらいいなぁ、などと漠然とではあるが思っていた矢先に、親しくさせていただいているガーナ大使の秘書の加藤（現・堀内）ますみさんからご連絡をいただいた。

実は私、かねてより駐日ガーナ大使のバフォー・アベジャウアさんから、自国は様々な病で大変お困りと聞き及んでいた。いささかお役に立てればと、医薬品の会社で役員をされていた私の大学時代の友人のご厚意で便宜を図っていただき、大量の医療品を寄贈させていただいたことがある。そんなご縁からますます親しくなっていたのだ。そんな間柄の先方よりのご一報である。「ミスター・ヨシダ、愛知万博で一緒にイベントをやりましょう」とのお申し出である。望むところと、私どものスタッフや協力してくださる方々と、万端整え会場に向った。先ず初回はゴールデンウィークのど真ん中で、ガーナ・ブースでのチョコレートのオブジェ制作の実演である。係員の制止も効かぬほどに大勢の人が押し寄せ、大盛り上がりとなったが、気温が高くチョコレートが固まらないのではと、心配で仕方がなかった。

バフォー・アベジャウア・ガーナ大使とともにチョコレートのクイズショー（於・愛・地球博イベントステージ）

続いては六月三〇日のイベントステージである。純白のコックコート姿で晴れ舞台に立ち、いくつかのクイズを行う。たとえば、「わが国がチョコレートを最も多く輸入している国はどこでしょう」。ガーナ・デーゆえ答えはガーナに決っているのだが、そこはイベント。会場のほぼ全員が手を上げて下さる。「はい、ではそこのおばあちゃま」「はいはい、それはガーナでしょう」。ピンポーン。当るとバフォー・アベジャウア大使が、私どもで用意してきたガーナ産チョコレートの型抜きワンちゃんやニャン子等を正解者に手渡すというショーである。ただこれも心配だった。なんだって六月末日で快晴のお日和である。会場はおそらく三五度を優に超すほどになっていたかと思う。手渡したまではいいが、せっかく作ったあの型抜きチョコレートは、ほどなく溶けて、形をなさなくなっていたのではないか。大使も言っていた。「吉田さん、日本の夏はガーナより暑いです！」と。後日大使のたってのご要望を受け、「吉田菊次郎のお菓子で巡る世界の旅」なるツアーで同国を訪れたが、言われた通りで日本よりずっと過ごしやすかった。それにしても日本の夏はアフリカよりも過酷だ。

サッカー・ワールドカップ出場記念（二〇〇六年六月六日）

日韓共催でサッカーのワールドカップが行われる。大変な慶事である。世には様々なスポーツがあるが、全世界で一様に行われているのがサッカーである。日韓共催とはいえ、世界の祭典が日本で行われるのは、何にしてもめでたいことである。このことを祝って祝賀イベントを行おうと、筆者の親しくさせていただいている、中沢フーズ（現・中沢乳業）という乳業メーカーの中沢康浩社長からお誘いを受けた。実は私、同社のキッチンスタジオで

「吉田菊次郎教室」なるお菓子教室を開かせていただいている。このキッチンスタジオでは、お菓子作りの他に、お菓子や料理の撮影なども行っており、同スタジオ発の拙著の出版もすでに一〇数冊におよんでいる。

さて、この度のワールドカップだが、どのようにして盛り上げようか。私どもと中沢フーズのスタッフさんたちと頭を悩ませた。当日のプレス発表には、たくさんの記者さんたちをお招きしている由。恥はかけない。私どもの中西昭生シェフがいろいろとアイデアを出し、手を貸してくれた。日本チームのシンボルは八咫烏（ヤタガラス）という、日本神話に登場する烏で、神武天皇東征の折、熊野から大和に入る山中を導くため、橿原まで先導したという導きの神である。なおこの烏は三本足なんだとか。ユニホーム等にあるデザインから形を思い描いて、何とかそれらしいものに仕立て上がった。だがこれだけでは物足りない。どうしようか。サッカーといえばペレである。神様的な存在の彼がシュートを放った形のオブジェと、黒と白の二色のチョコレートでサッカーボールを作って添えた。案の定たくさんのプレスがいらしてバチバチバチとシャッターが切られた。翌日の

サッカー・ワールドカップ開催を祝って

新聞にその八咫烏がしっかりと載っていた。後日、私の生徒のおばあちゃまが、そーっと教えてくれた。「センセ、あのカラス、足が三本でしたよ。鳥たちはどんな種類も二本よ」と。

「えー、あっそうでしたっけ。すみませーん」

としか言えなかった……。

夏の子供博（二〇〇六年七月二五日〜八月六日）

百貨店というところは、いろいろなイベントを行って私たちを楽しませてくれる。二〇〇六年の夏、「私の僕の夢、小さなパティシエ誕生」と題した「夏の子供博」が日本橋三越本店で行われた。子供たちが、自分が食べたい夢のケーキの絵を描き、それをもとに私どもがそのお菓子を作る。そして誰が一番素敵でおいしそうな夢のお菓子の絵を描いたかを競うイベントで、その製作と審査を当方が行うという設定である。夏休み中、退屈しているお子さんをどこかに連れて行かなくては、という親御さんにとっても大助かりの催しだったか。連日大入り満員の大盛況であった。そして集まったかわいらしい絵をもとに私どものスタッフが、夢の実現に腕を振るった。結果発表。三位・誰それさん。二位何々さん。そして第一位、ジャーン、何子さーん！　会場は割れんばかりの拍手喝采。

それにしても皆さん、すばらしい夢をお菓子に託してくれた。スイーツを生業とする者にとってはうれしいことこの上もないが、そんな夢に優劣をつけなければならないことに、ことのほか辛い思いをした。できればどれもみんな優勝にしたかったが、そうもいかない。でも選ばせていただいた作品はお世辞抜きにすばらしいもので、会場の皆さんにもご納得いただけたものと思った。

なお、これには後日談がある。優勝したお嬢さんは当時六歳ぐらいだったか。それがご縁でか、そのお嬢さんからはその後も時折お便りをいただいていたが、過日こんなお知らせを受けた。大学を卒業し、この度目指していた日本経済新聞社に無事就職が決まったとのこと。〝えー、あの時のあの子がもう社会人？〟。それも日経にご入社とは。うれしいというか、驚きというか、何ともいえない感慨深い思いに浸った。実は私は日経さんとは浅からぬご縁を持たせていただいている。まだ駆け出しの頃、日本経済新聞社発行の月刊誌『パーソナル』に「お菓子とおしゃべり」のタイトルで連載していたことがあり、その後それをまとめた『お菓子物語』なる本を上梓したことがある。そしてその後も日経新聞に「ルーツをたどれば・チョコレート編」の連載したり、近いところでは土曜日の「ＮＩＫＫ

夏の子供博（於・日本橋三越本店）

ＥＩプラス１」でお菓子がテーマの折、その審査員をお願いされたり、「なるほど！　ルーツ調査隊」などでバースデーケーキについて知った風なことを述べたりしている。また日経の編集長さんとは、農水省主催の仕事でベトナムのハノイに行き、あちらでシンポジウムなどを行ったりも……。でもあの時の、一年生になったかならないか位だった小さなお譲さんが日経にねぇ。いつの日にか、彼女の取材でも受けるようなシチュエーションがセットされでもしたら、どんな顔で受ければいいのだろう。孫のインタビューを受けるジイジ？　うれしいような気恥しいような、なんとも不思議な気持ちになるに違いない。

祝・悠仁様お誕生（二〇〇六年一〇月二〇日）

二〇〇六年九月六日、秋篠宮家に待望の悠仁親王殿下がお生まれになった。そのことを祝して、前々項でご紹介した、筆者の親しくしている中沢フーズ（現・中沢乳業）の中沢康浩社長から、またご相談を受けた。新橋にある同社のキッチンスタジオで、悠仁様ご誕生の記念イベントを行いたいと。いろいろない頭をひねり、考えさせていただいた。赤ちゃんのお誕生とくれば、やはりコウノトリか。またまた私どものスタッフの中西昭生シェフが渾身のアイデアをもってその形の具現化に汗をかいてくれた。当日は、同キッチンに通う生徒さんや、例によってたくさんのプレスが集まってくれた。こうした特別の慶事に、どんな形にせよ参加できるというのは幸せなこと。お菓子屋をやっていてよかったと思う瞬間だ。いろいろなイベントの中でも特に心に残るできごとで、この思い出をいつまでも大切にしていきたいとつくづく思った次第。こんな慶事ならエニタイムOK。いつでも何をさておいても参加させていただく。それにしても、こうした催しを度ごと外さずしっかり捉えていく中沢康浩社長の企画力にも恐れ入るばかりである。やはりできる方はどこかが違う。

祝・悠仁様お誕生

元総理や川崎市長の熱き思いを受けて・アメリカン・フットボール・ワールドカップ第三回開幕記念（二〇〇七年七月五日）

二〇〇七年七月七日、川崎で第三回アメリカンフットボールのワールドカップが開催された。そのことを祝って、それに先立つ七月五日、川崎駅直結の地下街アゼリアにおいてイベントが行われた。ちなみにその翌日の六日のセレモニーには森喜朗さんや麻生太郎さんといったお歴々もお出ましくださったほどの大きな催しである。さて、イベントには目玉があるとさらに盛り上がる。そこで私たちの出番となる。〝そのことを象徴するものをお菓子で

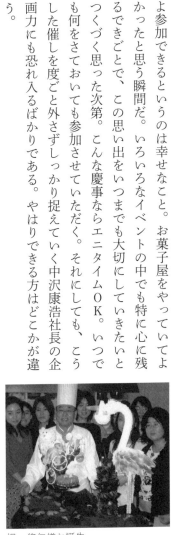

作れないか。芸術作品でなくてもいい。力強いものを〃との阿部孝夫川崎市長のご要請に、〃はい、もちろんできますとも〃とお返事させていただいた。こうして作り上げたものがヘルメットをかぶり、今にもタッチダウンするように走り出す選手像。これならどうでしょうと地下街のその場所にセットし、派手に目立つ黄色い幕をかけて覆った。セレモニーが始まりいよいよ除幕式。司会者の声がワンオクターブ高くなり、かけ声とともに黄色い幕がさぁーっと引かれた。詰めかけたお客様方の割れんばかりの拍手。イベント大成功の瞬間だ。やったー、終わったー、ひとまず無事に。

後ほどその時の写真を見せていただいた。すばらしい。何がすばらしいって、その写真がである。合図とともに私が引いた幕が、ものの見事に翻ってその絵の美しいこと。

アメリカン・フットボール・ワールドカップ2007開催を祝して

この度は作品ではなく、その写真が大殊勲の務めを果たしてくれた。その写真を撮ってくれたのは、お菓子業界の団体のひとつたる全日本洋菓子工業会の編集を長いこと務めてくださっている服部幸子さんである。その一大作品たるベストショットの写真は、後日の業界紙をしっかりと飾ってくれた。そのページを目にした時、いつもひとかたならぬお世話になっている服部さんのお仕事のお手伝いが、ほんの少しでも出来てよかったと思った。

なおその〝お菓子のアメフト像〟は翌日の新聞に大きく取り上げていただき、その後しばらく川崎市庁舎の入り口に飾ってくださっていた。

アジア・フードカルチャー・フェスティバル（韓国仁川：二〇一一年九月一七〜一八日、二〇一二年一〇月五〜六日、二〇一三年四月一九日）

毎年韓国の仁川において、「アジア・フードカルチャー・フェスティバル」が開催され、度毎に協力のご要請をいただく。同国には友人もたくさんいて、いつも大歓迎を受ける。特に二〇一二年一〇月五〜六日の大会は盛大にして大いに盛り上がった。前日に会場に入り、「スイーツによる一年の歳時記」をテーマに、設営されたスペースにあらかじめ準備をしておいたお菓子を並べての展示を行った。それにしても立派な会場で、そこにまた十分すぎるほどの場所をお与えいただき、恐縮してしまうほどだ。主催者側の熱意がそこかしこから伝わってくる。同行した某ホテルのシェフさんや料理人の方々のご協力を得て、何とかセッティングを終えると、韓国の各時代の料理やエスニック料理などを展示した、他の部所の方々や実習に来ておられる学生さんたちが駆け付け集まり、早くも親善交流が始まる。その後は前夜祭のセレモニーやご接待のお食事会等、スケジュールがいっぱいだ。

さて翌日、盛大な開会式を終え、スケジュールに従ってメニューをこなし、ステージでは私の講演とあいなった。韓国のテレビ局も入り、通訳さんを通して「現代のスイーツ文化」をテーマに一時間程のトークショーを無事こなすことができた。そのあとはサイン責め。続いて場所を移動し、同地の仁川文藝学院においての私の特別講座。驚いたのは、学生さんたちの明るさと熱心さだ。新しい情報を少しでも取り入れようとの熱い思いがひしひしと伝わってくる。

とかく両国関係が取り沙汰されるが、私の友人は皆さんいい方ばかりだし、個人レベルや民間レベルではこんなにも打ち解け、和気あいあいの間柄である。様々なことがあり問題はそう簡単でないのは分かってはいるが、今自分にできることで精一杯お役に立てるよう努めていきたいとの念を新たにした。

アジア・フードカルチャー・フェスティバル（於・韓国仁川）

山梨との熱きご縁・各イベント

山梨県農産物取り扱い覚書調印式（二〇一一年六月一四日）
山梨を食べよう！　山梨農産物魅力発信懇談会（二〇一二年七月三〇日）
やまなし大使拝命（二〇一四年九月二八日）

不肖私、山梨県知事の横内正明さんと昵懇の間柄である。きっかけは何であったか失念したが、とにかくお互い気が合った。

「山梨産食材使用に関する覚書」調印式

その横内さんからのご提案を受け、二〇一一年六月一四日、山梨県と全国農業協同組合連合会とブールミッシュとの三者の間で、〝山梨県は県産の産物を鋭意供給し、ブールミッシュはこれを積極的に使用する〟という、「山梨県農産物取り扱い覚書調印式」を行うことになった。別に何の縛りもない覚書なのだが、テレビも入り、仰々しくも盛大に知事室において執り行った。無事セレモニーが終わり、私どものスタッフたちと近くの蕎麦屋で食事をとったが、その時スタッフの一人が「あれっ」と声を上げた。店内のテレビで、今終わったばかりの調印式の様子がもうニュースとして流されていた。横内知事はなされることが早い！　それを機にこれまでにも増して、私どもは同県産のものを、その後もしかと使わせていただいている。

またその翌年の二〇一二年七月三〇日には「山梨を食べよう！　やまなし農産物魅力発信懇談会」が東京の椿山荘で開かれ、やまなし大使を拝命している何人かがお招きにあずかった。私のお隣に菅原文太さんもおられて、それぞれが壇上に立ってご挨拶を申し上げた。

懇談の折、菅原文太さんといろいろお話をさせていただいたが、驚いた。同氏は山梨県内に農場を持ち、そこでは特別に辛い、飛び上がるほどに強烈な〝唐辛子〟を栽培しているとか。そしてその名は、なんと〝おひけぇなすって〟。いやぁ、これには笑っちゃいました。あまりにも辛いので、お使いになる時はくれぐれもお控えくださいとの意味というが、それにしてもねぇ、〝おひけぇなすって〟とは。しかもこれをやくざ映画で鳴らした菅原文太さんが言うと

「山梨を食べよう！　やまなし農産物魅力発信懇親会」菅原文太さんたちと

「やまなし大使」拝命

ころが面白い。皆さん、同氏の手掛けたそれをお使いの時は、くれぐれも〝おひけぇなすって〟。

そんなこんなのもろもろから、二〇一四年九月二八日の山梨県防災センター開所一周年記念イベントの折に私も「やまなし大使」を拝命した。よく人様から「吉田さんは山梨生まれ？」などと聞かれるが、神田の生まれの江戸っ子である。ただお菓子屋という商売柄、フルーツはよく使う。山梨県は俗にいう〝フルーツ王国〟であり、特にブドウや梨、すももなどは日本一の生産量を誇っている。そうしたいきさつもあってか、その後の私どものそれらの使用量も順調に増えている。大使としての務め果たせているほどのものでもないとは思うが。

その他のイベント

その他、イベントについては、紙幅の都合上書ききれないことが山ほどある。

独立開業して間もない頃、「お菓子による世界平和のキャンペーン」なるものを行い、平和の象徴のハープと花言葉が愛である飴細工のバラで飾ったオブジェを作り、フランスの

仏誌に発表した「お菓子による世界平和のキャンペーン」

雑誌に発表したことがある。お陰様でご好評をいただいたが、こうしたものの評価は日本の方が先であったら、もっと嬉しかったのにとの思いが、ちょっぴり頭をよぎった。

また、紀宮様のロイヤルウェディング（二〇〇五年）に際しては、それを祝して「ウェディングケーキ製作体験教室」を開催させていただき、参加者の皆様方と喜びを分かち合った。

またトリノオリンピック（二〇〇六年）では、それを記念した浅田真央さんのスケーティングのシルエットを「がんばれ浅田真央選手」と題し、チョコレートで表現してプレス発表したり、二〇〇七年には話題の二人として「ハンカチ王子とはにかみ王子」にちなんだお菓子のオブジェを製作。

また川崎市で行われた「お弁当オリンピック」（二〇〇九年）では審査員長を務めて、地元産の食材を使ったものを推奨し、実際に大手コンビニの定番商品に取り上げていただいたこともあった。

また世の中の動きにあわせて、タレントのジャルジャルさんの司会のもとに「スイーツ男子応援プロジェクト」（二〇〇九年）なるものも行ったが、お菓子作りの講習会場の雰囲気がいつもと違って見えた。まず教壇からの目線が高くなる。皆さん概ね女性の方より背が高いのだ。そして景色が黒っぽい。衣服にいつもの華やぎがない。まぁ男性はあまりカラフルなものをお召しにならないからだが。そして何より会場が静か。女性は結構賑やかだが、男性の方々は大体がただ黙々とお作りになる。皆さん総じて真面目なんです。でもでも、皆さんとても真剣でしかもお上手でした。今日、お菓子屋さんの工場は女性の進出が目覚ましいが、ご家庭内においては、これからは男性の活躍が目覚ましくなりそうだ。

また、「食育推進全国大会・食育&復興支援フェスティバル横浜」（二〇一二年）がパシフィコ横浜で行われたが、それにあっては、集まっていただいた方々に三・一一における災害支援を訴え、これに合わせて仙台明成高校の生徒さんの栽培したキャベツを使ったお菓子を作り、私どものお店で売らせていただいた。

スイーツ男子応援プロジェクト。ジャルジャルさんと

東北復興支援（於・横浜パシフィコ・旅博会場）

その他数えきれないほどのイベントに参加させていただいたが、実現しなかったものもないではない。いつぞやは、さる大手の自動車メーカーさんからご依頼があった。新車発表会にあた

り、それと原寸大のものをお菓子で作っていただけないか、お代はその車と同額お支払いすると。お菓子屋としてできないことはない。もちろんお引き受けするつもりで構想を練った。全体はパスティヤージュという砂糖細工で、ここはこうしてとある程度考えが固まったところでハッと気付いた。できることはできるが、どうやってここから運び出す。ドアも壁も壊さなければ出せないではないか。うーん、困った。結局はお断わりせざるを得なかった。それにしても、新車と同じというお代には、商人としてはいささかの未練が残らないわけではなかったが。

災害支援活動

人智を超える千年目

平成二三年三月一一日、日本中がパニックに陥った。千年に一度というこの大災害から数日後、懇意にさせていただいているさる大使館関係の方を通して、農水省から被災地支援をお願いできないかとのご連絡を頂く。先ずはカップ麺とかおにぎり、パンといったものが必要だが、これについては各方面ですでに手配中。緊急は水。受けた私はすぐに親しい間柄の、岡村充康さんというサントリーの役員さんに連絡をとった。「すでに私どもでも、ペットボトル百万本用意しています。とのお返事。さすがは日本を代表する名門企業と敬服。次にこれは長引くと分かってきて、缶詰等調理を必要としない食品を、とりあえず五〇万食用意できますか、との問いかけをいただく。すぐさまこれも懇意にさせていただいている明治屋さんの幹部・太田淑之さんにつなぐ。「分かりました。すぐに何とか」とのお返事の小一時間後に「吉田さん、申し訳ない。全店調べたが、すべて空っぽで……」

いわれた通り、スーパーやコンビニ、食品店から商品はすでにすっかり消えていた。さりながら、食品メーカー各社の協力でこれも何とか充足されていった。続いて農水省の方から「今度はお菓子の出番ですが、宜しくお願い致します」のオファー。先年の阪神淡路大震災の時の経験から、人は一拍置くと甘い物が欲しくなるもの。またそうした物が口に入ると心が自然と落ち着くことなどが実証済み。まさしくお菓子の持つレゾンデートル（存在意義）である。同震災時同様、言われるまでもなくすでに流通在庫も含め、日持ちのする焼き菓子や半生菓子を百二万個までカウントし、キープしておいた。国家の一大事なればと会社を挙げて支援体制を整え、次の指示を待った。と、そこへ首相官邸におられる知人からのお話が入る。災害対策本部が置かれているそこも不眠不休の戦いが続いているが、息抜きのためのつまむお菓子ひとつないという。ならばと連絡をとりご了解を得て、車一杯にお菓子を積んで伺った。担当者の方の指図に従って運び込んだはいいが、ほどなく別室から戻られた同氏いわく、「吉田さん、ホントにありがたいのですが、今この時間に現地で悲惨を極めている方がたくさんおられるのに、自分達だけがこのようなものを口にするわけにはまいりません。一度お願いしたものではありますが、この度はご厚意だけ頂戴して……」

農水省等各省内同様、〝日本はひとつ〟を合言葉に身を粉にしておられるが故のご判断らしい。さりとてそうですかと持ち帰るわけにはいかない。「分かりました。では私、ここに忘れて参ります。どうぞ如何ようにもご処分なさってくださいまし」と丁重にお返事申し上げその場を辞した。一瞬お困りになったお顔をされたが、深々と頭をお下げになられた。おそらくはよしなに処分していただけたものと思う。

さて、ほどなく東北自動車道の通行可能を確認後、直ちに本格的な支援活動に移った。農水省と現地対策本部の要請を併せ受け、度毎にトラックにお菓子を満載し、被災地に向う。途中、郡山や仙台にある自社の店に寄り、安否の確認と激励の言葉をかける。

その仙台三越に立ち寄った時のこと。真っ先に食品売り場に行ったら、同店の村上英之社長がまったくの普段着姿で陣頭指揮を執っておられた。

「あっ村上社長、いやぁ、たいへんでしたネェ」

「あ、吉田さん、来てくださったの？　わざわざ」

「はい、こちらにもお世話になってる方々や私どものスタッフもおりますし。これから女川

3.11 東日本大震災災害支援

の方に支援でまいります。でももうお仕事再開ですか?」

「そう、もう次の日から。こんな時にこそ皆様のお役に立たなくては。でもねぇ、この売り場からもふたりが行方不明で……」と、そんな悲痛な話しをしていた時、

「社長、○○さんがあがりました」

「あっ、そう、あがったか、うん、うん、そうか、よかった、それはよかった……」

〝あがった〟というのは、ご遺体があがったということ。無事での発見ではない。でも多くの方が行方不明の中、見つかっただけでも〝よかった〟のだ。現場での生の会話に胸がつぶれる。

　さらに北上。最初に訪れた宮城県女川第二小学校には、なんと二五〇〇人が避難しているという。長蛇の列。つい先日まで何事もなく暮らしていた人たちが、一杯の雑炊にヨレヨレの服で並ぶ。突然孤児にされた子供たちが無邪気を装って遊んでいる。孤児などという言葉は戦災孤児以来耳にしなくなって久しい。この高台にある学校にいたから助かったが、すぐ下の家にいたご家族は全

員が流されたそうだ。大勢の人たちに囲まれている今は気も紛れようが、いずれ皆しかるべきところに収まってひとりになった時、彼ら彼女らはどうなるのか。この先のこの子たちの人生を思うと心が塞ぐ。

学校のすぐ下の、悪魔の爪跡と化した瓦礫の中では何人もの人に混じって自衛隊員が何かを必死で探している。

ご遺体探しのお手伝いとか。思わず手を合わせる。

石巻の万石浦中学校でも荷を運び込むや「エッ、これお菓子ですか？　開けてもいいですか？」「あっホント、お菓子だぁ！」。そのひとことで体育館中が瞬時に明るくなる。お菓子屋をやってきてよかったと思える瞬間だ。一片のスイーツの持つ力の大きさに改めて驚く。

陣中見舞いに伺った仙台の同業者がこんなことを言った。

「今、友達の葬儀から帰ってきたんだけど、その彼がさぁ、津波だぁってんで一度は逃げたんだけど、何思ったか家ん中に取って返して、そのまま呑まれちゃって……。で、あがった遺体のポケットからたくさんの電池が出てきたんだって。いろんなこと考えたんだろうね、とっさにさぁ」

言葉を失う。人それぞれとはいえ、その瞬間私たちは何を思うのだろうか。

その言葉が耳から離れぬまま、翌日福島県の各所に行く。私の高校時代の同級生で、参議院議員をしている金子原二郎（前長崎県知事、現農林水産大臣二〇二二年六月現在）君からの電話で、自分が親しくしている福島出身の森まさ子議員が困っている。協力してくれないか、の要請を受けてのものだ。先ずは会津美里町の廃校。探し当てたそこでも身を寄せ合っている人たちが「わっ、お菓子だ！」と目を潤ませながら顔を崩して喜んでくれた。もっと積んでこられなかったことを悔やむ。続いて、磐越自動車道でいわき市に向う。途中一台の車もいなくなっていることに気付く。いわきインターを降りると、言いようのない風景が目に入る。街には人っ子ひとり見当たらない。でも道の両側の民家に確かに人のいる気配はある。こんなことがあっていいのだろうか。農水省や災害対策本部の方の言っていた、宅配便もままならないという訳がその時わかった。みなさん目に見えない放射線の被害を恐れているのだ。

指示された学校に行くと、そこにもまた、大勢の方が避難を余儀なくされている。続いて向った平競輪場には全国から寄せられた救援物資が山のように積まれており、親しい同業者の社名入りの段ボールを幾つも目にすることができた。みなさんどこでもできる範囲のことをなされているのだ。しかしながら同地に見られる如くの、一過性の津波とは異なる果てしなく続くだろう目に見えぬ敵との戦いは、私たちの現代社会にあまりにも大きな傷跡を残していった。

その後も、たとえば記憶に新しい平成二八（二〇一六）年の熊本地震の際にも、いくばくかのお手伝いをさせていただいた。あの折も支援の態勢をとっていたのだが、一向に指示が降りてこない。官が動けなければ、民が動けばいい。

昵懇の間柄の「お菓子の香梅」という地元の製菓会社も罹災し、営業活動もままならないという。すぐさまご当主・副島隆社長に連絡を取り、支援のスイーツをお送り申し上げた。そしてそれを〝今こそ地域社会に貢献すべき時〟と燃えている同社のスタッフのお力を借りて、各駐車場等に張られた仮設テントに避難されている方々にお配りさせていただいた。

そういえば、フィリピンの大津波の折にもスタンバイしていたが、この時はペンディングになってしまった。実際に被害者の元に届くかどうか分からないとして、待ったがかかったのだ。後から思うに、それを見越してでも送って差し上げた方が良くはなかったか。今にしてなお、忸怩たる思いが残っている。

大企業ほどではないにしても、それぞれの立場において、微力なりとも世の中のお役に立たんとしているところも少なくない。

ところでその後のコロナ禍においても同様、ささやかながらできることをさせていただいた。

懇意にさせていただいている森まさ子法務大臣（当時）から一報が入り、大臣室に招かれた。全国の学校が休校になり、子育てと仕事を両立させているシングルマザーが窮地に陥っている。何とか支援できないかとのご相談を受け、早速ご紹介を賜ったシングルマザーズ・フォーラムを通して、全国のそうした方々にお菓子をお送りさせていただいた。

また近いところでは、熱海伊豆山土砂災害（二〇二一年）においてだが、同地で「M＆M」という店名のカフェを営んでいる大学時代の親友、実名を挙げて恐縮だが田原幹夫君を通して、現地災害対策本部にささやかだが、商売物のお菓子をご寄贈申し上げた。さしたるお役にも立てなかったとは思うが、居てもたってもいられず、気持ちだけでもとの思いから、親友の手を借りてしまった。

お菓子の役立つ場面はまだまだありそうだが、できればハッピーな状況においてもお役に立つことができたなら、との思いも頭をよぎる。

千一年目

千年に一度といわれたあの三・一一から早くも一年数ヶ月経った頃のこと。新しいニュースが押し寄せる中、いかなることも記憶の隅に押しやられていくのは世の習いか。ただ直接的に被害を蒙らなかった人たちにとっては過去になっても、当事者の方々にとっては、いつになってもあの出来事は現実なのだ。現に仮設住宅には未だたくさんの人たちが、二〇一一年三月一一日から時を止めたままの生活を余儀なくされている。

災害復興支援・仙台明成高校
特別講座

一周年を前に、親しくさせて頂いている中沢フーズ（現・中沢乳業）という乳業メーカーの中澤康浩社長と仙台の明成高校を訪れ、生徒さんたちと地元の食材を使用したお菓子作りを行った。中澤康浩氏も震災直後に、石巻で渡哲也さん率いるあの石原軍団と隣り合わせで炊き出しを行っていたひとりだ。あの時は誰しもがそれぞれの立場でできることを行っていた。

この度はその中澤氏とのコラボレーションで、食品に携わる者としてできることをしようという思いからの一致である。

即効性のある直接的な支援ももちろん大切だが、問題はその後だ。すべてを失った人や地域にとって、生活基盤から作り直すのは容易ではない。永年にわたって築いてきた社会のシステムが突然消えてなくなってしまったのだから。さりながら、その時の高校生のくったくのない笑顔には、いささか救われる思いを感じた。何となれば、私たちは何をするといっても、その実たいしたことができるわけではない。実際の復興の担い手は彼らなのだ。この子たちなら大丈夫！　思わず胸が熱くなる。

ところで、縁あってそうした被災地の食材を使って作るスイーツの本『〝東北応援菓〟岩手・宮城・福島　新スイーツ紀行』を被災一周年に合わせる形で上梓させていただく機会を得た。奇しくも著作という より駄作三桁目となったことで、ささやかな会をもってお披露目をさせていただいた。その席にお招きした同校の生徒さんが、大勢の方々の前で堂々と、ふるさと復興への力強い決意表明をしてくれた。会場にお越しいただいたみなさんも万来の拍手をもってこれに応えた。

吉田菊次郎著作 100 冊&クリームドリームズ開設10 周年記念でご挨拶賜る大林宣彦監督（於・羽田空港ギャラクシーホール）

続いて自らを映画作家と称しておられる大林宣彦監督が、撮影進行中の「この空の花・長岡花火物語」のお話をしてくださった。同映画は二〇〇四年の新潟中越地震から復興を遂げ、過日の東日本大震災には被災者の方々をいち早く受け入れた、同県長岡市を舞台にした物語で、見る人の心の底に熱く問いかける監督ならではの意欲作だ。そして終わりに中村雅俊さんが自らの実家を被災されながらも、その後も各地を支援して回られている旨を、声を詰まらせながらお話ししてくださった。三・一一を風化させまいとする努力は、今もなお各方面で続けられている。日本人は未だ捨てたものではないことを、改めて痛感させられた。ネバー・ギブアップ。どんなことがあろうとも。

なお、災害支援に関しては、同じく一周年の折、フランス大使館よりご連絡いただき、被災地の福島県の郡山に日仏のシェフが集結。そして被災者の方々を励まさんと、お料理やデザート菓子を振る舞うイベントが催されたりと、各地に出向かせていただいた。そうした時、例えば私たちはクレープシュゼットという温製アントルメの実演を行い、目の前で炎を上げたその熱々のご提供などをする。すこしでもお役に立てればとの思いからだ。加えてテレビやラジオのイベントを通して、あるいは各種のイベントを通して、ことあるごとに微力ながらあちこちに呼び掛けている。

災害支援で日仏シェフが福島県郡山に集結

ラジオ日本「ソレ知りたーい!」で災害支援呼びかけ

そういえば、小学校時代からの親友のお孫さんが通っているという、文京区立青柳小学校からも講演のご依頼をいただき、三・一一の災害時のお話をさせていただいた。「皆さんと同じぐらいの年頃のお子さんたちは高台の学校にいたから助かったけど、下におられたご家族はみーんな流されちゃって、突然一人ぼっちになっちゃったの。パパもママもおじいちゃんもおばあちゃんもみーんな流されちゃったの……」。そんな話に皆さん真剣なまなざしで聞き入ってくださっていた。実際にあったこうした被災のお話は、決して風化させてはいけないとの思いを強くした。

どこまで功を奏するかは分からないが、今自分ができることをできる範囲で……。

目に見えぬ大切なもの

一九三〇年に金子みすゞさんが亡くなって、二〇一〇年で没後八〇年を迎える。これを記念して、金子みすゞ展が全国で開催されることになった。

私とみすゞさんとのそもそものご縁は、講談師となられた一龍斎春水さんを介してである。宇宙戦艦ヤマトの森雪などの声優をしていた彼女は、ひと時私の番組の司会兼アシスタントを務めてくれていた。が、ある時一念発起し、人間国宝の一龍斎貞水さんの門をたたき、講談師の道を歩んでみごと真打ちとなり、目下大活躍中である。彼女は果敢に新作にも取り組み、金子みすゞ一代記を読んでいる。その彼女から、こうした催しがあるので、ぜひともご協力をとのお話を頂いた。もちろん私ごときで宜しいならと、お手伝いをさせていただくことになった。心斎橋大丸から始まり、各地を回るという。なおそれを行うにあたり何か目玉が欲しい。詩もスイーツもジャンルは異なるがともにアート。その共通するところをもって、詩をお菓子で表現できないものかとのご相談を受けた。そこで考えついたのが金子みすゞさんの代表作のひとつの「星とたんぽぽ」の具現化。みすゞさんの心を表すごとく純白のあめ細工の作品ができ上がった。最初のものはその前年（二〇〇九年）に、一龍斎春水さんがケースに入れたそれをひざに抱いて、山口県長門市のみすゞ記念館に運んでくれた。みすゞ展に飾るものについては、会場の広さに見合うものとして、背の高さほどの大作に仕上げた。第一回の大阪心斎橋大丸を皮切りに名古屋松坂屋、日本橋三越、と会場が移るごとに作品も作り替え、度毎にバージョンアップしていく。と、そこへ突然の三・一一の大震災。テレビからコマーシャルが消え、何と代わりに金子みすゞさんの詩が全国に流れた。時を越えて、彼女が日本中の人たちの心を癒してくれたのだ。

その後みすゞ展は横浜そごう、京都大丸と巡回し、最後にみすゞ記念館のある街の「ルネッサながと」で打ち止めとなる。が、反響があまりに大きく、さらに福岡三越での開催も決まる。さてその後だが、実は震災前から仙台でのお話も起こっていたのだが、突如のできごとで沙汰やみとなっていた。震災一周年の二〇一二年三月に是非とも被災地の仙台でできないものかとのご相談を金子みすゞ記念館の矢崎節夫館長から受けた。すぐさま親しくさせて頂いている三越伊勢丹ホールディングスの石塚邦雄社長（当時）にお話を繋いだ。「それはすばらしいこと」とその場で仙台三越の村上英之社長（当時）にお電話してくださり、即決となる。二〇一二年三月九日から一三日までの開催をお決めくださったのだ。

　当日多くのマスコミの方々が来られた中、石塚社長、村上社長、矢崎節夫金子みすゞ記念館館長、上村ふさえさん（みすゞさんの長女）、石井ふく子さん（TBSプロデューサー）、女優の小林綾子さんと私とで、テープカットをさせていただいた。

災害復興支援・金子みすゞ展（於・仙台三越）

　震災の地で、震災一周年に合わせての、日本中の人々の心を癒した詩人の展覧会は、連日大入り満員だった。この後もオファーが続き、姫路文学館、下関大丸を経て、みすゞ記念館で打ち上げをした。当初の没後八〇年記念は、終わった時には八二年になっていた。

　なお、各みすゞ展においては、様々な

方のみすゞさんへの想いを寄せた文が、それぞれの方のお写真とともに会場に展示された。荒木経惟さん、池内淳子さん、一龍斎春水さん、片岡鶴太郎さん、佐藤しのぶさん、松たか子さん、黛まどかさん等々。

恥ずかしながらあめ細工の作品とともに展示されていた私の拙文を転記させていただく。

見えぬけれどもある大切なもの

吉田菊次郎

金子みすゞさんの「星とたんぽぽ」を読んだ時、まっ先に頭に浮かんだのが、サン＝テグジュペリの「星の王子様」にある、〝大切なものは目にはみえないんだ〟の一節でした。全く接点のないお二人ですが、その間にはこんなにも優しくて鋭い、目には見えぬ共通点があったのです。それは心の中のコトンと何かが落ちるような温かな驚きでした。そしてそのお二人ともが、ある日突然姿を隠してしまいました。

でも、〝見えぬけれどもあるんだよ〟。いつまでも私たちの心の中に……。

社会活動

「若者の人間力を高めるための国民会議」

増え続けるニートやフリーターの問題を何とかせんものと、厚生労働省が真剣にその対策に取り組んでいる。その一環として平成一七年に「若者の人間力を高めるための国民会議」（二〇〇五年五月二七日～）なるものが、同省によって組織された。

「若者の人間力を高めるための国民会議」

初代議長は奥田碩経団連会長が、そして次に御手洗富士夫氏が務められ、その他に時の厚生労働大臣やＮＨＫの橋本元一会長、大学教授、知事、作家、アーティストといった肩書きの方々二〇名で構成されている。そして何としたことか、その中に恐縮ながら私が名を連ねている。居並ぶ諸先生方の中にあって、どう見ても私のみがミスキャストではないかとも案ずるが、せっかくの声がかりゆえできる限りお役に立ちたいとの気持ちで参加させていただいた。

そこで私ごときにできることを考えてみた。何ほどのものも持たぬが、ただ他の方々と比して、ニート君たちとたいそう近いところに私はいる。何となればわれわれの職業は、そうした彼らを受け止め、受け入れる側にあるからだ。様々な理由から、言われるところの引きこもりとなっている人や、大企業重視の現代社会に軸足を置き切れない人たちが、仕方なしにせよ気まぐれにせよ、ふらっと応募してくる業界が、われわれのようなお菓子屋とかレストラン、サービス業といったところなのだ。つまり大所高所からは探り得ない彼らの気持ちを、もっとも理解できる立場に私たちはいる。そう思うと、ここはひとつ働きどころと、社会に対するいささかの恩返しの気持ちも相まって、つい力からが入ってくる。

「草の根キャラバン隊」でのお菓子作りの実習

その翌年山中湖畔のホテルにおいて、合宿形式で彼らを前につたないトークとお菓子作りの実践教室を行った。名付けて厚生労働省の「草の根キャラバン隊」（二〇〇六年一〇月二八日）である。初めは及び腰だった彼らも、たとえば自分達の作ったシュークリームの生地がみごとに膨らんでくると、とたんに目の色がパッと輝く。物作りの喜びを知った瞬間だ。

〝ん、ひょっとしてこの子はもう大丈夫……〟

その刹那、私もそんな確信めいたものを持つ。

またその後、都内の日本教育会館で、同じプロジェクトチームによる「若チャレおやじトークセッション・おやじに聞こう、仕事のこと」（二〇〇七年二月二五日）と題したシンポジウムも行われた。いわばオヤジ族の代表という形で、恥かしながら小生、会場に集まったニート君たちを前に働くことの意義もさておき、仕事のおもしろさを伝えさせてもらった。手違いや失敗から生まれた世界の銘菓やヒット商品、事実自分にもこんな例が……。ネバーギブアップの話のひとつひとつに、目が少しずつ光を帯びてくる。〝そう、どんな些細なことにも意味がある。働くって楽じゃないかもしれないけど、仕事ってけっこうおもしろいぞ〟と心の中に語りかける。

果てしない小さな積み重ねかもしれないが、ひとりでも多くの方が社会に参加できるよう、自らの生業を通して、これからも気力と体力の続く限り働きかけていきたいと思っている。

なお、こうした活動については、後日（二〇〇八年一一月二五日）の「全国市町村会議・大阪府町村会セミナー」においても、「若者の人材教育」のタイトルで講演させていただいた。

少しばかり偉そうなことを申し上げ、まことにもって汗顔の至り。お許しを……。

「若チャレおやじトークセッション・おやじに聞こう仕事のこと」

「職場におけるいじめ、嫌がらせ問題に関する円卓会議」

二〇一一年、厚生労働省より「職場におけるいじめ、嫌がらせ問題に関する円卓会議」（二〇一一年七月八日〜）の委員を拝命した。二〇〇五年の、同省のお声がかりによる「若者の人間力を高めるための国民会議」委員拝命に続くご下命である。〝職場におけるいじめ、嫌がらせ〟とは、分かりやすく申せば、パワハラ、セクハラ問題である。社内や家族からは、当然のこと危ぶむ声が上がった。社長としても家長としても、そうした点での信用はどうあっても得られていないらしい。メンバーを拝見すると、政府側からは厚生労働大臣と労働基準局長、民間からはさわやか福祉財団の堀田力氏を座長に総勢一五名。名だたる方々の中で、前回同様またしても私だけが異質に映る。やはり家族や社員の心配も無理からぬところか。ただ、前項の「若者の人間力を高めるための国民会議」と同様、タイトルの如く、パワハラ、セクハラといった問題のもっとも近いところにあると危惧されているのが、私どものような技術や鍛錬を伴う職業なのかもしれないとも思った。

「職場におけるいじめ、嫌がらせ問題に関する円卓会議」

　そんなことを考えながら参加させていただいた最初の顔合わせのご挨拶で、堀田座長が「実は何あろう、私の前の職場がパワハラ、セクハラの権化のようなところでありまして……」といって皆を笑わせ、肩の力を抜いてくださった。前の職業とは最高検察庁検事。こう聞くと、何だか恐そうだが、決しておっしゃるようなことはないと思うし、お話もユーモアに溢れ、周りの方にも気配り細やかなすばらしいジェントルマンだ。

　パワハラやセクハラは、その実根っこは同じではないかと思うが、その時々の状況や受け取る側の心理的要因もあったりで、それほど簡単に結論を出せる問題でもない。議論百出の中でふと気付いたことがある。〝嫌がらせ〟という文字自体がすでにセクハラなのではないかと。女偏に兼ねるはないだろうと思った。嫉妬なる文字またしかり。その辺から改めるとなると、容易ではない。こうしてみると、女性に対する偏見、いわゆるセクハラの一種は今に始まったことではないことが分かる。

　パワハラについては、職人といわれる技術者の世界では、相手の人格を傷つけるような明らかなパワハラ行為は別として、その線引きに微妙なところも少なくない。あまり甘やかしても技術向上につながらないし。少し厳しく接しすぎるとパワハラとも捉えられかねない。すなわちプレッシャーのかけ方次第でどうとも取れるからだ。他の世界、業界も同様のようで、このあたりにも真剣な時間が費やされた。宣言を盛り込むにあたり、もっとも気を遣うところでもある。しかしながら、こうした国民会議が開かれたということ自体が、危惧される様々なことに対する、相当の抑止力にはなるはずだ。

なおテレビカメラが入っていたか否かは、議論に集中していてよく憶えていないが、入っていたとしてもニュースか記録用か。さりながら、その場にはいろいろな意見とともに様々な空気も流れ、電波や活字に表し難い部分も少なからずあったやに思う。同会議の宣言文として、そうした微妙な部分をも、おまとめくださったスタッフの方々のご苦労には、ひたすら感謝あるのみである。

ホットなクールジャパン

二〇一二年三月だったか、懇意にさせていただいている代議士の森まさ子先生から、ご連絡いただき、大臣室にお邪魔した。「この度安倍総理のアベノミクス政策の一環で、クールジャパンを進めるが、アニメや古典芸能に加えて、日本人のパティシエが作るお菓子もその中のひとつに入ることになった。ついては諸々にわたって、是非ともご協力をいただけないか……」との由。クールジャパンとは、その露出度も高まってきたゆえ今さら駄文加えるまでもないと思うが、日本の文化を諸外国に広め、かつ外貨獲得の道筋を付けていこうというものだ。もちろん喜んでお引き受けさせていただいた。その後しばらく動きがなかったが、二〇一三年秋を過ぎた頃からにわかに忙しくなってきた。プライベートでパラオで潜り、仕事がらみでパリやハワイに行き、落ち着く間もなく同じく仕事でアラブ首長国連邦のドバイへ。さらには農水省プロジェクトでベトナムのハノイにも……。家族はマイルが貯まると喜んでいるが、飛び回る方は少々きつい。

ところでそのハノイでは、日経ビジネスの戸田顕司編集長とお菓子作りに欠かせない関東混合機工業というミキサー会社の林孝司社長と私とで、日本の食品の安全性や味覚研究を

日本食文化・食産業交流フォーラム（ベトナム・ハノイ）

テーマにした、農水省主催の講演会及びシンポジウムを行った。ベトナム国営テレビも入って大盛況を博した。入場者の七割が政府関係者で、三割が実業家というが、その熱気に気圧される。質疑応答の場になると、今すぐにでも手を結ばんとの熱意で接してくる。日経編集長氏が「吉田さん、即答は避けられた方が……」と心配して袖を引っ張ってくれる。

実は私、若い頃ひと時、ベトナム戦争初期の頃サイゴン（現・ホーチミン市）に暮らしたことがある。私の親友の父君が同地で貿易会社を営んでおり、そこに居候をさせて頂いていたのだ。日本にいてはできないいろいろなことを経験させ

ていただいた。メコン河の向こう側は危ないので絶対に行ってはいけないといわれていたにもかかわらず、いたずら心で渡ってしまい、政府軍に捕まって銃を突きつけられ、必死の抗弁をして解放されたこともあった。もしあれが反政府勢力のベトコンであったらどうなっていたことか。思うだに背筋が寒くなる。そのことはお世話になった友人の父君にも、もちろん親にも話さなかった。その後の同国の変遷はご存知の通りである。かつて恐ろしいと教わっていたそんな社会主義政権下の人たちが、今、自由主義経済を取り込まんと、こんなにも熱く燃えている。クールジャパン政策の皮切りに日本政府がこの国に照準を合わせたのもむべなるかな。そのために私たちに何ができるか。自問自答が続く。

国際女性デー

内外を問わず一年三六五日の毎日が何らかの記念日になっており、そのおおかたがいくつものオーバーブッキングになっているほどの記念日花盛りの当節である。そんなあまたある中での三月八日は「国際女性デー」で、女性の生き方を考える日とされている。そもそもをたどると、一九七五年に国連が正式に定めたもので、よろずの男女差別に対して異を唱え、女性の更なる社会進出をうながすことから端を発している由。このことに基き、わが国にはなじみの薄いこの日を日本にも広く紹介し、女性が輝く社会作りを産業化に繋げ、以って国

国際女性デー「ハッピーウーマンフェスタ」

力の底上げに貢献せしめんとする「ハッピーウーマン・フェスタ」なるものが企画された。そしてその立ち上げに際し、職種としても女性に大きく関わりを持つ、製菓業を生業とする私めに白羽の矢が立てられ、恥ずかしながら同会の顧問に推されて就任。図らずもその重責を担うこととなった。その陰には、親友の製菓材料商社・北谷英市社長のご推薦があった旨伺ったが、いささか買いかぶりの感否めない。同会には安倍晋三元総理夫人の安倍昭恵氏や歌手の倉木麻衣氏をはじめ、広く活躍されている各界の多くの著名人が名を連ねている。このようなたいそうな方々と比すに、どうみても私だけが浮いた感を免れないが、ともかくも同会の主旨に賛同し、その後の様々な催しに参加させていただくことにあいなった。

　二〇一七年三月八日、東京渋谷のヒカリエにおいて「ハッピーウーマン・フェスタ二〇一七」と名打った発足のセレモニーが行われたが、同会場には想像を超える多くの報道陣が詰めかけ、そのもののしい雰囲気に先ずは圧倒された。社内スタッフも女性が多く、もちろんお客様も女性が圧倒的マジョリティーという職業柄、これはお受けせずばなるまいとしてかような形を取ることにはなったものの、いざその場に直面すると正直身の引き締まる思いがする。〃ホントに自分でよかったのか。軽々にすぎたのでは？　お受けする前にもう少し熟慮すべきではなかったのか〃等々、いつもながらの反省猛省。

女性がらみといえばこんなこともあった。何年か前に、マスコミ筋からのお申し入れがあり、「子宮頸がん予防」に関するキャンペーンの協力のご要請を受けた。いささかでもお役に立つことができるならと、一も二もなく快諾。そうした催しに私どもの銀座のお店をご利用いただいた。しかしながら後にそのことの是非が問われることとなり、今に至るも議論百出。よかれと思ったことでも、意と異なる状況が生まれた場合には、善意に立脚した上でのこととは申せ、時として心に癒えぬ傷を負うこともある。また「乳がん啓発活動」を示す世界共通のシンボルマークのピンクリボンを付けるという運動にも、個人的にではあったが賛同させていただいたことがある。こちらは何の問題もなかったが、ただ、いつの間にかそのリボンを付けることもなくなってしまった。これ見よがしというわけでもないが、いつもそれを付けていることに、男として幾分の気恥ずかしさを覚えたことにもよろう。ホントはそんなことではいけないのは重々分かってはいるのだが。たとえ主旨には賛同しても、表立てずに陰でそっと支えていく方が、生来シャイ?な私にはどうも似合っているような気がする。

誰がシャイって？　いえ、まぁ、その……。

ところで、この度の国際女性デーは、ピンクならぬ黄色がシンボルカラーで、シンボルフラワーはミモザとなっている。よって、当日は何にせよ黄色いものを身につけることが連帯の証。ポケットチーフでもスカーフでもネクタイでも……。

ところが小生、どんな顔をしていって、周りの方々とどんなご挨拶をすればいいのか、なんてことにばかり気がいっていたのか、迂闊にも肝心のシンボルカラーのことについてはすっかり失念し、前日外したピンクのネクタイなんぞを、いつもの如く無造作にそのまま締めていってしまった。現場に着いてまっ先にそのことを指摘され、あっと思ったがすでに後の祭り。関係者の方が機転をきかせて、黄色のバッジを胸に付けてくださり助けてくれた。ともかくも何かひとつでもあれば、カッコだけはつく。それにしても、のっけから恥ずかしいことこの上もない大失態だ。黄色のネクタイなんて、多分一生つけないだろう物まで含めて、何本もあったのに。こんな粗忽者にこの先その責務が全うできるのか。自分ながらいささか心もとなくなってくる。ちなみにわが家を顧みれば、あえて黄色いものなど身につけるまでもなく、男は私ひとり（息子はフランス在住のため）の絶対的マイノリティーにして、ワンちゃんファミリーに至るまで、一年三六五日の毎日がまごうことなき女性デー。フェミニストぶってはいるが、男としてただ影が薄いだけか。

その他、社会活動としてはこんなこともさせていただいている。毎年フランス大使館主催で「世界医療団支援者の集い、ソワレ・ガラ○○○○年」というイベントだ。毎年フランス大使館が主催で行っているもので、日仏のシェフが集結して料理やスイーツを持ち寄るパーティーだ。そして参加者の方々からいただく会費を世界医療団に寄付している。このほか、紙幅の都合上割愛させていただくが、インターナショナルなつながりでは、折々に様々な活動をさせていただいている。どれほどのお役に立てているかは分からないが、自分たちのできる範囲のことで、少しでもお役に立てることなどあればとの思いを持っているのは、国籍を問わず、どなたも変わりはないようだ。

「世界医療団支援者の集い、ソワレ・ガラ2017」（於・フランス大使館大使公邸）

畏れ多い話

朗報

「ビッグニュースだ。波野君が日本芸術院会員に推挙されたそうだ」

もうずいぶん前になるが、かつてのクラスメートからこんな知らせが飛び込んできた。波野君とは歌舞伎の二代目中村吉右衛門君のこと。われわれは子供の頃より机を並べてともに学び、遊び、時には雁首揃えて先生方からお叱りを受けた仲である。

ただよく考えれば、もとより彼が持つ家系と、それをも上回る日々の努力の積み重ねからすればそれくらいは当然のこと、さして驚くには当らない。だが、普通に考えたらやはりたいへんな慶事である。何しろその先には文化勲章やら人間国宝（後になられたが）等々、われわれには及びもつかない世界が広がっているのだ。級友としてこれは喜ばずにはいられない。本来茶目っ気のある彼が、いよいよ軽々にハメを外せなくなるのが気の毒といえばいえるが。

フランス政府より「農事功労章・シュヴァリエ」叙勲

　ところで恥ずかしながら私も、彼とは比すべくもないが、時を同じくしてフランスよりささやかなご褒美をいただいた。そしてその後再び同国より「農事功労章シュヴァリエ」なるものを賜った。フランスはご存知の如く、世界に冠たる農業大国。われわれお菓子作りに携わる者は、その農産物加工業にして、同国の文化の啓蒙にいささかの功有り、とのことのようだ。

「そりゃおめでとう。それってレジオン・ドヌールみたいなもの？」と波野君。

「めっそうもない。そんな大それたものじゃないよ。それはいつか君がいただくものさ」

彼のレベルだと、ごく自然にそんな高い所に直結するらしい。しかしながら電話を切ってから、彼ならホントにいただくかもしれないなと思った。それもそんなに遠くない日に。シラク元大統領ご夫妻も日本文化に造詣が深いし、もちろん歌舞伎も大好き。元駐日大使で私も親しくさせていただいたグジェール・モンタニェ氏も、そのシラク氏の側近になられていた。環境はすでに充分すぎるほど整っている。

「卓越した技能者」受章

ところでそのフランスでは、Hを発音しないため、ハイクはアイクとなるが、それが今大流行。そういえば初代吉右衛門は俳句の世界では、たいそうな名を成した方。何かの機会に二代目を誘ってみたい気がする。「十七文字の世界で一緒に遊ぼうよ」と。

すぐに追い越されそうだが、何だって白紙の勧進帳をスラスラ読んじゃうくらいなんだから（当の二代目吉右衛門君、令和三年一一月二八日逝去。合掌）。

ところでこのシュヴァリエ章を頂いた三か月後の一一月に、畏れ多くも今度は厚生労働省より「現代の名工・卓越した技能者」章も賜った。なぜか重なったが、この二〇〇四年は日ごろより厄介をかけている家内の労に、いささかなりと報いることが叶った年となった。

高円宮様とのご縁

ずいぶん前になるが、さるご縁をもって度毎に高円宮家にお菓子を献上する栄誉を賜った。初めての参内の時などは、家内と緊張しながら御所に伺ったことを、今でも鮮明に覚えている。

それからだいぶ時を経て、私が常任理事を拝命している全日本洋菓子工業会なるお菓子の団体が、高円宮憲仁親王殿下とご縁を持たせて頂く運びとなった。

同会では一九九四年一〇月に開催された「国際ジュニア製菓技術コンクール日本大会」に、洋菓子に造詣の深い高円宮両殿下にご臨席賜ったことを機に、高円宮家に毎月献菓を行うようになったのだ。各常任理事の持ち回りで、度毎にそれぞれがご自慢のお菓子をお持ちし、お楽しみいただくようになった。私どももその度に厳しく人選し、選ばれたパティシエやパティシエールは、文字通り斎戒沐浴してことに当った。その都度趣向を凝らして作品を手掛け、会社としても改めてそれぞれに製菓人としての名刺を作り、そこに本人の心を込めたメッセージを添えて参内する。服まで新調してくださったおうちもあるようだ。が、基本的には作り手は真っ白なコックコートでの参内となる。物作りに勤しむ者にとっては、これほど大きな励みになることはない。それを機に彼ら彼女らは、確実にひとまわりもふたまわりも大きく成長する。平成一四年一一月二一日の、殿下との突然のお別れに会社中が悲しみに包まれ、業界中が悲嘆にくれたが、その後も久子妃殿下のご厚意を賜り、この献菓を続けさせて頂いている。

なお、殿下は「根付《ねつけ》」（印籠や巾着、煙草入れなどを腰に下げる時、帯に挟む紐の先端に付けて滑り止めとした小型の細工物、材質は木、象牙、金属等あり、思い思いの彫刻が施してある）のコレクターであられ、その分野では誰もが知るオーソリティーである。いつぞや銀座の和光で殿下のお集めになられたそれらの展示があり、ご案内を賜ったが、それはそれはすばらしいものであった。それらに関する素養のない私などにも、その貴重さが十二分にわかるコレクションで、勉強をさせていただいた。それにしても、殿下のそうしたものの展示にふさわしい場所となると、そこはやはりこういうところになるのかと、改めて「銀座・和光」の持つ、他にはない重みにも感じ入った。

ところで、この度の東京オリンピックの開催にあっては、その招致に国を挙げ力を注いだが、中でも久子殿下のスピーチは何にも代え難い大きな力となったことは、衆目の一致するところであろう。テレビでしかそのご様子を知ることができないが、その場面を拝見してその名スピーチを拝聴し、日頃よりお世話になっている身としてもともより、国民のひとりとして、溢れ出る熱いものを禁じ得なかった。

身に余る光栄

恥ずかしながら私、かつて毎年「お菓子で巡る世界の旅」なるツアーを行っていた。ある時地中海方面に赴いたが、トルコのイスタンブールの美術館前でなんと、いつもお菓子の行事ではひとかたならぬお世話になっている三笠宮寛仁殿下と行き会った。同国のアナトリアに完成したという、考古学研究所の開所式に立ち会うべく御来臨賜られたところとのこと。

殿下とは過去にも、たとえば盛岡における全国菓子大博覧会の折にも、身に余るご縁を頂いている。私は同博覧会の歴史館をはじめ全体の監修の任を拝命し、その中の「手作りお菓子館」も任されていた。いつものように一般の方々ご参加のお菓子講習会を行っていた時、どうしたことか、殿下と妃殿下がふらっと入ってこられた。どうやらお付の方をまいてこられたようだ。いかにも自由を好む殿下らしい。当然会場の参加者たちはびっくりしたが、平然と会場の中ほどにお座りになられた。私もとっさに、場を取り繕うべくこんなことを言ってしまった。

「あっ殿下と妃殿下がいらっしゃいました。ちょうど今でき上がったばかりのこのお菓子、お召し上がりいただきましょうか」

会場から拍手が巻き起こった。お皿に盛ったそれをお持ちすると、殿下は相好を崩され、妃殿下とともに口に召された。そして私に
「君、これおいしいのはおいしいが、少し甘すぎないかね」と、

「ハイ、確かに。これはフランスのお菓子ですが、通常ほとんど糖分の入っていない食事をとるフランスの人たちにとっては、このくらいでも甘すぎることはないようです。対して日本人は、普段でもけっこう糖分の入った食事をとっており、よってデザートには甘味を控えたものを好む傾向があります」などと生意気なことを申しあげてしまった。

「ふーん、そういうものなのか」と頷かれ、続いて、

「君の書いたお菓子の本、今あるかな？　あればうちの女王にあげたいのだが。今お菓子作りに興味を持っているようなので」

「はい、ございます。このお菓子博に合わせて上梓させていただいたものが。それでよろしければ」と、拙著を差し出した。

「じゃぁ君、ここにサインをしてくれたまえ」

「あ、はい、かしこまりました」

とは言ったものの、女王様（ご息女様）のお名前の書き方が分からない。すると殿下が、テーブルにあったナプキンをお取りになり、私の万年筆をとって、〝彬子《あきこ》女王〟とお書きくださった。緊張しながら間違ってはならじとそのようにしたため、心して献上すると、それを手にニコニコされながら、妃殿下とともに会場を後にされた。皆して拍手でお送り申しあげた。会場はさわやかな空気で満たされていた。私ごときの拙著で女王様がお菓子に夢を膨らませてくださる。そんなことを思うだに、今でも畏れ多い気持ちで一杯になる。

それから幾星霜。今ここイスタンブールで改めてのおめもじ。

「ところで、吉田君はここへは何しに？」

とのご下問に、

「はい、二十人ほど引率しての、スイート・ツアーで……」

対して殿下は三〇〇人を伴われての旅とか。恐れ入るばかりである。

その後、バザールの中でもばったりと再会。地球の裏側のこの雑踏の中で、二度までもおめもじ叶うとは何たる幸せ。

そこで殿下は、何かを求められておられた。

「殿下、お探しものでも？」

「おや、また会ったね。うん、何かお土産にと思ってね」

そしてひとつの茶器のセットをご所望された。お見送りして後、恐縮ながら私もそれと同じ物を求めさせていただいた。後日談だが、それはいつだかのＮＨＫでの、茶器にまつわる番組で、めでたく出番をいただけた。さすが殿下と、そのお目利きぶりには恐れいるばかりである。

なお、これにはさらなる後日談がある。


全国菓子大博覧会が、二〇一七年に三重県伊勢市で開かれた。

イベントの項で既述したごとく、この博覧会はわが国甘味業界最大の催しである。そして同会には毎回三笠宮寛仁親王殿下が総裁をお務めになられてきた。前年薨去された後は、拙著を献上する栄誉を賜ったご息女の彬子女王様が、代わってお務めになられることになった。

さて、そのお菓子博の開会前に、同大会の役員の方々のご案内で会場内をご視察の折、私は自分の持ち場にて心してお迎えさせていただいた。親しくお言葉を掛けて下さった女王殿下にお迎えする私も感無量となった。

そしていよいよ開幕となる式典において、開会のお言葉を述べられるべく彬子女王様が壇上に上がられた。大会関係者一同緊張の面持ちでお言葉を待った。

皆様のご苦労をねぎらわれたあと、

「実はかねてより父から、〝この仕事は俺に向いてねぇから、おめぇにやるよ〟と言われておりまして……」

それまで固まっていた一同、思わずズッコケそうになった。だが女王様の思わぬ砕けたそのひとことで、その場の全員の肩の力が抜け、会場内の空気がいっぺんに明るくなり、和やかなムードに満ち溢れた。それにしても誰もが緊張するこうした場において、意表を突く温かいご配慮で並みいる方々を、かくもリラックスさせて下さるとは……。その場に居あわせた私も、このすばらしいスピーチに深く感銘を受けた。以来、お話を賜った全員が、改めて女王様のファンとなったことは言うまでもない。

園遊会へのお招きに……

ところで話は少々戻るが、そのラッキーなるバザールでの三笠宮殿下におめもじの直前には、日本から〝秋の園遊会〟のお招きにあずかった旨の知らせが舞い込んできた。またまた畏れ多いことが重なる。場所が場所だけに、もしやこれはアラーの神の思し召しかとも……。

さて帰国後、園遊会の前日に、万が一道を間違ったりしてお時間に遅れてはならじと、家内とリハーサルを兼ねて、車で道順をたどり時間を計り、慎重を期して予行練習をした。

そしてその当日、主賓は宇宙飛行士の野口惣一さんであった。そのすぐお隣というのもおこがましいと、家内にそっとうながされ二人ほど離れたところに立たせていただいた。ファンファーレとともにお運びになられた先頭の陛下にご挨拶申し上げたが、感極まって声にならない。少し歩まれた陛下（現・上皇様）は次に野口飛行士とお言葉を交わされた。続かれた美智子皇后陛下（現・上皇后様）は、陛下と少し間を置かれて、私のすぐ目の前に立たれ、陛下のお話の間中、ずっと私どもとお話をしてくださった。

私の胸の名札をご覧になられた美智子様は
「ブールミッシュとは？」とご下問。

「あ、ハイ、お、お、お菓子屋でございます」

「まあ、どのようなお菓子を？」

「フランス菓子でございます」

「フランスのお菓子？　どんなものがお薦めでしょう」

その時私の頭の中は、もうパニック状態で、どうお答えしたら良いのか分からず、思わず一瞬口ごもってしまった。するとすかさず脇から家内が助け舟を出してくれ、

「はい、シブーストでございます」と口添えをしてくれた。

「シブースト？　まぁおいしそう」

にっこり微笑まれ、そうおっしゃって下さった時、陛下のお話が終わられたと見え、その微笑みをたたえられたまま、軽く会釈をされお隣に移られた。

続く皇太子様（現・天皇陛下）も秋篠宮様も紀子妃殿下も、当時ご成婚を間近にされた紀宮様も常陸宮様と華子妃殿下も、皆様次々と私たちの前で立ち止られ、前のお話がお済になられるまで、お言葉を交わしてくださった。が、畏れ多くもそれらの内容は、正直申してほとんど覚えていない。そんな私と家内の、生涯忘れ得ない夢心地の場面が、カメラ位置もよかったのか、後刻のテレビや新聞のほとんどに映し出されていた。よく見ると私の顔は感極まった泣き顔になっていた。これを至福と言わずして何と言おう。少しばかりご遠慮させていただいたその場所が、実はどこにも勝るベストポジションだったのだ。あの時示してくれた我が女房殿

園遊会のテレビニュース＆
園遊会・妻と

の配慮は、あたかも神や御仏の御心に沿うものであったやに思えた。いえ、ホントに。

慧眼

恐縮ながら、畏れ多いお話をもうひとつ。私もいろいろな会に入れて頂いているが、そのひとつに「生き物文化誌学会」というものがある。同会のホームページの記すところによると、〝生き物文化誌学会は、「生き物」について様々な知見を得て、さらにそれらの「生き物」が人間文化とどのように関わっているのか、その物語を調べていくことを目的としている〟とある。お菓子業界に身を置く者として、直接的に関わりがあるか否かはさておき、私の親しくさせていただいている、クインビーガーデンというハチミツ会社の小田忠信社長のご厚意とご紹介を得て、お仲間に加えて頂いた。なお、同会は秋篠宮文仁皇嗣殿下が要となっておられ、小田忠信社長はことのほか殿下とお親しく、かつその会の要職を務められていて、長年にわたりおまとめ役の労をとられている。また殿下におかれても、この会は数ある中でもたいそう大切になさっておられるもののひとつと伺っている。年に数回、度ある毎に様々なテーマをもってシンポジウムが行われ、活発な議論が交わされる。ある時は稲作の研究、ある時は鮒、金魚、鯉の研究等々。また生き物といっても動植物に限らず、微生物や息づく自然、あるいは生あるものの絵画などにも研究の矛先が向けられる。私もこの会に入れていただいてより、いろいろなことを学ばせていただいた。たとえば鯉に至っては、何と三〇〇年も生きるものがいるという。樹木が一〇〇〇年以上にわたって命を繋ぐことは聞き及んでいるが、徳川中期よりの鯉が今現在も元気で泳ぎまわっているなんて、思ってもみなかった。当初はそうした趣旨の会で甘い物屋が場違いではないかとも思ったが、よく考えると稲や麦の話も議題となる。お菓子も農産物の加工品と捉えるなら、まんざら生き物と関わりもないことはないのか。出席を重ねるうちに、少しずつ心が安堵してきた。

ところでいつぞや、秋の京都でこの会の例会が開かれた。この時のテーマは「伊藤若冲《じゃくちゅう》」。会員のどなたかが「自分は今までワカオキと読んでいた」などと冗談を申しておられたが、私などはまさにその口で、そうした素養もさしてあるわけではなく、お恥ずかしい限りだが、伺ううちに改めて興味がふつふつとわいてきた。スクリーンに次々と映し出される若冲の作品をひとつひとつ検証しながら、シンポジウムが進展していく。その代表作たる、ある一幅の鶏の絵に差し掛かった時、前の方に座っておられた殿下が手を挙げられた。殿下もわれわれと一緒になって自由にご意見を述べられる。これがこの会のすばらしいところである。そしてそのひとつひとつが実に的を射ている。そしてその都度、参加者一同その慧眼に恐れ入る。殿下は今、家禽類の特に鶏の研究に執心され、そのルーツを訪ねて東南アジアにまで出向かれておられる。殿下はご自身では学者ではないとおっしゃられるが、他の学者先生方の申されるには、もうご立派もご立派、超一流の学者であられる由。私も実はそんな殿下にいろいろなことを教えて頂いた。殿下の御所に参内させていただいた折のこと。茶菓のおもてなしに預かっていた時、庭の方からコケコッコーの声が聞こえた。「殿下、鶏をお飼いになられているのですか?」と尋ねた。「そう、いずれ剥製として残さなければと思ってね」。伺うに、身近にあるものほどそうされないことが多く、研究に際して心砕くことも少なくないとか。また、こんなこともお教えいただいた。「鶏はかつては、年に一〇個ほどしか卵を産まなかった。古代エジプトに、毎日卵を産む鶏がいたとの記述があるが、もし事実としたらそれはまったくのレアケースで、おそらくそうあったらいいとの願望からの伝承と思われる。実際にたくさん産むようになったのは一六世紀よりこちらのこと……」。そのことを殿下のご著書で知り、また直接そのお話を伺って、私は少なからぬ衝撃を受けるとともに、身の縮む思いがした。一六世紀以降、お菓子文化は急速に発達する。時は大航海時代。暗かった中世が終わりを告げてルネッサンス期を迎え、物皆豊かになり、多くの情報に加えて、お菓子作りに必要な材料も昔日の比ではなくなった。ゆえにお菓子のレベルも急速な向上を見た。今の今まで頑なにそのことだけを信じてきたし、偉そうにあちこちでそう述べてもきた。もちろん間違いではないと思う。が、実はそれだけではなかったのだ。洋菓子作りには概ね卵が多用されるが、鶏が多産になり、それが豊富に出回るようになったからこそ、お菓子文化は飛躍的に発展したのだ。お菓子の世界はもとより食品関係全体を見回しても、そこまで気を及ばせている人はそうはおりますまい。殿下の慧眼に加えた博識に改めて心打たれた。いつの日か製菓及びフード業界の教科書や参考書等にも、その旨しかと明記させていただかねばと思っている。

さくらを見る会

二〇一三年初頭、唐突に安倍晋三総理大臣（当時）から封書を頂いた。何ごとかと思ったら、毎年恒例となっている「さくらを見る会」のご招待状。しかしながら何ゆえ私に？と首をひねっていたところ、親しくさせて頂いている、原発被害でご苦労されている福島県出身の森まさ子少子化担当大臣（当時）から、「勝手ながら当方で、災害支援でお世話になった吉田さんのお名前を……」の

さくらを見る会

メールをいただく。かようなことを望んでの支援活動であるはずもなく、恐縮するのはむしろ当方。ともあれありがたく、またもったいないことと感謝しつつ、家内ともども会場の新宿御苑に伺った。お聞きするに二年前は大震災でそれどころではなく、翌年もまた諸般の事情で中止せざるを得なくなり、ようようにして三年ぶりの開催という。それにしてもその折は例年になく季節の巡りが早くて、花はおろかさくら蘂《しべ》すらなく、みごとなほどの葉桜満開であった。

広い苑内の何気なく歩みを止めたところが、何と会が始まるや、総理をはじめとする各閣僚のお立ち台を真正面に見る最前列になってしまった。奇しくも何年か前の園遊会の再来である。あの折も最前列中央で美智子妃殿下（現・上皇后様）や皇太子様（現・天皇陛下）、秋篠宮様（現・皇嗣殿下）、同紀子妃殿下、常陸宮様、同華子妃殿下、ご婚儀直前の紀宮様と、皆様からお声を賜り、天にも昇る心地となってしまった。その時と全く同じシチュエーションに……。ただ、違うのはこの全体を包む雰囲気だ。園遊会のかもし出す厳粛さを伴った緊張感と高揚感はなにものにも代え難いものがあるが、この度の和やかさは何と表現したらいいのだろう。空気は異なれどこちらもまたたまらなく心に残りそうな情景だ。閣僚の方々の方から、私どもに握手の手を差し伸べてくださるというのもまた恐れ入る。各界の著名人も多数いらしているご様子だ。前もってご紹介いただいていたクールジャパン担当の稲田朋美大臣も満面の笑みでいらしてくださった。クールジャパンとは既述の如く、日本の文化的な面を幅広く海外に売っていこうという政策のひとつで、アニメや数々の伝統文化の中に、日本のパティスリーも含まれる由決定した。そうした業界に身を置く者として喜ばしいことこの上ない。

さて、会場には政財界もさることながら、別のジャンルの方々も数多い。どうやら遠くの方の人だかりは元ＡＫＢの前田敦子さんらしい。すぐ近くにいらしたナベプロの渡辺美佐さんとお話しさせていただき、家内の側に戻ったら、

「あら、残念ねぇ。今ももクロさんたちがここにいたのにぃ」

〝えーっウソー、うーん、ザンネーン〟と思ったら、別の方から北島三郎さんが全身からオーラを発しながら、大ニコニコでやってこられた。もとよりミーハーの気のある私は、厚かましくも駆け寄ってご挨拶をさせていただき、他の方々同様記念写真まで撮らせていただき、負けず劣らずの大ニコニコとなる。

ただ惜しむらくは、ももクロちゃんたちとも……。まっこれも神様のふか～いご配慮による差配の故か。縁あって一堂に会した多くの方々に、万遍なく歳相応の出会いをセットしてくださっているようだ（この稿を見直している時に、安倍元総理の突然の悲劇と訃報に接する。合掌）。

コックコート

フランス共和国のフランソワ・オランド大統領が二〇一三年六月六日に来日されることを報道で知った。

〝えっフランスの大統領が？　ホントに？〟

私たち食文化に携わる者としては、フランスという国は特別な存在なのだ。たとえばお菓子や料理に話題が及ぶ時、多くの場合その主役の座にフランスが踊り出てくる。これは日本のみならず、英語圏においても、もちろんフランス語圏においても同様だ。お菓子にあっては、フランス菓子、フレンチ・ペイストリー、パティスリー・フランセーズ。料理にあっても同様フランス料理、フレンチ・クッキング、キュジーヌ・フランセーズ。何ゆえなるかについては説明する紙幅をここでは持たないが、ともあれそんな国のトップの来日となれば、そのジャンルを生業とする者たちにとってはビッグニュースである。ちなみに筆者がパリにいた頃は、ドゴールに替わってポンピドーがその座に就き、その後ジスカールデスタン、ミッテラン、シラク、サルコジと続いてこの度のオランド大統領である（そしてこの稿を進めている今はマクロンさん）。ん？　ちゃんと順番通り名前が出てくる。拙筆運ばせながら自分でも不思議なほどだ。翻ってわが国はと問われると、恥ずかしながら少々心もとなくなってくる。

フランス・オランド大統領をお迎え（於・フランス大使館）

そんなことに思いをめぐらせていたところにフランス大使館から書状が届けられた。オランド大統領をお迎えするゆえ、ＭＯＭＡＪの会員は六月八日に大使館にお越し下されたし。迎える際の服装は全員コックコートを着用の上、農事功労章勲章をつけること。とある。なんと、私たちが大統領をお迎えするんですと。これがもし仮に、外国において日本の元首が来訪され、現地大使館でお迎えするとなればどうであろう。おそらく現地在住の商社のお偉方や邦銀の支店長クラス等には声はかけられても、まちがっても料理人や製菓人などにはお呼びはかからないのではないか。食文化に対する捉え方の違いゆえ、いかんともし難いところではあるが。

ちなみにＭＯＭＡＪとは、Membre de l'Ordre du Mètre Agricole au Japon の略で、フランス農事功労章協会の意味。フランスの農業に関して功労のあった人に、フランスは農事功労章という勲章を授けており、それを戴いた人たちの集まりである。ちなみにお菓子や料理に携わる者は、農業に関わる農産物加工業者という解釈である。そしてその勲章の第一号はパスツールであったという。フランス大使館では日仏を問わずそれを授かった人たち全員を集めて、大統領をお迎えしようというのだ。不肖私も何年か前にフランス共和国政府よりそれを賜り、その会のメンバーとなっている。当日は在日フランス人シェフと日本人の私たちが約半々で、合わせて三〇人ほどが大使館に集結した。もちろん全員が糊の利いた真っ白なコックコートに身を固め、その胸には勲章が付けられている。なお、その勲章だが、正直申すと私、エライことになっていた。日本ではそうしたものを付ける機会などほとんどないため、どこかにきちんとしまっておいた。大切と思ってしまったがゆえか、肝心の時にそれが出てこない。家中はおろか会社のオフィス等くまなく汗だくになりながら探したが見つからない。真っ青になった時、押入れの奥の方に、額に入れたディプロムとともにしっかりと布で包んで保管してあったそれを発見。冷汗三斗ならぬ熱汗百斗である。

それにしても白衣でお出迎えというのがすばらしい。私の若い頃などはたかが作業衣（本来はそういうものなのだが）で、そのまま人様の前に出るなどもってのほかとはばかられたものだ。それが何年か後にフランスに渡って驚いた。正式の場に彼らはそれをすでに正装として身につけ、列席していたのだ。それを知っていながら帰国してなお、しばらくはそうすることがためらわれた。周りが決してそのようには見て下さらなかったからだ。近年になってやっと社会的にもそれが認知されてきたが、そこまでに要した時間は決して短くはなかった。

今私はその正装で日仏のトップシェフの仲間たちとそこにいる。何か不思議な気がしてくる。立ち位置までしっかり決められ、全員が整列し終わったところに緊張が走る。大統領ご夫妻の車の到着だ。ご夫妻といっても正式な奥方になっていないというが、そのようなことなどあちらの国はまったくもって問題としていない。そのあたりもまたフランス。大使館員もＳＰも皆ピリピリとしていたが、車を降りられた大統領は気さくに笑顔を振りまきながら、居並ぶ私たちひとりひとりに言葉を掛けてくださった後「ちょっと失礼」といいながら私の後ろに回り、次の列の人たちとも次々と言葉を交わしていく。自分のためにワザワザ集まり迎えてくれた全員に万遍なくというところに、優しい配慮がうかがえる。普段はラフで陽気なフランス人シェフたちも、さすがに少々かしこまっているようだ。大統領が順番に回られている間中、マダムは私の横に立たれ、私に親しくいろんな質問を投げかけられた。「あなたはなにをされているの？」「はい、私はパティシエで、今日本の各所でパティスリー・フランセーズのお店を展開しています」「そう、ご商売の方はいかが？」「お陰様でお客様にたいへん喜んでいただいております」「フランスにはいつ頃？」「一九七〇年の初めに、まずパリ二〇区のベッケルというお店で修業を」「あら、私そこを知っててよ」「そうですか。光栄です。それからシャトー・ドーの、あめ細工の名人のムッシュー・トロニアのお店で……」。

そんな話をさせていただいた。続いて私の横にいる、在日四〇年を越す、南青山でレストランを営む私の親友のピエール・プリジャン氏との話に移っていった。マダムは彼に、在日四〇年の苦労と努力に対し、ねぎらいのことばを掛けていた。後に大使館の方からこんなことを言われた。「吉田さん、いろいろ質問されていましたねぇ」「はい、いろいろと」「マダムは元ジャーナリストだから、ことのほか好奇心が旺盛なんですよ。ですからどこに行かれても、いつでもご自分からいろんなことをご質問を積極的に……」。なるほど、それにしても光栄なことと、ただ恐縮するのみ。

そして時間が押しているのか、ご夫妻とも車にお戻りになり、厳しい警護の中を慌しく走り去っていった。明日帰国早々からハードスケジュールが待っているとか。

「オランドさん、急いでたけど大丈夫かな。飛行機に間に合うのかなぁ」

「何言ってんの吉田さん、大丈夫に決まってるじゃない。だって自分用の飛行機だもん」

「あっそうか」

それにしてもコックコートも市民権を持ってきたものだ。気が付いたらフランスほどではないにしても、何のためらいもなく、白衣で人様の前やテレビに出られる時代になったのだから。ましてや一国の大統領をお迎えするにあたっても。

追記するに、そのフランスよりこの翌年の二〇一四年には何と「フランス料理アカデ

フランス料理アカデミー・フランス本部会員に（於・パリ）

ミー」のフランス本部会員へのご推挙を賜った。フランスはかくも食文化を大切にしてくれる国だ。たまさかその分野に身を置く者としては、大変ありがたいことと、衷心より厚く謝意を表さねばなるない。

家業倒産後、失意と悲壮な思いに胸を押しつぶされそうになりながら、再起を期すべく流浪の旅に出て以来半世紀。汗と涙にまみれた白衣も、今や誇りを持った正装として通じる世の中になった。昔と比すに隔世の感を禁じ得ない。

なおその後、図らずも内外より種々の身に余るご褒美を賜ったり、大学の教壇に立たせていただいたり……。それもこれも、さまざまな思いの沁み込んだこのお菓子作りの白衣、スイート・コックコートのお陰である。

（追記。本書の校了後に、もったいなくも「黄綬褒章」受章のお知らせを賜った。あまりの光栄の極みに、改めて身の引き締まる思いを強くする。至らぬ筆者をこれまで支えてくださった多くの方々に、紙面をお借りし心より深く御礼申し上げる）

あとがき

『スイート・コックコート』と題した拙著をあまたある書の中よりお選びいただき、且つお目通し賜り恐縮の至り。改めて御礼申し上げる。

顧みれば、一介の菓子屋の子として生まれ、只々懸命に生きてきた身が、気付いたらお子様方の憧れの職業のひとつに身を置く立場に立っていた。その間の取り巻く環境の移り変わりには、当事者ながら驚きの念を禁じ得ない。戦後の荒廃からの復興、海外渡航の自由化及び高度成長期、先進国の仲間入り、百貨店等マーケットの充実と変貌等世の中は一変した。加えて度重なる災害や世界と連動した経済の乱高下、そして一転人口減少による社会の仕組みの変化等々。本書はそうした流れの中、たやすからざる商いの世界と折り合いを付けつつもスイートな美味を追い求め、より高みを目指してきた筆者の、甘くほろ苦き軌跡に拙筆を運んだものだが、それはそのまま、豊かさを求め、激動する時を駆け抜けてきたわが国の甘味世界の歩んできた道でもある。

換言すれば、単なる作業衣にして汗にまみれたお菓子作りのコックコートが、社会や価値観の様変わりとともにある種ステータスのひとつとして認められるようになるまでの変遷を、自らの生業に重ね合わせて記したものだが、さて、如何お心に映られたか……。激変する世を渡り来た物作り業、サービス業、そして商人としての心の葛藤を、いささかなりと拙文を通してお伝えできたとしたら幸甚。それこそが書き手としての意とするところでもある。また表現等には慎重を期し、それなりの配慮を心掛けたつもりではあるが、それでもなお不適切と解される筆致があったとすれば、それは筆者の浅学にして不徳の致すところ。読者諸氏諸嬢のご寛容を願うとともに、遍くご批判を甘受する次第である。

終わりにあたり、本書に上梓の機会をお与えくださった松柏社社長の森信久様、編集の労をお取りくださった戸田浩平様をはじめ、本書の出版に手をお貸しくださったすべての方に、衷心より厚く感謝の意を表させていただく。

令和四(二〇二二)年中秋

吉田菊次郎

◉著者略歴

吉田菊次郎（よしだ・きくじろう）

俳号・南舟子（なんしゅうし）　一九四四（昭和一九）年東京生まれ。明治大学商学部卒業。都内の菓子店に勤務後渡欧し、フランス、スイスで製菓修業。その間第一回菓子世界大会銅賞（一九七一年於パリ）他数々の国際賞を受賞。帰国後「ブールミッシュ」を開業（本店・銀座）。現在同社会長の他製菓フード業界の様々な要職を兼ねる。文筆、テレビ、ラジオ、講演等でも活躍。二〇〇四年、フランス共和国より農事功労章シュヴァリエ叙勲及び厚生労働省より「現代の名工・卓越した技能者」受章。二〇〇五年、厚生労働省より「若者の人間力を高めるための国民会議」委員拝命。同年、天皇皇后両陛下より秋の園遊会のお招きにあずかる。二〇〇七年、日本食生活文化賞金賞受賞。二〇一一年、厚生労働省より「職場のいじめ、嫌がらせ問題に関する円卓会議」委員拝命。二〇一一年、大手前大学客員教授に就任。二〇一四年フランス料理アカデミー・フランス本部会員に推挙される。同年、フルーツ王国・やまなし大使に任命される。その後も内外の受賞多数。二〇二二年秋、黄綬褒章受章。主な著書に『あめ細工』『チョコレート菓子』『パティスリー』『洋菓子の工芸技法』（柴田書店）、『洋菓子事典』（主婦の友社）、『デパートB１物語』（平凡社）、『お菓子漫遊記』『お菓子な歳時記』『父の後ろ姿』（時事通信社）、『西洋菓子彷徨始末』『東北スイーツ紀行』『左見右見』『水脈』（朝文社）、『スイーツクルーズ世界一周おやつ旅』（クルーズトラベルカンパニー）、『今までにないスイーツの発想と組み立て』（誠文堂新光社）、『洋菓子百科事典』（白水社）、『流離』『スイーツ歳時記＆お菓子の記念日』『古今東西スイーツ物語』（松柏社）、『万国お菓子物語・世界を巡る一〇一話』（講談社）、『夢のスイーツ湘南プラス』（江ノ電沿線新聞社）他多数。

スイート・コックコート

二〇二二年十二月二十日　初版第一刷発行

著　者　吉《よし》田《だ》菊《きく》次《じ》郎《ろう》

発行者　森　信久

発行所　株式会社　松柏社
〒一〇二‐〇〇七二
東京都千代田区飯田橋一‐六‐一
電　話　〇三（三二三〇）四八一三（代表）
ＦＡＸ　〇三（三二三〇）四八五七
メール　info@shohakusha.com
https://www.shohakusha.com

装丁・本文設計　常松靖史［ＴＵＮＥ］
製版・印刷　精文堂印刷株式会社

ISBN978-4-7754-0289-4